美国中小学课程知识的
合法性研究

姜俊和 著

中国社会科学出版社

图书在版编目（CIP）数据

美国中小学课程知识的合法性研究/姜俊和著 . —北京：中国社会
科学出版社，2015.12
ISBN 978 - 7 - 5161 - 7052 - 6

Ⅰ.①美…　Ⅱ.①姜…　Ⅲ.①中小学—课程—教学研究—美国
Ⅳ.①G632.3

中国版本图书馆 CIP 数据核字（2015）第 268362 号

出 版 人	赵剑英
责任编辑	卢小生
特约编辑	林　木
责任校对	周晓东
责任印制	王　超

出　　　版	中国社会科学出版社
社　　　址	北京鼓楼西大街甲 158 号
邮　　　编	100720
网　　　址	http：//www.csspw.cn
发 行 部	010 - 84083685
门 市 部	010 - 84029450
经　　　销	新华书店及其他书店

印　　　刷	北京君升印刷有限公司
装　　　订	廊坊市广阳区广增装订厂
版　　　次	2015 年 12 月第 1 版
印　　　次	2015 年 12 月第 1 次印刷

开　　　本	710 × 1000　1/16
印　　　张	13.5
插　　　页	2
字　　　数	226 千字
定　　　价	50.00 元

凡购买中国社会科学出版社图书，如有质量问题请与本社营销中心联系调换
电话：010 - 84083683

目　　录

第一章 绪论

进入 21 世纪以来，人类社会进入了快速发展与快速变革的时期。在社会发展与变革过程中，人类的生存理念、思维模式、价值观念以及生活诉求都在随之发生着悄然改变。未来学家阿尔温·托夫勒等（Alvin Toffler, Heidi Toffler）指出："第三次浪潮不仅仅是一个技术和经济学的问题，也涉及道德、文化、观念以及体制和政治结构。总之，它意味着人类事务的一场真正的变革。"[①] 人们开始对现存生活方式所有方面的普遍正确性予以反思。教育作为人类社会经验与文化传承的主要方式，率先成为人们予以反思的对象。教育在应对社会变革以及人类社会新的发展诉求过程中表现出来的滞后性，开始引起人们关于教育价值及其实施范式的反思。课程知识作为学校教育过程的重要载体自然成为人们反思的重点。选择什么知识、遵照谁的价值意愿来选择知识并形成学校课程的逻辑结构已经成为新时期各国教育改革的一个核心问题领域。作为对上述问题的回应，世界各国的教育实践领域掀起了此起彼伏的教育与课程改革运动，而中小学的课程成为大多数国家课程改革的突破口。在这些轰轰烈烈的基础教育课程改革运动中，以美国中小学课程知识改革实践最为引人注目。美国社会关于中小学课程知识问题的改革与探索历时之长、范围之大、影响之深，不仅在美国社会产生了深远影响，而且对于世界各国的基础教育课程改革都产生了较大影响。因此，美国中小学的课程知识改革实践已经成为各国教育界研究与学习的焦点。各国教育研究者试图从美国中小学的课程知识改革实践中吸取有益的经验，从而对本国的基础教育课程改革提供有效理论与实践支持。本书正是基于这样的社会教育改革与研究背景，选取美国为对象国，以分析课程知识的合法性内涵为逻辑起点，探究美国中小学课程知

---

① ［美］阿尔温·托夫勒、海蒂·托夫勒：《创造一个新的文明》，陈峰译，上海三联书店 1996 年版，第 5 页。

识的合法性问题。通过对美国中小学课程知识合法性的解读，分析其改革的成效与代价，探究课程知识与构建课程知识权利主体之间的制衡关系，回答课程知识的合法性基于何种条件或前提才能实现效能的最大化等问题。

第一节　研究缘起

一　课程知识：一个关乎教育价值实现的重要命题

课程作为教育知识的基本组织形式，是从人类社会的生产与生活知识积淀中选取出来的为社会个体成长与发展服务的教育内容序列。学校教育的目标、方向以及人才培养的规格最终都将融于课程实施过程之中，以课程价值的实现为基本实施路径。因此，课程承载着学校教育的理想与目标，是学校教育中最为关键的环节之一。作为人类知识传承的重要载体，课程知识的价值取向、生成过程以及组织形式等内容也构成教育学研究领域的一项永恒主题。课程知识源于人类社会的已有知识经验，遵循着人类社会知识积淀的自然序列。然而，课程知识的选择与设计并非是体现价值中立的自然取向过程，而是受制于一定的社会权力分配格局，彰显社会的意识形态性特征，是不同社会控制主体之间权利与利益多重博弈的复杂过程。因此，呈现在学校课程框架之中的、具有价值转换与动态生成性特征的既定课程知识是社会意识形态、社会选择以及人文关怀属性的统一，课程知识的价值取向是"政治性"与"历史决定性"的统一，学校课程知识的"合法性"问题应运而生。

进入 20 世纪以来，世界人文社会科学研究的一个基本走向就是对意义世界尤其是对个体生命意义价值的关注。学校教育的权力控制图景与社会个体的生命意义建构背离，权威与权力之于课程知识的合法性等问题开始进入教育学研究者的视野。人们对于学校课程知识选择的客观性、有效性产生置疑，教育学者们开始反思学校课程知识的意义性遮蔽现象，对于学校课程知识与受教育者之间逻辑关系的颠覆，学校课程知识的人文性意蕴抽离，学校课程知识的本体性道德缺失等问题提出异议。尤其是近年来，伴随课程社会学研究的不断深入，知识与权力之间的关系与互动问题成为课程知识研究的热门话题。美国著名教育哲学家阿普尔（Michael W.

Apple）关于知识与知识合法性的研究，开启了课程知识与权力关系范畴新的研究视域，把课程知识的社会学研究引向深入。教育学界关于学校课程知识的合法性以及课程知识的社会学意义的追问与探究，正在引领学校课程改革走向深入。当前，世界范围内的基础教育课程改革正在如火如荼地进行之中，基础教育课程改革的实质是对人类社会已有的知识经验进行重新选择，对课程知识生成的价值脉络予以重新梳理和重新定位，从而构建起新的课程逻辑结构。因此，对于课程知识合法性的追寻便成为基础教育课程改革过程中的一项理性诉求。

二　认同危机：美国中小学课程知识改革的当下境遇

纵观世界基础教育课程改革的历史进程，美国历次改革都引起了世界各国的广泛关注，在一定意义上成为教育改革者们共同关注的焦点。在美国基础教育课程改革运动中，涌现出很多著名的教育改革家，还形成了许多对世界教育改革产生重大影响的课程理论流派。因此，美国的基础教育课程改革在一定程度上已经成为其他国家，尤其是发展中国家竞相学习的对象，其课程改革的核心理念也对世界基础教育的改革产生了重要的启示与引领作用。自20世纪50年代以来，美国的历次学校教育改革都以中小学的课程作为改革的突破口与实践起点，不断强化中小学课程知识的社会价值属性，使美国中小学课程知识的价值取向具有更加多元化的选择空间，课程知识发展的客观规律性得到有效彰显。但是，由于美国社会控制权力和利益分配关系的变化，美国历次基础教育课程改革的课程知识选择与重组而引发的教育代价问题，也成为人们关注与研究的焦点。

自20世纪中后期以来，美国中小学的课程知识变革一直在基础学科知识教育与生活性适应教育、统一性教育诉求与灵活多样性课程诉求、提高课程教学质量与实现教育平等这三对矛盾的此消彼长的反复争议之中。美国社会关于中小学教育效能的质疑声音因此越来越强烈。美国公众认为美国中小学的教育质量下滑，学校教育知识的选择已经不适应学生未来发展的需要。这种质疑的本质是美国中小学的课程知识正面临前所未有的社会认同危机。

对于美国中小学课程知识改革引发的社会认同危机，美国政府做出了一系列政策调试。1983年4月，美国国家高质量教育委员会发表《国家在危险中：教育改革势在必行》的报告，针对中小学课程质量的下降问题做出了相应的改革对策。通过核心课程的确立，使美国中小学课程逐渐走出了混乱的局面。1993 年 4 月，克林顿政府宣布《2000 年目标：美国教育法》，提出要继续加强课程知识的基础教学，试图进一步提高美国学校的教育质量。可以说，自 20 世纪中后期以来，美国社会为了摆脱教育危机，尤其是中小学教育质量下滑的困境，教育研究界与政府相关管理部门都在进行着坚持不懈的探索与努力，而改革的结果似乎并不为美国社会公众所认可。时至今日，美国社会关于中小学课程知识的不满情绪依然存在。

作为世界上教育最为发达的国家，美国的教育改革，尤其是中小学课程知识改革为何饱受质疑，产生这一问题的深层次社会原因是什么？课程知识应在何种意义与程度上彰显其背后的内隐性权力，课程知识如何平衡各种社会的、政治的和教育信条之间的利益关系？美国社会政治、经济、文化发展对于世界发展的深刻影响性，以及其特殊的教育强国地位，使其中小学课程知识的改革实践——经验抑或代价，都对我们关于课程知识问题的思考与研究有着重要的启发与借鉴意义。因此，探究美国中小学课程知识的合法性问题，对于研究与反思基础教育阶段课程知识的相关问题有着重要的启发价值和实践意义。

三　研究缺欠：关于课程知识合法性问题的比较研究视角缺失

课程知识作为学校教育过程的一个重要环节，对于学校教育价值的实现有着重要影响。因此，自学校教育诞生以来，人们关于选择什么知识以及如何组织并实现这些知识的应然价值的教育探索从未停止过。教育学研究领域关于课程知识问题的研究也积累了丰富的研究成果。从 17 世纪夸美纽斯（J. A. Comenius）提出"把一切知识教给一切人"开始，人们关于学校课程知识问题的探究就已经形成了较为宽阔的研究视域与争论方向。19 世纪斯宾塞（H. Spencer）提出了"什么知识最有价值"的关于学校课程知识问题的教育论断，无疑又为教育研究领域关于课程知识意义与价值问题的探索开辟了一片新的研究领地。至此，教育研究领域关于学校课程知识问题的研究已经基本建立了一套相对完善的认识框架，研究的深度与广度也不断提升。然而，关于学校课程知识的合法性理念的提出却是始于 20 世纪中后期，美国教育哲学家阿普尔（Michael W. Apple）提出的"谁的知识最有价值"论断。"谁的知识最有价值"的教育论断开启了教育研究领域关于学校课程知识合法性问题的论争，而且这一研究的焦点一直延续至今。

关于学校课程知识的合法性问题，当前教育理论界的研究焦点主要集中在：课程知识的价值与意义性研究、课程知识的选择与逻辑体系构建以及课程知识的意识形态性等几个较为宏观的层面。关于课程知识合法性问题的认识与研究尚局限于正向的事实性陈述与意义性辩证，而没有形成反思性与批判性的之于教育实践经验的问题性阐释。已有的研究更缺乏从具体的教育背景以及体现多样性的教育实践视角来对学校课程知识的合法性问题进行诠释和解读。因此，合法性理论尚没有与学校教育活动的特殊属性以及学校课程知识建构的客观属性进行完美对接，进而产生有效的实质性影响。这就意味着关于学校课程知识合法性问题尚存在广阔的研究与探索空间。

此外，关于学校课程知识合法性的研究尚未形成清晰的以学科和学校教育层次为目标的研究方向与探究思路。因此，专门以中小学学校课程知识合法性问题为研究目标与对象的理论与实践研究尚处于比较稀缺的状态。

从研究视角与研究技术路线层面来看，已有的关于中小学课程知识问题的研究大都基于课程与教学自身的认知与实践逻辑展开，鲜有将合法性理论基于对具体某一个国家的教育实践与教育事实进行剖析，将事实与价值分析有效结合，增强教育理论研究的信度与效度。因此，我们认为国内外研究者关于中小学课程知识合法性问题的研究尚存在很多缺欠，很多研究还没有跳出经验性思辨的认识框架。已有的关于中小学课程知识问题研究存在的缺欠与不足，为我们关于此项问题的进一步探索留下了广阔的空间。

综上所述，以美国中小学课程知识的历史与当代发展为研究对象，从社会学与比较研究视角来审视美国中小学课程知识的合法性问题。通过对美国中小学课程知识的合法性问题探索，透视课程知识价值取向的主体选择性在偶然性、可能性和非严格决定性之间的演进规律，以期对我国当前的基础教育课程改革提供必要的启示与借鉴。

第二节　研究意义

一　理论意义

中小学阶段的学校教育是各国国民教育体系重要组成部分，肩负着为社会培养合格的未来公民的基本责任。因此，作为各国的国民基础教育，中小学阶段学校教育在世界各国教育学研究领域的核心地位日益凸显。作为中小学阶段学校教育实施的关键性领域，课程知识的构建问题逐渐被置于教育研究的中心地位。以至于世界各国基础教育阶段教育改革的逻辑起点以及最终落脚点都不约而同地定位于课程知识的调适与重组层面。课程知识的历史性、时代性以及实践性特征清晰地反映着人类社会经验生成与发展的逻辑序列与思考轨迹。因此，无论基于何种层面与教育阶段的关于学校课程知识问题的认识、理解、批判与反思，都对人们从人类既定的知识存量中选择并构建学校课程知识产生相关的影响。基于此，关于中小学课程知识问题的研究与探索便具有重要的理论与现实意义。

当前，关于中小学课程知识问题的研究无论是研究视角的选择还是研究内容的呈现都尚存在着许多问题。其中，基于比较与反思的视角关于中小学课程知识合法性问题的研究一直没有得到国内外教育研究者们的广泛关注，关于此项问题的研究明显稀缺。然而，无论是课程与教学论自身的学科理论建设，还是基于学校课程构建的研究需要，都不能避开课程知识的合法性问题。提升中小学教育与教学的质量同样需要确立科学有效的课程知识观，明确应然意义上的中小学课程知识应是谁的价值与利益的体现，阐明中小学课程知识构建的社会与意识形态属性，探索中小学课程知识构建的逻辑思路，在理想与现实之间探寻最能彰显中小学教育价值的课程知识类型，为中小学课程知识的改革与建设提供有效地理论支持已经成为当前世界各国基础教育课程改革对教育研究领域的一项核心诉求。本书正是从满足基础教育课程改革的理论与实践诉求出发，致力于探索上述核心问题的一项专门理论研究，因而有着重要的理论意义。

第一，本书首次对国内外已有的关于"合法性"一词的内涵进行系统梳理，并在此基础上从词源与词义分析的角度对"合法性"的内涵做出了清晰的厘定，澄清了以往人们关于课程知识"合法性"的认识与理解方面存在的问题，为人们开展课程知识"合法性"问题的相关理论研究提供了一定的研究基础。

第二，在对课程知识及其"合法性"的相关理论阐释的基础上，本书建构性地提出审视课程知识合法性问题的基本视界和维度。以此为研究线索和技术路线，对美国中小学课程知识的合法性进行重新审视。从比较与社会文化学视角来审视美国中小学课程知识合法性问题，是对课程知识已有相关研究成果的一次补充和拓展。

第三，在对国内外已有的相关资料进行梳理与重新架构的基础之上，较为系统和全面地展现了美国中小学课程知识的历史与发展现状，为人们更加清晰地了解与研究美国的中小学教育与课程问题提供了新的研究资料与研究起点。

综上所述，关于美国中小学课程知识合法性问题的研究有着较为重要的理论与现实意义。就理论研究的学术价值而言，本书有助于弥补教育研究领域关于课程知识合法性问题的认识与研究不足，是对已有研究成果的一次丰富和拓展，并将为关于课程知识问题的相关后续研究提供一定的研究基础。

二 实践意义

本书是一项专门针对中小学课程知识问题的比较研究。以美国中小学课程知识为研究对象，从一般性的教育事实与教育实践过程中总结与概括具有普适意义与判断价值的经验性结论，即遵循从实践到认识的辩证唯物主义的认识与研究规律，探究课程知识尤其是中小学课程知识构建的相关理论与实践问题。因此，本书关于课程知识的相关研究结论对于指导中小学的课程知识建设与创新有着重要的理论与实践指导意义。

从对中小学课程知识建构过程的影响来看，关于课程知识合法性问题的相关理论分析在一定程度上可以帮助课程知识的构建主体形成相对科学的课程知识观，从而降低中小学课程知识建构过程中因多重权利主体之间权力与利益的博弈而付出的改革代价。

此外，关于中小学课程知识合法性的理论与实践研究能够对课程知识的传播者与执行者产生积极地价值导引作用。关于中小学课程知识合法性的研究，能够唤起该群体对既有的课程知识观以及课程知识价值观取向的重新思考，从而跳出国家意识形态的樊篱。通过形成关于课程知识的新的认识，获得本体意义与价值层面的课程知识论与认识论理解，从根本上理解课程知识的特质与生成过程，不断更新自身的课程教学与实践方式。实践证明，只有课程知识的传播者与执行者真正理解了课程知识的合法性，才能充分彰显学校课程实践的活力。

从对我国基础教育课程改革实施影响看，我国的基础教育课程改革也正面临着前所未有的社会认同危机，课程知识建设与重组的进程步履维艰。面对中小学课程知识改革的困境，我们迫切需要打破以往的思维惯性，形成新的、符合课程知识建构的客观逻辑性的课程知识观与价值观，并要重新形成关于课程知识合法性问题的认知。我们在学习与借鉴国外课程改革的实施范式与实践经验的过程中，也面临着选择性与批判性不足的适应性矛盾。因此，对美国中小学课程知识合法性进行探索，不仅能够使我们获得更加全面和客观的关于美国基础教育课程改革的信息与认识，也能够以此为鉴，形成关于中小学课程知识合法性的理性认识，从而推进我国中小学课程知识建设与改革朝着客观、高效与创新的方向发展。

第三节 相关研究综述

一 研究现状

基于课程知识合法性的研究视域来对学校课程知识构建问题进行系统研究始于 20 世纪中后期。可以说，教育学研究领域关于此项问题的研究历程还很短暂，课程知识合法性问题的重要性在课程与教学研究领域尚未得到足够重视。因此，从当前已有的关于此项问题的研究成果来看，关于课程知识合法性的研究文献不仅数量稀少，而且研究的质量以及产生的社会教育影响都还不尽如人意。基于具体的某一教育阶段的教育实践与教育背景，运用比较的方法来展开关于课程知识合法性研究的文献更是稀缺。

从国内关于课程知识合法性问题研究的整体状况来看，课程知识的合法性问题尚是一个刚刚进入研究者研究视野的一个全新的问题视域。关于中小学课程知识合法性问题的研究与探讨还没有引起研究者们的重视。从比较教育研究与学科发展的现状来看，研究者们虽然重视对美国教育改革实践及相关信息的介绍与引入，但是从微观研究的视角来看，探讨美国中小学课程知识的合法性，以期对我国中小学课程知识改革提供相关借鉴来看。我们通过对中国知网，中国学术文献网络出版总库的检索，检索到以"课程知识"为主题词的文献共有 200 多篇，在进一步的查阅与文献整理过程中，我们发现真正围绕"课程知识"相关问题而展开研究与讨论的文章只有 30 余篇，针对中小学课程知识合法性问题的研究少之甚少。

"合法性"思想起源于西方社会，关于课程知识"合法性"的研究也最早出现在西方国家文献中。因此，学校课程知识"合法性"问题的相关理论研究也一直沿承着西方社会主导的研究取向与研究范式。

（一）关于课程知识合法性的研究

当前，国内外课程与教学研究领域关于课程知识合法性问题的研究与探讨主要集中在以下几个方面：

1. 从认识论与社会学视角探讨课程知识与社会权力控制之间的关系

美国教育哲学家阿普尔是最早提出课程知识合法性的研究者。在他的著作《意识形态与课程》（*Ideology and Curriculum*）一书中，他明确提出了学校课程知识的生成并非是一个遵循知识自然积淀的客观选择过程，而是一种体现社会核心权力阶层意志的政治选择过程的观点。阿普尔还进一步论证了学校课程知识与社会权力控制之间的复杂关系。他指出，学校课程知识绝非中立，更不是客观的存在，而是充满意识形态的特性。此外，他还认为课程知识既不仅仅是一个分析的问题，也不是一个简单的技术问题，更不是一个心理学的问题，而是一个涉及意识形态的问题，即课程是主流阶层的权力、意志、价值观念、意识形态的体现和象征，实际是一种官方知识或法定知识。① 可以说，阿普尔关于学校课程知识的意识形态性特征的阐释，开启了教育学研究领域关于课程知识问题研究的新视域，也引发了课程与教学领域关于课程知识的合认知性、合社会性以及合规律性的反思。

继阿普尔的《意识形态与课程》论著之后，英国教育社会学家麦克·扬（M. F. D. Young）的《知识与控制》（*Knowledge and Control*）论著出版，将关于学校课程知识的意识形态性特征认识引向了更加深入的视界，教育研究者们关于课程知识和意识形态性问题的论争也日趋激烈。麦克·扬在阿普尔关于课程知识合法性研究的基础之上进一步阐释了学校知识的产生、分配、评价完全反映了"符号系统"所属的社会权力分配与社会控制情况，是某一阶级或集团，出于某种利益对另一阶级实施控制的手段，因而课程知识的构建融入了目的性因素。② 同时，麦克·扬还探讨了不同社会以及意识形态背景下，社会权势集团对知识选择与组织的立

---

① 黄忠敬：《意识形态与课程：论阿普尔的课程文化观》，《外国教育研究》2003 年第 5 期。

② ［英］麦克·扬：《知识与控制》，谢维和等译，华东师范大学出版社 2002 年版，第 16 页。

场。① 麦克·扬的知识控制论观点为课程社会学的研究提供了一种有益的思考和启发。至此，人们关于学校课程知识的意识形态性特征有了更为清晰和实质性的认识。基于这一问题视域的研究与探讨也呈现出异彩纷呈的多元化局面，人们不再囿于传统的关于学校课程知识问题的研究框架和思维路线，开始直面学校课程知识建构过程中国家社会的政治权力与课程知识自身生成的逻辑性需要之间的现实矛盾，基于反思与批判性质的研究成果不断涌现。

英国教育社会学家伯恩斯坦（B. Bernstein），基于更加微观的研究视角，探讨社会权力对课程知识的选择、组织以及传播过程的控制程度与途径。在其所著的《阶级、代码和控制：论教育传递理论》一书中，他运用"分类"和"构架"的概念来探讨权力、社会控制与课程知识组织之间的制衡关系。②

关于课程知识与社会权力控制之间关系的研究，具有代表性的还有社会知识论研究领域的观点。社会知识论研究领域认为，知识的生产和传输是一种集体而非孤独个体的事业，它是对知识的社会维度概念与规范的研究，以寻找知识之为知识的必然的社会条件，研究社会关系、利益、作用与制度对知识的影响。③

从西方社会关于学校课程知识合法性的关注与研究成果来看，西方社会对于学校课程知识合法性的探讨大都集中在了课程知识与社会权力控制之间的关系领域，对于学校课程知识生成的意识形态性特征已经形成了较为深入和全面的认识体系。依据西方社会教育和社会学家们的观点，作为学校教育核心环节的课程知识与社会控制之间，存在着不可分割的关系。课程知识与社会权力控制之间的内在契合性是学校课程知识阶层化、政治取向化的直接原因，也是造成社会不平等的一个重要根源。

在我国，教育研究领域关于课程知识合法性问题的关注与研究还处于起步阶段，对于学校课程知识的意识形态性特征，即课程知识与社会权力控制之间关系问题的探讨也尚未形成自身的研究取向与研究特点。

---

① Young, M. F. D., Knowledge and Control: New Direction for the Sociology of Education, pp. 31, 197.

② Bernstein, B., On the Classification and Framing of Educational Knowledge, in Bernstein, B. Class, Codes and Control, 1997.

③ 陈嘉明：《知识与确证》，上海人民出版社 2003 年版，第 296 页。

　　我国学者陈侠是最早开始关注课程知识合法性问题的学者之一。在其所著的《课程论》一书中，明确阐释社会政治需要与学校课程设置的关系。尽管其并没有从正面正式提到课程知识合法性这一概念，但是其关于课程知识的价值取向以及课程知识的选择等问题论述都在一定意义上触及了课程知识的合法性问题，并间接地表达出关于课程知识合法性研究的重要意义。以此作为研究始点，我国课程与教学研究领域开始关注课程知识的意识形态问题。我国学者吴纲在其所著《知识演进与社会控制——中国教育知识史的比较社会学分析》一书中，以建构主义的方法论，继承了政治哲学取向的知识社会学理论分析我国古代的教育知识的分类、选择、分配、传递、评价等诸过程中统治阶级对知识的掌握与控制问题。在一定意义上，该项研究形成了审视课程知识合法性的一个相对独立的视角。

　　此外，一部分学者基于对我国基础教育课程改革实践过程中存在问题的认识与反思，指出课程知识改革受社会各方面权力与利益关系的影响和制约，我国正在进行着的各级各类学校的课程改革也正遭受着来自无形的思想意识形态方面的困扰。例如，我国学者夏正宝等在《课程知识与意识形态——兼论社会学视野下的课程改革》一文中，便开始直视我国课程改革所遭遇的意识形态方面的阻力。该研究开门见山地指出，课程内容在经过特定权利集团的选择与组织后加以合法化，负载着统治阶级的意识形态与价值观，以课程计划、教学大纲、教科书等表现形式进入学校系统，并在这一系统中分化并被继续分层与分配到小学、中学和大学课程中成为学校知识。①

　　我国学者吴永军先生也提出课程是社会建构的提供给学校师生借以互动的法定知识的观点。② 关于国家意志及社会权力对学校课程知识的影响，有学者给出了这样的描述："国家影响最有效的途径，国家权力最可用的侍仆，不是军队、监狱，也不是精神病院和医院，而是学校。"③ 课程知识，作为学校教育过程中的最为核心的领域，自然成为国家和社会统治阶层最有效的表达权力的媒介。

　　① 夏正宝、葛春：《课程知识与意识形态——兼论社会学视野下的课程改革》，《江苏社会科学》2009 年第 3 期。
　　② 吴永军：《课程社会学》，南京师范大学出版社 1999 年版。
　　③ 苏国勋、刘小枫：《社会理论的政治分化》，上海三联书店 2005 年版。

2. 基于知识意义和价值视角探讨课程知识的合法性问题

在学校课程知识的确立过程中，作为被筛选的知识自身的意义和价值是学校进行课程知识选择所要考量的首要问题之一。学校课程知识的逻辑结构的生成，同样以知识的价值脉络为先决性条件。因此，国内外研究者关于课程知识合法性的关注与探究自然不能绕开知识自身的价值及意义问题。

美国著名课程与教学论专家希尔斯（E. D. Hirsch, Jr.）教授提出，学校课程知识的核心成分不应局限于外在目的，即学校核心课程知识要走出政治、经济利益决定论的看法，还原其人类文化本性的面貌，提出了课程知识的核心应是"保存人类文明所必需的语言、知识和价值观"的文化素养理论。① 希尔斯教授对于学校课程知识的认知价值与发展价值的意义性关注引起了课程研究界的研究图景与研究范式的转向。关于课程知识的意义性关注由社会功利性取向走向反思学校课程知识的文化底蕴抽离，知识对人的意义关照缺失等生命价值取向。

在关于课程知识的意义性探究领域，法国著名教育哲学家利奥塔（J. F. Lyotard）倡导课程知识对社会个体的生活与经验世界的关照。他提出通过对科学知识宏大叙事方式的解构，确立了以关照个人经验世界为主旨的叙事知识的地位。利奥塔指出，科学知识的那种强调规律性、普遍性、真理性为主旨的宏大叙述方式已发生了合法化危机。②

进入 21 世纪以来，伴随着知识经济时代的到来以及后现代主义教育思潮的兴起，我国教育学研究领域关于知识以及课程知识问题的探究逐渐呈现出清晰化的思维路向，基于知识意义和价值的视角探讨课程知识的合法性问题的研究不断涌现。但是，从总体上看，当前，我国基于知识价值和意义的视角探讨课程知识合法性的研究还处于一种"外推式"而非"内生式"的研究状态，很多研究尚缺少一种课程与教学的内在学科立场和研究取向的内在思路。

近年来，一部分学者基于我国基础教育课程改革的宏观背景与现实需要，探讨知识转型与我国的学校课程知识改革问题，形成了以石中英等人

---

① ［美］希尔斯：《美国核心知识课程成功之所在》，赵中建译，《外国教育资料》1995 年第 6 期。

② ［法］让－弗朗索瓦·利奥塔：《后现代状况：关于知识的报告》，岛子译，湖南美术出版社 1999 年版，第 63 页。

为代表的关于学校课程知识问题的系列研究成果。我国学者李召存在《走向意义关照的课程知识观》一文中，将知识的意义性作为理论探讨的逻辑起点，提出当前课程知识观的主题正在从"认识关系取向"到"意义关系取向"的转换。学校课程与教学领域应重新建构起课程知识与学生之间的关系，突出对学生精神世界以及生命意义的关照。① 我国学者刘铁芳在探讨课程知识的意义性走向时指出，课程知识观不能再只关心课程与知识的结构关系，而要进一步深入到知识与人的意义关联。"意义关系"是一种与人的精神成长和生存处境相连的内在价值关系，它不只关心知识的选择，更关心人对待知识的立场和态度。对这些问题的关注，有助于使课程更接近教育的本性。②

课程知识合法性内涵的一个重要方面体现在社会个体的价值认同方面。课程知识的生成与延续性存在要以符合个体生存与发展的价值准则为基础，要以非强制性状态为社会个体所自愿接纳和认同。因此，探讨课程知识的合法性不能绕开社会个体的生存与发展诉求问题。学校课程知识的生成只有充分地体现了这一诉求，课程知识的合法性才能具有合理的构建根基。基于此，基于知识之于社会个体人的意义性关注构成国内外教育研究领域关于学校课程知识合法性问题研究的一个重要视角。

（二）关于美国中小学课程知识合法性的研究

美国中小学课程知识改革的频率很快，美国政府、教育理论研究界以及社会公众之间关于中小学课程知识改革的认知取向方面的冲突由来已久。此起彼伏地基于中小学课程知识改革问题的论战，使美国中小学的课程知识观、课程知识的选择与组织过程长期处于不断变化的"应战状态"。美国斯坦福大学教育学院的库本（Cuban）教授，将美国的中小学课程知识改革比作是"海上的飓风"——"海上狂风大作，波涛汹涌，而海床波澜不惊"。③ 库本教授的这一比喻，形象地反映出美国中小学课程知识改革的表浅化与短时性的特点，也暗指了美国社会已有文化的巨大"惰性"和"隐蔽性"。这样的改革过程，为美国中小学课程与教学研究

---

① 李召存：《走向意义关照的课程知识观》，《全球教育展望》2005 年第 5 期。

② 刘铁芳：《教育：开放的阐释》，《河北师范大学学报》（教育科学版）2002 年第 1 期。

③ Cuban, L., Determinants of Curriculum Change and Stability, 1870 - 1970. In J. Schaffarzick and G. Sykes（eds.），*Value Conflicts and Curriculum Issues*. CA：McCutchan Publishing Corporation, 1979：142.

提供了丰富的实践经验与研究基础，在一定意义上也为世界各国的中小学课程知识改革与创新提供着源源不断的借鉴与反思的素材。当前，教育研究领域针对美国中小学课程知识合法性问题的研究主要集中在以下几个方面：

1. 来自美国教育研究领域自身的反思与探讨

美国教育研究领域的专家学者作为美国中小学课程知识改革的参与者与权力主体之一，一方面引领中小学课程知识改革的方向，另一方面却在质疑中小学课程知识改革的成效与合法性，这一现象深刻反映出美国中小学课程知识改革的复杂性与矛盾性。美国有学者指出，造成中小学课程知识改革效率低下的直接根源在于20世纪以来的美国基础教育课程改革的政治性倾向过于明显，课程知识改革的过程已经沦为政府协调社会公共关系、缓解国家内部发展矛盾的必要工具。政府、各个州再到学校的各级教育管理部门，对美国公众的呼吁、媒体的关注和多重利益群体的压力的盲目迎合，导致了美国中小学课程知识的无所不包与无限扩张。这样做的直接后果便是每一次的中小学课程知识变革都会暴露出新的矛盾与问题，学生和家长要为成为改革的承受者付出相应的代价。

美国教育研究领域的一项调查测试表明，美国中小学生平均学业水平，至少比欧洲、日本学生要低两个年级，以至于"一些高中毕业生，虽然手持毕业文凭，但却根本没有阅读能力，写不出一个完整的句子，也不会做算术题"。①

目前，美国中小学课程知识的选择与组织是基于2002年国家颁布的《不让一个儿童落后》的教育法案中关于中小学课程知识改革的核心路线和政策。从课程知识的实施效果看，并没有达到理想的效果，相反饱受社会各界的质疑和批评。2004年2月13日的美国《教育日报》报道："对美国30个州的中小学阅读教学成绩进行调查的结果证明，《不让一个儿童落后》法案倡导的课程知识改革的效果值得怀疑。"②

美国斯坦福大学教育学院库本教授指出，美国中小学课程知识改革对于社会政治情绪的极度迎合，决策者与实施者之间的沟壑促成了中小学课程改革及理念"飓风"般的来去匆匆，而根深蒂固的学校文化和教学文

① Gray, P., "Debating Standards". *Time* (April, 1996), p. 40.
② Michael Cardman, State K–12 Systems Come Up short in New Analysis [N]. Education Daily, Washington：Feb. 13, 2004, 37 (29).

化，则使"海床"更难以撼动。从国家和州级层面的政策到学校和教室的实践的旅程很长，有一些没有路标，天气的不可预见性也使终点的到达具有很大的不确定性。①

伴随美国中小学课程知识改革实践的不断深入，美国教育研究界关于中小学课程知识的社会控制性特征以及课程知识观的政治化倾向有了更为清晰的认识。美国课程与教学专家洛夫·莱斯（Lof Royce）指出，课程冲突更多的是政治需求的反映。一是由于政策的催化剂作用（比如1957年的苏联卫星上天）；二是政策总是被强势群体所左右（例如数学教师协会或学院派数学家等）；三是政策都是在相比较中产生的（例如通过与其他国家学生成绩相比较，发现美国中小学生成绩不理想，而要发起全国性的标准化测验等）。一句话，课程的政治化，是与国家政策直接关联的。②一些研究者明确指出，美国中小学课程知识的社会控制性趋势的强化将会对美国基础教育课程研究和实践产生深远的影响，其中最直接的影响就是基础教育课程知识生成的权力主体的变化，这一变化将以社会主流权力阶层在中小学课程知识改革中的增权和削弱课程专家和学科教学论专家在课程开发上的指导权为特点。

美国教育研究领域针对美国中小学课程知识合法性的探讨除了直指中小学课程知识的社会政治与阶级属性外，还对影响课程知识价值实现的美国社会制度与文化的特殊性进行了分析与探究，这也将人们对美国中小学课程知识改革过程特性的认知由感性引向理性、由简单的线性思考引向复杂的境域性考量。其中，颇具代表性地为美国当代教育家申克（Shanker）的研究。申克代表了另一派审视美国中小学课程知识合法性的教育思想。他指出，美国社会地方分权的社会组织形式，相对分散的管理制度以及多元化的文化价值取向和氛围是造成中小学课程知识改革实效性落差的一个重要原因。因此，早在20世纪50年代，他就明确提出，美国中小学应该采用统一的课程与教学大纲，并要实施统一性的考试。申克倡导的基础教育改革思想使人们普遍认识到提高教育标准、统一大纲、统一考试对于提高教育质量的必要性。申克的教育思想历史性地开始主导美国的基础教育

---

① Cuban, L., How Teachers Taught: Constancy and Change in American Classroom, 1890 – 1980 [M]. New York: Longman, 1984. p. 245.

② 洪成文：《美国中小学阅读和数学课的历史发展及趋势》，《比较教育研究》2001年第10期。

改革。①

　　此外，美国教育学者戴维斯（Daves）和古皮（Guppy）指出，美国中小学课程知识的改革正面临着教育权威性不足的挑战。他们认为在美国社会政治、经济、文化的发展过程中，影响教育（课程）的专家、教师工会和教育管理部门等权力正在逐渐被削弱，被削弱的权力将被强化和转移到两个方向：政客与地方教育管理部门。②

　　2. 我国关于美国中小学课程知识合法性的研究

　　我国课程与教育研究领域对于美国中小学课程知识改革问题的关注与探讨大都体现在对美国中小学课程知识实施模式与实施策略层面，对于美国中小学课程知识选择的权力主体，基本依据和基本价值取向，即"谁来选择课程知识"、"选择谁的知识"等体现美国中小学课程知识合法性问题的研究尚处于起步阶段。因此，关于此方面可借鉴的国内研究还很稀少。我国教育研究领域关于美国中小学课程知识合法性的已有研究成果主要集中在以下几个方面：

　　（1）对美国中小学课程知识选择与生成的课程政策等相关内容进行介绍性与价值性分析。20 世纪 70 年代以来，我国很多学者致力于美国课程政策研究，形成了一系列介绍美国各个时期中小学课程改革政策及相关法案的研究成果。例如，柯森的《美国 90 年代的课程改革》、李复新的《美国 2000 年：教育战略评介》、穆岚的《中美基础教育课程改革政策的比较与分析》、娄立志等的《当代美国课程政策的代价分析》研究文献对美国 20 世纪 50 年代以来各个时期的中小学课程知识改革政策进行了较为全面的介绍与分析。在此基础上，很多学者对美国中小学课程知识选择的社会意识形态性特征以及社会文化属性等问题进行了相关价值分析。这些研究在一定意义上已经蕴含了研究者们关于美国中小学课程知识合法性问题的研究意识。

　　（2）对美国中小学课程知识改革过程中存在的问题和矛盾进行理论性分析与探究。我国学者洪成文是率先关注美国中小学课程知识发展问题的学者之一，在《美国中小学阅读和数学课的历史发展及趋势》一文中，他对美国中小学课程知识的发展脉络以及课程知识在认知与理论上的论争

---

　　①　衡孝军：《美国的基础教育改革》，《教育研究》2001 年第 6 期。

　　②　Daves, S. and Guppy, N. , Globalization and Educational Reform in Anglo – American Democracies, ［J］. *Comparative Education Review*, 1997, 41（4）.

进行了较为深入的探究。他指出，美国中小学课程知识改革过程中一直存在权力分配关系方面的矛盾，这种矛盾的存在表明美国中小学课程知识的改革是一个政治倾向性十分鲜明的过程，最终形成的课程知识本质上是一个代表社会主流阶层价值利益的政治文本。

此外，一些学者基于美国特定的社会文化与制度性特征对美国中小学课程知识选择与实施问题进行了分析。例如，有学者指出美国多元主义与自由主义的社会文化发展特征导致美国中小学课程知识的改革很难形成统一的、自上而下的课程知识观与实施框架。作为地方分权型的课程政策的代表，美国中小学课程政策在满足一定的社会利益和集团利益的过程中付出了不可避免的教育代价。包括：多元课程政策导致的中小学课程知识的价值观混乱问题，社会弱势群体课程知识权力的缺失问题以及课程知识权力分配方面的深层次矛盾。[①]

二 研究起点

国内外已有的关于美国中小学课程知识合法性相关研究成果从研究视角的择取、理论基点的呈现到研究方法的确立都为我们认知并继续探究美国的教育问题以及美国中小学课程知识的合法性问题提供了坚实的研究基础与探究平台。但是，源于人们关注课程知识合法性的历程还很短暂，在教育研究领域尚未形成成熟的基于此问题的理论分析框架与研究范式。已有的研究多是将课程知识作为一种静态的知识序列之于学校教育范畴的逻辑视界加以分析，缺乏基于动态的课程社会学的视角来探究课程知识的研究意识。关于美国中小学课程知识合法性的研究与其他关于美国学校教育的研究成果相比，研究数量与研究质量方面都还存在一定的缺欠。在对国内外关于美国中小学课程知识合法性的已有研究成果进行系统分析的基础上，已有关于美国中小学课程知识合法性的理论研究还存在以下几方面的缺欠，这也构成了本书的研究起点。

（一）已有的研究尚未对"合法性"基本内涵做出厘定

已有研究尚未对"合法性"以及课程知识"合法性"基本内涵做出清晰厘定，关于"合法性"以及课程知识"合法性"的相关理论也缺乏系统的阐释与论述。"合法性"的内涵是研究美国中小学课程知识"合法

---

① 娄立志、孙亚军：《当代美国课程政策的代价分析》，《教育理论与实践》2006 年第 12 期。

性"问题的逻辑起点，只有在对"合法性"的基本内涵进行了理性的、科学性的界定基础之上，我们才能以此为理论根基探究关于课程知识"合法性"的相关问题。从国内外已有的研究成果来看，人们关于课程知识"合法性"的研究大都越过了这一应然的理论基点而直指所谓的核心问题领域，"合法性"似乎成了一个十分清晰的无须赘述的名词或概念被研究者们所使用。然而，"合法性"作为一个多学科视域下的概念，其内涵在不同的研究领域以及研究视界下存在着较大的差异性。很多研究所涉猎的"合法性"概念其实并非基于对"合法性"内涵的本源性理解，由于缺少关于"合法性"内涵的统一性、权威性界定，研究者们关于"合法性"内涵的理解长期处于"仁者见仁，智者见智"的混沌状态。从这一意义层面来看，已有的关于美国中小学课程知识"合法性"的相关理论研究尚缺乏牢固的研究根基，"合法性"在教育学的研究视界下，其本源性内涵已经发生了相应的异化，在某种程度上已经被异化成贴有"教育学标签"的"合法性"，而非本源意义层面的"合法性"。因此，探究"合法性"的内涵构成研究美国中小学课程知识"合法性"问题的一个重要逻辑起点，不可跨越。本书的首要研究任务即是要对"合法性"的内涵做出清晰的、学理性的界定与阐释，从词源与词义分析角度探究"合法性"的本源性意义。

（二）已有的研究多停留在价值判断层面

已有的研究为我们提供的是一种探究美国中小学课程知识"合法性"问题的宏观研究思路，关于美国中小学课程知识"合法性"问题的探究大都停留在价值判断层面，对中小学课程知识改革实践的指导性价值缺失，对于我们借鉴其发展经验的，基于教育事实的理论性与比较性分析稀缺。从国内外已有的关于美国中小学课程知识"合法性"问题的研究成果来看，现有的研究大都基于对美国某一具体的历史时期、特定的制度环境以及特定的社会集团"把什么视为合法性的中小学课程知识"的探究与思考，而关于"为什么选择这些课程知识"以及"由该群体进行课程知识选择"的反思性、建构性研究明显缺位。同时，探究与阐释具有"合法性"的美国中小学课程知识的正当性与合理性的理论话语明显缺失。而上述所列内容恰是研究课程知识"合法性"的应然价值与核心目标所在，也是我们研究美国中小学课程知识"合法性"，为我国中小学课程知识改革寻求经验借鉴的关键环节所在。上述核心问题的研究缺位，表明课程与教学研究领域对于课程知识合法性的认知与研究还很浅显，我们关于该问题领域的研究与探索空间还很广阔。

（三）已有的研究多基于政治学与知识社会学的视角

从已有相关研究论证的理论基础与思想资源来看，已有关于美国中小学课程知识"合法性"问题的研究大都基于政治学与知识社会学的视角，以西方社会对课程知识及其权力品性的关注为研究的主线和论证的思想资源。然而，诠释课程知识的"合法性"不仅仅关涉社会政治学的知识，需要更为丰富的理论基础与思想资源来作为研究的基础与理论分析的工具，这其中就包括课程社会学的相关理论。本书正是遵循着课程社会学思考与研究课程知识的思路与技术路线来考量美国中小学课程知识"合法性"问题的一次必要探索与尝试。

（四）已有的研究对中小学阶段学校教育的特殊属性缺乏深刻的认识

已有的关于美国中小学课程知识"合法性"的相关研究对于中小学阶段学校教育的特殊属性缺乏深刻的认识，缺少将"合法性"理论与中小学教育发展的特殊意义及特殊诉求相结合来探究美国中小学课程知识的合理性与公平性问题。已有的相关研究虽然对美国中小学课程知识进行了事实性罗列或陈述，但关于课程知识的"合法性"以及"合法性"的课程知识的正当性与有效性的探究却已经抽离了中小学学校教育的本质。因此，作为对已有研究成果的一次补充和拓展，本书将运用"合法性"理论，基于中小学课程知识改革的特殊属性与诉求，在美国特有的社会制度与文化视阈下对美国中小学课程知识的"合法性"展开系统而深入的研究，以期对我国中小学课程知识改革与发展提供有益借鉴。

综上所述，国内外教育理论界关于课程知识"合法性"问题的研究存在很多有待进一步商榷与探究的空间，关于美国中小学课程知识"合法性"的探究也需要跳出常识性的概念框架以及以往研究的思维惯性。常识最本质的特性，就是它的经验性，在常识的概念框架中，概念总是依附于经验表象，并围绕着经验表象旋转。①

---

① 孙正聿：《哲学修养十五讲》，北京大学出版社2004年版，第57页。

第四节　研究思路、方法与内容

一　研究思路与方法

本书以厘定课程知识以及课程知识的"合法性"内涵为研究逻辑起点，作为探究课程知识"合法性"问题的研究基础，我们首先回答了"课程"以及"课程知识"是什么这两个本源性问题。同时，尝试将"课程知识"与"课程"相关范畴内的概念课程内容、教育知识，与作为课程文本社会建构过程的"课程选择"，作为课程文本之社会解读过程的"课程实施"区别开来。

在对"合法性"内涵进行词源与词义分析的基础上，通过比较分析不同学科研究视域下"合法性"的不同内涵及特征，对课程知识的"合法性"内涵做出了清晰的厘定。在此基础上，本书提出以往人们关于课程知识"合法性"问题的几个认识误区，并进一步分析课程知识的特征与生成过程。

在对课程知识、"合法性"以及课程知识的"合法性"等核心概念进行清晰厘定的基础上，本书建构性地提出审视课程知识"合法性"的基本视界和维度，即课程知识的合意识形态性；课程知识的合政治性；课程知识的合社会性以及社会对"合法性"课程知识的认同程度。以此作为分析并探究美国中小学课程知识"合法性"的基本视角和研究思路，全面展开本书的研究工作。

自 19 世纪中期开始，美国中小学课程知识领域的静态格局被打破，社会不同阶级及不同利益群体遵循各自的价值观念与利益原则开始在中小学课程知识领域的权力性控制与博弈，中小学课程知识开始成为充满改革话语的"躁动"领域。因此，本书关于美国中小学课程知识"合法性"的探究也始于 19 世纪中期。

本书以时间为线索，以美国社会政治、经济、文化以及教育发展变迁的过程为研究背景，将着重考察并分析 19 世纪中期至 20 世纪初期以及第二次世界大战以后至今这两个历史时期美国中小学课程知识"合法性"的演进历程。

首先，本书详细阐述了 19 世纪中期至 20 世纪初期这一历史时期美国中小学课程知识的"合法性"问题，包括：中小学课程知识生成的权力主体、价值取向、主要特征等；分析影响这一时期美国中小学课程知识"合法性"生成的社会因素有哪些；探究历史维度中美国中小学课程知识"合法性"的问题。

其次，转入对当代美国中小学课程知识"合法性"的研究与分析。着重分析并探讨当代美国中小学课程知识的权力主体、价值取向以及合法性转换过程中的中小学课程知识呈现。在探寻美国中小学课程知识改革历史轨迹，研究与理解当代美国中小学课程知识变革思路的过程中，将其放置于广袤的社会政治、经济与文化的宏观背景中，分析当代美国中小学课程知识合法性转换的影响因素。

最后，反思美国中小学课程知识"合法性"的演进历程，揭示课程知识生成与发展应遵循的一般规律，以及对我国正在进行着的基础教育课程改革的借鉴与启示。

本书采用综合研究的视角，主要采用文献资料研究法、比较研究法、因素分析法等基本研究方法对美国中小学课程知识的"合法性"展开系统的研究。

二 研究内容

课程社会学通常把课程知识放置于社会政治、经济与文化的广阔视阈中进行解读，课程社会学对"什么知识最有价值"、"谁的知识最有价值"等问题的批判与反思也成为本书思考与反思的研究起点。沿着课程社会学的思考与探究轨迹，本书采用比较研究方法，通过研究美国中小学课程知识"合法性"的演进历程，来反思和总结"课程知识是什么"？"课程知识的合法性是什么"？二者同更为广阔的社会政治、经济与文化的关系是什么等关于学校课程知识生成的相关问题。带着对上述问题的思索，尝试从学校课程知识发展的历史轨迹中体悟课程知识中的相关复杂性，依次围绕四个方面的核心内容展开研究：

第一，对"合法性"思想的渊源与历史发展以及不同学科研究视阈下的"合法性"内涵进行系统梳理，从词源与词义分析的角度对"合法性"内涵进行清晰的厘定，并进一步分析课程知识的内涵、特征、生成过程及其"合法性"内涵。研究并论证审视课程知识合法性的基本视界和维度。

第二，考察并探究历史维度中美国中小学课程知识的合法性问题。依据课程知识"合法性"内涵以及审视课程知识合法性的基本视界和维度，分析 19 世纪中期至 20 世纪初期这一历史阶段美国中小学课程知识生成的权力主体、价值取向以及主要特征。探究这一时期美国社会复杂多变的社会政治环境，社会生产力与生产关系以及传统文化价值观对美国中小学课程知识合法性生成的影响。揭示历史维度中美国中小学课程知识合法性的问题。

考察第二次世界大战以来，美国中小学课程知识合法性的变化历程。第二次世界大战后，大约每隔 10 年美国中小学课程知识领域便会掀起一场规模较大的变革，并会伴随着一系列新的教育计划、方案和法案的出台。探究第二次世界大战以来美国中小学课程知识变革的总体特征和发展趋势是本书的一个核心内容。本书指出，当代美国中小学课程知识变革的总体特征和发展趋势是：单一的意识形态性知识的消解，统治型课程知识的比例下降，课程知识形态的多元性凸显，培养公民理性精神的课程知识增加，科学知识的上位；中小学课程知识权力主体的多极性；中小学课程知识价值诉求的多元化等。在此基础上，分析并探讨了合法性转换过程中美国中小学课程知识类型、结构以及教科书的编审呈现出来的特点。

第三，阐释当代美国中小学课程知识合法性转换的影响因素。主要包括：世界政治、经济与文化环境的变迁对美国中小学课程知识合法性转换的影响；社会公共理性与技术理性的流行，国家教育职能的现代性变革以及美国传统中小学课程知识的合法性危机等对当代美国中小学课程知识合法性转换的促进作用。

第四，对美国中小学课程知识合法性的演进历程进行反思，提出合法性需要建构在有效性的基础之上；合法性的维持需要与社会的动态需求合拍；课程知识的权力主体应具有广泛的社会基础；应构建多元权力主体共契的课程知识生成模式；课程知识发展应沿承自身的内在逻辑性；课程知识应充分彰显对个体人的生存意义的关照等核心观点。最后提出，美国中小学课程知识合法性演进历程对我国的启示，主要观点包括：需要正确认识国家意识形态对学校课程知识发展的正向促进功能；理性规避社会对学校课程知识的消极影响，实现课程知识的多样化；应打破单一传统权力分配格局，实现课程知识的多元权力主体；课程知识供应制度应为课程知识的生成与发展提供客观、公正的环境；课程知识供应制度的设计应秉持"以人为本"的原则等。

第二章　课程知识及其合法性的相关理论阐释

课程知识作为课程与教学研究领域的一个核心概念频繁出现在研究者的研究话语与各类研究过程之中。人们似乎已经将其作为一个非常明确的课程术语来使用，鲜有对其内涵进行详细的解读与厘定。然而，在现实的教育研究境遇中，人们却因为对课程知识这一命题理解方面存在的差异性而引发不必要的问题之争。"合法性"作为教育学研究领域的一个舶来品，很多研究中的"合法性"只是在片面地、牵强地复制与迁移政治学领域的解释，缺少对其本源意义的探究，这也导致很多研究中所涉猎的"合法性"并非同一意义层面以及真实语境下的"合法性"。关于"合法性"的内涵由于缺少权威性的、统一性的界定，导致不同学科研究视域下的"合法性"呈现出五花八门、歧义重生的局面。因此，作为本书探讨的逻辑起点，有必要对课程知识、"合法性"以及课程知识的"合法性"等基础性概念做出正面的、清晰的厘定。本章正是基于这一目的，对上述核心概念及其相关理论进行了全面解读与阐释。

第一节　课程与课程知识诠释

作为探究课程知识"合法性"问题的研究基础，首先要回答"课程"以及"课程知识"是什么这两个本源性问题。同时，要将"课程知识"与"课程"相关范畴内的概念，与作为课程文本社会建构过程的"课程编制"，作为课程文本社会解读过程的"课程实施"区别开来。

一　课程的含义

关于课程（curriculum）的内涵人们并不陌生，自学校教育诞生以来，人们就已经开始了对课程是什么的探索与研究。在西方，"课程"一词最早出现在英国教育家斯宾塞的《什么知识最有价值?》一文中，课程是从拉丁语 "currere" 一词派生而来，意为 "跑道"。依据这个词源，课程习惯上被人们认为是 "学习的进程"（course of study），即课程指学校为学生提供的所有学程。课程概念的规范与抽象则源自课程与教学论这一学科的形成与发展。现代课程论形成的一个重要标志是，1918 年美国教育学者博比特（J. F. Bobbitt，1876－1956）的《课程》一书出版。从此，课程论作为一个独立的研究领域从教育中分离出来，课程作为一个独立性概念开始朝着规范性与科学性的方向不断演进与发展。在该书中，课程第一次被正面的加以论述。博比特认为所谓课程，是指教学者企图达成的一组教学目标或预期的学习结果。之后的很多教育学家也分别在其教育论著中对课程的内涵做出阐释。例如，美国教育家杜威（J. Devey）根据实验主义的经验论，提出课程即学生的学习经验。鲍尔斯（Bowles）认为，课程就是从一定社会的文化里选择出来的材料。① 还有学者提出课程即学校活动的教学大纲、学程设置、单元、课程和内容的编目等。② 从西方社会关于课程内涵的研究状况来看，研究者们关于课程的内涵并没有达成统一的一致性，不同历史时期以及不同的教育研究背景下，研究者们关于课程内涵的认识始终处于一种多样性认知的状态下。关于课程内涵认识的多样性与变化性也反映出课程本身是一个复杂的、具有动态发展特征的概念。

在我国，关于课程内涵的探讨也处于悬而未决的状态，学者们关于课程内涵的认识各持己见。吴康宁先生认为，课程是社会的法定文化或法定知识。③《中国大百科全书·教育》将课程定义为所有学科的总和或学生在教师指导下各种活动的总和。"所有学科的总和"，或 "学生在教师指导下各种活动的总和"，这是课程的第一义，也是它的广义。相对于一整套学科或一整套的活动课程，通常也把一门学科或一类活动称为 "课程"。如 "语文课程"、"数学课程"、"技术课程" 等。这是课程的第二义，也是它的狭义。④ 狭义的课程是指某一门学科。此外，还有很多学者都曾对课程内涵进行了界定，如施良方、吴刚、吴永军等，尽管不同学者

---

① 丹尼斯·劳顿：《课程设置的两大类理论》，吴棠译，《国外教育资料》1982 年第 4 期。

② ［美］约翰·D. 麦克尼尔：《课程导论》，施良方等译，辽宁教育出版社 1990 年版，第 344 页。

③ 吴康宁：《教育社会学》，人民教育出版社 1998 年版，第 311 页。

④ 《中国大百科全书·教育》，中国大百科全书出版社 1985 年版，第 207 页。

关于课程内涵厘定的话语与角度不同，但都在传达着课程内涵的这一要义：课程是学校教育的教学内容与教学进程的总和，是学校教育过程中各个教学科目以及教学活动的综合，是学校发挥教育功能并进行教育知识传播的重要媒介，是经过国家允许的法定教育知识的积累。

综观国内外研究领域关于课程内涵的认知与理解，本书采用广义的课程概念，即课程是指学校学生所应学习的学科总和及其进程与安排，是指学校为实现培养目标而选择的教育内容及其进程的总和，包括学校所教的各门学科和有目的、有计划的教育活动。课程是社会选择并建构的提供给学校师生借以互动的法定知识。

二　关于课程知识的解读

课程知识，是课程与教学研究领域的一个新兴概念，由于其广泛的指称功能和由此引发的一系列新课程范畴的出现，使"课程知识"一词很容易为研究界所接受和认同，成为新时期课程研究中出现频率很高的词汇，并已经固化为一个内涵丰富的课程学概念，收入《简明国际教育百科全书·课程》的词条。① 尽管课程知识一词经常出现在研究者们的课程理论话语和研究视域之中，课程知识的概念也已经被研究者们广泛地运用于不同的研究过程，但是关于课程知识的内涵却一直缺少统一的、权威性的界定。基于不同的研究背景和研究需要，课程知识经常被赋予不同的价值意蕴。作为本书的一个核心概念与研究主线，需要对课程知识的内涵进行全面的解析与厘定。

（一）多重研究维度视域下的课程知识内涵

知识社会学关于知识与社会、知识与政治关系的探索源远流长，其对学校课程知识的关注与研究也对教育学研究产生了深远影响。从知识社会学关于课程知识的理解与研究取向看，知识社会学领域认为，课程知识是社会对人类全部知识遗产进行选择，建构后生成的适合学校教育加以传播和传递的有序性知识的集合。由此可见，知识社会学将学校课程知识视为社会选择的产物，强调社会的影响在课程知识生成过程中的意义。这一关于课程知识的理解受到英国社会学家和教育家麦克·F. D. 扬（Michael F. D. Young）的质疑，他认为，知识社会学的研究方向与教育社会学以及

---

① Torsten Husen, The International Encyclopedia of Education: Research and Studies;《简明国际教育百科全书·课程》，江山野译，教育科学出版社 1991 年版，第 69 页。

课程领域的关系不是很紧密，知识社会学研究知识发展的社会性条件的同时也忽视了知识的政治与意识形态性特征。

在知识社会学基础上，西方课程社会学的研究者们认为，课程知识即学校教育的全部知识。课程知识并非具有天然的合理性，只是在某个具体时期以及相应制度下对社会统治阶层价值理念的一种反应，是社会权力分配关系的一种体现。我国学者金生鈜也持有相同的观点，他认为，课程知识本体上承载着社会控制的特性，它既是社会控制的产物，又是特定社会阶层或者利益集团进行社会控制的有力工具。课程知识具有一定的合法性，合法性成为其外在特征之一。正如有学者所言，"事实上，在学校教育中，信念、解释甚至某种偏见与成见等出现在教育内容中，以合法化的地位要求着学生的掌握"。① 课程社会学关于学校课程知识的理解与认知为人们正视课程知识的"合法性"特征以及课程知识的客观性、合理性问题奠定了必要的分析基础。

西方政治课程理论认为，课程知识是具有政治性特征的，是在一定社会的政治制度框架下生成的，被赋予特定目的和价值的教育资料。课程知识的社会性、政治特性决定课程知识总是与特定社会中的某一阶层相联系，为一定阶层的权力、意识形态所控制，并为一定阶层服务。课程知识是为社会主流阶层所认同和利用的，是社会主流阶层实施政治权力、进行意识形态渗透的重要工具，主流阶层凭借其手中的权力，运用法律的手段将课程知识合法化并进入学校教育过程之中对受教育者实施相关的教育影响。

从教育学的视角来看，课程知识即是人类对世界系统化认识成果的教育化结果，课程知识"其本质内涵应是在学校教育环境中，旨在使学生获得的、促进其身心全面发展的教育性经验"。② 在西方，许多学者是在"课程理论知识"层面使用课程知识的，如舒尔曼（L. Shulman）在分析教师的知识结构时所提到的课程知识；格罗斯曼（R. L. Grossman）在分析教师的知识结构时提到的课程知识。这一层面上的课程知识含义包括了课程哲学、课程理论、课程研究、课程历史、课程变革、课程开发、课程设

---

① 金生鈜：《课程知识的合法性基础的解构》，《现代教育论丛》2001 年第 3 期。
② 靳玉乐：《现代课程论》，西南师范大学出版社 1995 年版，第 65 页。

计、课程实施、课程评价、课程政策等各个方面的知识。①

从国内外研究者关于课程知识的相关理解与界定情况来看,人们总是从某一个学科与某一特定研究视角切入来理解课程知识,课程知识也因此被赋予不同的文化性格和价值品性。

(二) 对于课程知识内涵的一般意义层面的理解与概括

什么是一般意义上的课程知识,对于课程知识的基本内涵的理解与回答是理性看待并客观地评价学校课程知识合法性特征的前提。

综合国内外研究领域关于课程知识内涵的理解,无论基于何种研究背景与研究视角,关于课程知识的理解不能抽离几个基本事实和要义:

(1) 课程知识是学校教育对受教育者施加教育影响的基本教育材料和专用教育媒介。课程知识是学校教育内容与教育知识,其贯穿并渗透于学校教育实施的各个环节与全部过程。从这一层面来看,课程知识既包括显性的、存在于学校教育过程中的基本教育素材和资料,也包括一切内在的、渗透于教育情境之中的隐性教育知识。

(2) 课程知识作为学校教育的重要媒介是从人类社会文化积淀中,进行一系列的筛选与过滤后,被社会认为是最有价值、最应该予以沿承与发扬的知识。这就意味着,课程知识必然是一种代表了特定的社会认知取向的知识,是一种价值负载的知识。

(3) 课程知识作为受教育者认识与学习的对象,作为促进受教育者成长并获得生存技能的重要媒介,必然是一种合乎社会伦理规范的,具有教育性价值与生存性价值的综合性知识序列。

(4) 课程知识是主观性与客观性的统一。作为人类社会教育经验总结,课程知识必然要遵循知识自身生成与发展的自然逻辑,只是这种遵循是一种条件性遵循,因为,作为一种价值负载的客观存在,课程知识必然要彰显社会控制阶级的主流价值意愿与价值取向,课程知识的生成与确立是一种主观选择与建构的过程。

本书倾向于一般意义上的课程知识内涵,即课程知识是指课程中所包含的内容。因为,从社会学意义上讲,课程知识代表并象征着一种法定文化。课程知识说到底是一种社会向学校提供的一套“法定知识”。

---

① Linda S. Behar (1994) *The Knowledge Base of Curriculum: An Empirical Analysis.* London: Universitiy Press of America, p. 5.

在本书中，课程知识主要是指课程中的知识，即学校教育对受教育者施加教育影响的基本教育材料和专用教育媒介。课程知识是学校的教育内容与教育知识，其贯穿并渗透于学校教育实施各个环节与全部过程之中。

三 相关概念辨析：课程、课程知识、课程内容与教育知识

在课程与教学研究领域，课程、课程知识、课程内容以及教育知识等概念经常被研究者与教育者所通用，这些概念在一定程度上已经被约定俗成地异化为指向同一教育事实，具有统一内涵的关于课程的万能解释。然而，事实并非如此，课程、课程知识、课程内容以及教育知识等名词是基于课程概念框架下的一组相近的、具有各自专业属性与所指的专业术语，不能将其进行混用。作为一项致力于课程的专门的理论研究，本书需要本着严谨与科学的态度来对待并使用这些概念，需要将这些概念之间的区别与联系作以清晰地阐释。

（一）课程与课程知识

关于课程与课程知识的内涵前面已经进行了相关的厘定，从二者之间的区别与联系层面来看，首先，课程与课程知识是基于不同的话语表达形式而呈现出来的专有名词，二者涵盖的意义范围有所不同。课程知识是课程框架内的一个专业术语，指课程中的知识。因此，课程知识所指向的知识世界范围要小于课程的范畴，基于这一意义层面，在使用过程中不能简单地将二者混淆，不能将课程知识与课程进行"等量代换"。其次，课程与课程知识所指向的内容世界也有着较大的差异性。课程，泛指学校教育过程中的一切知识、教育内容、教育过程以及相关活动，教育大纲以及教学计划等也涵盖在课程的内涵之中。课程知识所指向的内容世界要相对狭窄很多，一般意义上的课程知识单纯指课程中的知识，指学校教育过程中的教育内容与教育知识。最后，课程与课程知识有着密切的关联性，二者具有内在的统一性。课程与课程知识都是指向学校教育内容的，都是对学校教育知识的概括，因此，二者之间有着内在的统一性。

（二）课程知识与课程内容

课程知识与课程内容是课程与教学研究领域经常提及的两个概念，也是经常被人们混淆的两个课程名称。从词义分析角度来看，内容指事物内部因素的总和，是与"形式"相对的一个名词，从内容与形式关系看，内容决定形式，形式依赖内容，并随着内容的发展而改变。相应的，课程

内容指学校教育过程中各学科所包含的主要学科内容。一般意义上，学校课程内容就是指各门学科中特定的事实、观点、原理和问题以及处理它们的方式，是一定知识、技能、技巧、思想、观点、信念、言语、行为、习惯的总和。课程内容的主要特征包括：其一，课程内容是学科内部的各类知识的概括与总结。其二，课程内容影响并决定课程的教学形式与教学进度。

相对于课程内容所涵盖的知识范围，课程知识泛指进入学校教育过程中的所有知识与全部教育内容，各个学科是对学校课程知识的分类与概括。因此，课程内容是课程知识的一个下位概念，课程知识包含全部的课程内容。

（三）课程知识与教育知识

相对于课程知识，教育知识包含的内容与意义要广泛得多。从广义的教育内涵来看，教育是培养社会个体参与并适应未来社会生活的全部过程，凡是能够增进社会个体的知识和技能、影响社会个体的思想品德的活动，都是教育。教育知识即是教育活动过程中所涉猎的全部教育内容的总和。教育知识是在社会的大范畴下生成的，代表着最广泛的人类社会文化知识，它是社会个体自我选择的过程，即每个社会个体有权利选择何种教育知识进入自我的知识结构。因此，教育知识的外延比课程知识要宽泛得多，不仅包括国家课程内容知识，而且还包括地方课程内容知识和校本课程内容知识，甚至还包括知识教学过程中师生共同创生的、超出课程标准规定的知识。[1]

课程知识则是一种社会选择过程，其代表的是少数统治阶层与控制者的权力意志，课程知识是从广泛的教育知识中筛选出来的，被认为是适合进入学校教育系统进行广泛传播与沿承的知识，具有意识形态性特征。因此，课程知识指向的是狭义的学校教育范畴内的知识，是一种具有政治性品格的知识，课程知识与教育知识有着截然不同的社会属性，不能将课程知识等同于教育知识。

---

[1]　李召存：《课程知识的意义性研究》，博士学位论文，华东师范大学，2007年。

第二节 课程知识的特征与生成过程

课程知识作为一种价值负载的知识范畴进入学校教育过程之中，虽然要彰显一定社会阶级的价值理想与统治意志，但是，其自身的知识属性与文化性格并未因此被泯灭或自动丧失，课程知识因此而具有双重性特征，即客观生成性特征与主观建构性特征。课程知识的主观建构性特征赋予了其"合法性"的价值属性，也为人们理解课程知识的政治性品格提供了必要依据。同时，课程知识的生成过程，其本质就是从实践上回答"什么知识最有价值"以及"谁的知识最有价值"等关于课程知识"合法性"问题。因此，探究课程知识"合法性"需要以分析课程知识的主客观表征及其生成过程为基本依据和必要前提。

一 课程知识特征

（一）课程知识的客观表征

课程知识作为社会宏观知识体系的一个缩影与集锦，不但要彰显社会和教育特有的育人性价值诉求，也要恪守自身的知识属性和社会文化属性。对于课程知识内在的、客观性表征的理解与认知是探索课程知识的价值赋予过程及其主观建构性特征的必要前提。

1. 课程知识的社会性特征

课程知识作为学校教育的载体，是人们为了生存与发展的需要，从人类社会生产与生活经验的积淀中选择出来的，沿承人类思维习惯与价值规范，依照特定社会的道德体系而形成的具有文化价值沿承和知识传递功能的教育内容。课程知识来源于人类社会，是传递社会生产经验和社会生活经验的必要手段与现实路径，是人类社会延续和进步的必要媒介。课程知识的存在与形成需要社会的客观根基，脱离了社会，课程知识也就成为无源之水，没有了社会性需求，课程知识存在的价值性和意义性同样也不复存在。因此，从课程知识的起源与本体性价值来看，课程知识具有不能脱离社会而孤立生存的社会属性，社会性是课程知识的基本属性之一。

此外，从课程知识与教育价值实现，与特定社会上层建筑的关系层面来看，课程知识总是一定社会、一定阶级与特定群体的教育价值观与教育利益观的体现。课程知识的形成与发展要受到社会政治、经济与文化等社会因素的制约而并非是一个自然的、无外在干预的过程。伴随着人类社会发展所呈现出的复杂性与多样性，课程知识也正在以越来越灵活与复杂的样态适应社会的发展需要，为特定社会的政治与经济发展服务。因此，课程知识作为教育价值实现的重要媒介担负着重要的社会职能，是专门传递特定社会价值理想与实践经验的载体，其负载着为特定社会培养其所需要的公民的价值取向，课程知识必然具有社会性的特征。

　　同时，从课程知识选择主体看，课程知识的选择主体必然是处于特定社会中的具体的人，其在选择与形成课程知识的过程中，必然会从自身所处的社会背景与生存环境出发，由此而生成的课程知识必然会折射出该群体所信奉并秉持的社会价值取向。正如马克斯·韦伯（M. Weber，1864－1920）所说：“人是悬挂在由他们自己编织的意义之网上的动物。”[1] 课程知识正是由处于不同社会文化背景下的不同社会个体，基于特定群体的价值取向而编织的，具有社会制度性与文化性特征的意义之网。

　　课程知识天然具有社会性的特征，社会性属性是课程知识的本质属性所在，这一点是无可争议的。因此，课程知识的研究必然是一种基于社会广袤视界的动态性研究，就是要审视在特定社会的政治、经济与文化背景下，具有社会控制性权力的特定集团把哪些知识视为“合法”的知识，并要审视这些被“合法化”的知识的正义性与合理性。

　　2. 课程知识的文化性特征

　　“文化”是指生活在一定的文化共同体中的人们长期积淀而成的一套文化心理系统，包括价值观念、思维模式、审美趣味、道德情操、宗教情绪、民族性格等，而价值观念的系统是其核心。[2] 从对文化以及课程知识二者内涵解读过程中不难发现，课程知识是一种经过筛选和整合的，包括知识、信仰、艺术、道德、法律、习俗和个体作为社会成员而应获得的知识和能力在内的复杂整体，是社会文化的直接反映与真实展现。因此，从课程知识的涵盖范畴来说，课程知识呈现的是一种被社会主流文化所认可并允许其进行传播的知识，是对社会文化财富进行选择与编码的结果，课程知识具有鲜明的社会文化性特征。

---

　　① 克利福德·格尔兹：《文化的解释》，纳日碧力戈等译，上海人民出版社1999年版，第5页。

　　② 张立文等：《传统文化与现代化》，中国人民大学出版社1987年版，第24、63页。

人类由于共同生活的需要才创造出文化，又由于传播并延续文化的需要才不断构建与变革学校教育课程的知识体系。因而，从课程知识的功能以及其与文化的密切关系层面来看，课程知识也有着鲜明的文化性特征。课程知识的一个最基本的功能就在于其对人类社会文化的传承。关于课程知识与文化的关系，从学者们关于课程文化的研究与讨论中可窥见一斑。有学者明确提出，学校课程知识就是指"按照一定社会对下一代获得社会生存能力的要求，对人类文化的选择、整理和提炼而形成的一种课程观念或课程活动形态"。① 课程文化有两方面含义：一是课程体现一定的社会群体的文化；二是课程本身的文化特征。前者主要是就课程是文化的载体而言的，后者主要是就课程是一种文化形式而言的。应该说，课程文化是包含着这两个方面内容在内的。②

此外，从课程知识对社会个体的影响及生存力获得层面来看，课程知识同样具有显著的社会文化性特征。当代法国社会学家布尔迪厄（Pierre Bourdieu）把课程知识视为"文化资本"。③ 他认为，课程知识并非是在同质与同等的前提下进行传播的，社会不同阶层以及不同利益群体所享受的课程知识具有较大的差异性。社会个体所接受的代表和呈现不同文化范畴和文化价值取向的课程知识，直接决定了社会个体的生存地位与发展前景。因此，课程知识作为一种文化性"生存资源"已经构成社会个体增强自身支配性社会地位的权威途径。课程知识的这一功能再次证明其具有鲜明的文化性特征。文化特性是课程知识的内隐性构成要素，是课程知识得以形成的必要性条件与人文基础。

3. 课程知识的认知性特征

从课程知识来源及生成过程来看，课程知识是对人类社会已有知识经验以及文化积淀的选择与重组。由于人类社会认知水平的局限性，已有的生产与生活经验的相对客观性直接决定了进入学校教育过程中的课程知识的局限性。即课程知识是人类社会发展过程中的阶段性产物，受人类社会认知水平与总体发展水平的制约与局限。同时，课程知识的生成要反映并遵循人类社会知识积累与发展的自然序列，呈现出由简单到复杂、由表浅

① 裴娣娜：《多元文化与基础教育课程文化建设的几点思考》，《教育发展研究》2002 年第 4 期。

② 郑金洲：《教育文化学》，人民教育出版社 2001 年版，第 228 页。

③ 吴康宁：《教育社会学》，人民教育出版社 1998 年版，第 306 页。

到深入、由已知到未知、由过去到未来、由单极到多维历史的、发展的顺序。这也决定了课程知识构建必然是一个由低级走向高级的动态生成的过程。

此外，从课程知识的实践过程来看，课程知识作为教育的蓝本与内容，其选择与组织的过程必须要以教育对象的认知水平，即要以教育对象的身心发展水平为基本依据。因此，课程知识在学校教育场域的实践必须是一个遵循特定程序，彰显认识性特征的序列性、渐进性过程。课程知识的认知性特征表明学校课程知识的建构具有不可跨越的规范性与规律性，作为一种认知性的客观存在，课程知识为学校教育过程提供了稳定的、相对客观和公平的知识环境。

（二）课程知识的主观建构性特征

课程知识是一种价值负载的知识集合，当揭去课程知识作为知识的唯理性与客观性面纱之后，课程知识的意识形态性、特定阶级性以及主观建构性特征便跃然纸上，课程知识不仅仅是叙述性的、单纯对客观实体的描述与呈现，更是一种由社会特定利益群体或集团对人类社会的文化积淀进行剪裁、建构而成的政治蓝本。社会特定利益与权利主体对社会文化的剪裁，其本质就是对课程知识的价值赋予的过程。

1. 课程知识的意识形态性

社会意识形态是指在一定经济基础上形成的，受到社会文化影响的有关世界和社会的观念体系，是指导人们实践、行动的思想准绳或纲领。[①]由此可见，意识形态是与一定社会的政治、经济和文化基础密切相关的一系列观念、思想及意识的总和，它反映着特定社会的生产关系、政治制度以及文化等方面的特殊属性。在不同的社会政治、经济制度以及文化背景下，意识形态会以不同的特殊方式，从不同侧面反映不同社会的现实生活。尽管意识形态往往被贴上不同的社会制度标签，但是，每个社会的统治阶级的意识形态都处于领导与统治的地位，意识形态构成其权力的重要组成部分，并通常会为其权力的存在与维持制造积极的舆论，从而形成以其权力控制为核心的内在凝聚力。

社会意识形态性是一个抽象的概念，作为一种政治意味浓厚的思想性统治资源，其一直是统治阶级进行思想控制的工具。社会意识形态能够将

---

① 吴永军：《课程社会学》，南京师范大学出版社 1999 年版，第 46 页。

大多数人们的生活包裹在预设性与控制性的虚假生活之中，从而在社会和个人之间建立起一座桥梁来为某一特定集团的统治提供辩解工具和思想性环境，进而获得顺从与信服的社会控制基础。

课程知识是一种经过特定社会群体的选择、组织与价值赋予后具有了"合法化"身份的知识。负载了统治阶级意识形态与价值诉求的课程知识才能以"合法化"的身份进入学校教育系统，扮演着为统治阶级服务的角色。因此，课程知识不是客观中立、价值无涉的，按照自身的生成序列与逻辑自然生成的，而是一定社会主流阶层意识形态、价值观的表现形式。然而，在相当长历史时期内，课程知识的意识形态性特征并没有被人们所清晰地认知，人们从 17 世纪夸美纽斯（J. A. Comenius）提出"把一切知识教给一切人"开始便一直热衷于讨论知识与教育对象之间的关系范畴，到 19 世纪斯宾塞提出"什么知识最有价值"人们还没有跳出对课程知识的本质属性的既有认识樊篱，课程知识的意识形态性特征一直被遮蔽于无人问津的角落。直至 20 世纪中后期阿普尔（Michael W. Apple）提出了"谁的知识最有价值"的教育论断，课程知识的意识形态性面纱才被揭开，人们才开始站在一个更高的平台上来审视课程知识的"合法性"问题。

阿普尔提出，课程是法定文化、法定知识、课程知识是社会主流权力、意识形态、价值观念的体现，是"官方知识"、"法定文化"。阿普尔指出，学校教育中的知识即课程知识，主要就是为维持现存社会的经济、政治和文化的安排，课程知识是一定阶级、阶层或集团的意识形态的集中体现。学校教育中知识的选择和分配不是价值中立的，也不是工艺学模式所能解决的，而是阶级、经济的权力、文化的权力间相互作用的结果。[①]阿普尔关于课程知识意识形态性特征的论述唤起了课程与教学研究领域关于课程知识"合法性"的关注，并开始质疑"合法化"的课程知识的合理性与正义性问题。

课程知识意识形态性特征的展露，无疑是课程与教学研究领域中的一个重要转折点。从此，人们不再局限在既有的思想意识框架中看待课程知识和教育价值问题，人们开始追求一种更加真实的、理性的、解放

---

① ［美］迈克尔·阿普尔：《意识形态与课程》，黄忠敬译，华东师范大学出版社 2001 年版，第 8 页。

的、对话性和权力共享的课程知识建构理念与建构模式，抛开意识形态禁锢，复原课程知识的广袤生活根基正在成为课程知识改革过程中的一种核心诉求。在这种课程知识改革理念的作用下，课程知识观与最基层的个体精神相遇，并在视界融合的过程中，不断去关照个体生存与生命意义的价值性。

2. 课程知识的政治品性

课程知识的意识形态性特征决定了课程知识必然是一种带有政治倾向性的知识。阿普尔率先使用了"政治文本"来形容课程知识的政治性特征，课程知识成为政治文本的核心依据，就是课程知识要以国家即统治阶级的统治政策保持密切的一致性，要依据国家的"合法化"教育政策为基本准绳来设置并实施。在某种意义上，学校课程知识是为国家政治维护、政策推行服务的。课程知识的政治性品性主要体现在以下两点：

（1）课程知识对国家或统治集团权力控制范围内社会个体的政治性渗透作用。通常情况下，国家或处于统治地位的阶级会以学校课程知识作为其统治政策的传播媒介，通过将其政治理念、政治立场等渗透于课程知识之中，潜移默化地对其统治范围内的社会个体施加影响与同化，从而使其成为良好公民，最主要的是养成笃信并热衷于其政治信仰的价值观念。课程知识因此而具有强烈的政治性特征，是统治阶级对社会个体进行思想性禁锢与控制的重要实施载体。

（2）课程知识外在的国家性与民族性"性格"也是其政治品性的重要体现。课程知识作为一种文化传播的重要媒介，通过书面语言抑或口头语言的呈现可以使人们间接地了解一些无法直接触及并感知的事物。因此，课程知识常常成为人们了解历史、了解外来文化的重要途径，课程知识也相应地成为统治阶级宣扬并强化国家及民族意识形态性，维护自身利益的重要手段。例如，一些国家为了掩盖自身的一些不光彩的历史行迹，抑或为了培养公民的所谓的"爱国"情绪，在学校课程知识呈现方面，有意识地缩小或夸大一些事实，从而达到最优化统治的政治性目的。课程知识的政治性品性促使学校课程知识的真理性、公平性以及正义性诉求常常处于被遮蔽的状态，受教育者也常常处于"被意识形态化"的生存与教育氛围之中。

3. 课程知识的权力博弈性特征

课程知识的形成并最终进入学校教育系统是一个复杂的过程，是社会相关利益群体间的反复"协商"与"博弈",通过权力的较量而最终达成有效的一致过程。课程知识与社会控制权力黏合孪生,课程知识是占据统治地位者的权力工具,社会控制权力产生学校课程知识并决定课程知识的性质与价值取向。任何课程知识都不是纯粹的教育知识或教育内容,而是笼罩着复杂的社会权力关系。正如有学者所言,不存在绝对"纯粹"的知识,在知识的背后不仅潜藏着研究者的兴趣、爱好,而且还有社会趣味、权力、利益乃至偏见。在"纯知识"取得任何表现形式之前,就已经有权力——知识的复杂关系存在,因为即使是纯粹的学科知识,也在它的新做法中证明了自己是由各种权力——知识的实践方式事先交织而成的罗网缔造出来的。① 因此,虽然课程知识来源于人类社会的生产与生活知识积淀,然而,没有社会控制权力的"博弈"与"催生"就不可能生成"合法"的课程知识。从这一意义上说,正是社会控制权力的价值取向框定了"什么是合法化的知识"以及"谁的知识才是最有价值的合法化知识"。与此同时,具有"合法性"的课程知识的有效性、正义性以及合理性程度又反映出催生其形成的社会控制权利主体是否"合法"。课程知识就是在多重权力主体间的博弈过程中生成的,课程知识与社会控制权力是相互耦合、相互蕴含着的。

课程知识的权力博弈性特征决定了关于课程知识的改革必然是一个多重利益主体间进行权力性较量的动态平衡过程。伴随着社会政治、经济、文化以及知识自身的逻辑演进,既有的学校课程知识体系的平衡性必将不断地被打破,占据社会发展主导地位的利益集团会积极地要求重新形成学校课程知识的制度、规则与实质,并会通过与相关利益群体间的反复"协商"与"博弈"形成新的课程知识序列,从而使学校课程知识重新恢复到静态的运行状态之中。

二 课程知识的生成过程

(一) 课程知识的生成是一个社会文化创新与变迁的过程

课程知识的生成不是一劳永逸的,也并非是固定不变的特定的文化与知识体系的载体,课程知识的形成是一个伴随着社会文化以及社会知识的创新发展而不断变迁与完善的过程。课程知识对外在日益丰富和多元的文化知识世界有着强烈敏感性,它会以一种灵活的应变姿态随时发现并融入

---

① 华勒斯坦:《科学知识权力》,上海三联书店、牛津大学出版社 1999 年版,第 58 页。

新的文化知识内容。据此，课程知识的形成是一个由选择并积累知识到开放吸纳新知识再到发现并创造知识的动态发展过程。社会文化是课程知识生成的重要源泉与现实根基，社会文化的不断创新与变迁决定了课程知识的生成必然是一个内容与过程相统一，主观与客观相统一的过程。社会文化创新在课程知识生成过程中的作用主要体现在：

1. 社会文化创新与变迁对课程知识观以及课程知识的价值取向会产生实质性的重要影响

课程知识与生俱来的自然序列与逻辑性特征使其对社会文化有着天然的黏合力量，这种力量一定程度会突破外在权力与意识形态的干预性，这也是课程知识发展的规律性与客观性使然。社会文化知识领域新的理念、文化价值观的呈现都会成为学校课程知识观改革的直接催化剂。近现代以来，世界范围内的社会文化变迁所引领并触发的风起云涌的学校课程知识改革实践便是对这一规律的有效例证。后喻文化（post – figurative culture）① 的诞生、建构主义（constructivism）文化的兴起……每一次新的文化思潮出现后，随之而来的必然是一场声势浩大的课程知识改革运动，尤其以课程知识观及课程知识价值取向的变革与转型为标志。这一点是任何一个社会的统治阶级都无法阻挡和抗拒的，在一定意义上，社会的权力统治者也会以积极的姿态迎接改革与创新，只是这种改革与创新要基于他们的意识形态的过滤与渗透，不能逾越与撼动他们的统治基础。

2. 社会文化创新与变迁对课程知识内容及其生成形式会带来较大影响

学校课程知识会自觉抑或潜移默化地吸纳新的社会文化知识内容，当然这种吸纳要以遵守社会伦理规范，秉承国家教育制度为前提，不能是无限度、无选择地吸收。社会文化创新与变迁同样会对学校课程知识的生成形式产生影响。以当代世界基础教育课程改革为例，建构主义文化思潮的兴起，不断促进着学校课程知识领域的改革，课程知识的生成路径由单一性的、自上而下的既定性呈现转化为强调师生在互动与共同学习的过程中来共同创生，即课程知识的生成路径由既定性走向境遇性

---

① 美国社会学家玛格丽特·米德（Margaret Mead）在《文化与承诺》一书中，将人类社会划分为"前喻文化"、"并喻文化"和"后喻文化"三个时代。所谓的后喻文化，就是年轻人因为对新观念、新科技良好的接受能力而在许多方面都要胜过他们的前辈，年长者反而要向他们的晚辈学习。

与情境性。

综上所述，社会文化创新与变迁是学校课程知识生成与变革的直接推动力，课程知识就是在这种不断创新与变化的文化知识世界里不断探索与选择，从而形成自身新的内容体系与价值取向。需要指明的是，社会文化创新与变革的加快并不意味着课程知识的稳定性将完全丧失；相反，意味着课程知识将在一个更加开放与灵活的环境中动态的生成与发展。

（二）课程知识的生成是一个社会制度改革与平衡的过程

制度是一个社会的游戏规则，是为决定人们的相互关系而人为设定的一些制约。① 课程知识作为代表社会统治阶级权力意志的知识范畴，必然要在既定社会的制度框架下生成并付诸实践。当代表一定统治阶级利益的制度框架出现变动，既有的制约人们行为活动的结束机制发生变化时，作为价值负载的课程知识必然也要随之进行改革与重构，以适应并满足新的利益格局以及社会权力控制者的需要。因此，课程知识生成是一个社会制度改革与平衡的过程。

1. 社会制度的改革与重新调适会促使课程知识选择者重新思考课程知识是"谁的知识"问题

当社会的统治基础以及权力控制阶层出现重大调整时，此时的社会制度领域必然要进行重新改革并推出新的制度序列。学校课程知识在新的制度框架下也要进行重新调适。在社会的统治基础以及权力控制阶层出现重大调整的背景下，课程知识将面临价值取向的重大转型，其实质即是课程知识所代表的统治阶级的权力意志发生变化。学校课程知识要开始适应新的统治阶级的利益诉求，为相应的利益群体服务。

2. 社会制度的改革与重新调适会促使课程知识的选择者重新思考"什么知识是合法化知识"问题

即使是一个社会的统治阶级对其内部的部分制度进行调整也可能触及课程知识的相应变革，也需要课程知识选择者和改革者重新思考"什么知识是合法化知识"的问题。例如，一个国家新的教育政策的出台，原有的课程知识与新的制度理念会产生冲突与矛盾而成为非"合法化"的知识，进而需要做出重新选择与重组。课程知识的政治性特征决定了课程

---

① 诺斯：《制度、制度变迁与经济绩效》，上海三联书店 1994 年版，第 3 页。

知识的生成必然是一个与社会政治以及政治视域下的制度存在着千丝万缕的联系。

总之，课程知识的生成是一个社会制度改革与平衡的过程，社会制度的改革与重新调适会需要课程知识的选择者和改革者们不断地重新思量课程知识是"谁的知识"，以及"什么知识是合法化知识"的问题。

（三）课程知识的生成是一个知识政治化与权力化的过程

知识本身具有价值无涉的中立性质，当知识成为课程知识进入学校教育系统之后，其便被贴上了价值形态标签，成为代表某一阶级或集团的统治权力的知识。因此，课程知识的生成过程是一个将知识意识形态化、价值取向化、权力渗透化的复杂过程。由知识到课程知识需要经过一系列的转化过程，主要体现在以下几个方面：

1. 意识形态性甄别与挑选

作为有权决定学校课程知识内容及价值取向的权力主体，首先就要在学校课程知识的来源上进行严格甄别，只有那些有利于其进行思想控制、对其进行社会控制不会产生羁绊的知识才会被选择进入课程知识范畴。这种对知识的筛选带有浓厚的意识形态性，这些入选的知识即课程知识自然是一种政治化了的，具有意识形态性特征的知识。

2. 政治价值赋予

从广泛宏大的社会知识体系中挑选出来的，可作为学校课程知识的知识还要经过必要的价值赋予才能真正成为课程知识而进入教育实践过程之中。所谓价值赋予，是指将一些思想、观念、意识等隐性的影响渗透于事物发展过程之中，从而使其具有预设的内在品质和特征。知识的政治价值赋予，即是将统治阶级的一些统治思想、价值理念等意识形态性要素渗透于知识的外在或内在的表现形式之中，从而使其成为统治阶级进行统治的"合法化"工具。在被赋予了必要的政治价值之后，知识才能够成为"合法"的课程知识，发挥其育人的功能。

3. 权力性控制

由知识到课程知识，由代表某一权力阶级的价值取向到转向关照其他社会控制者的政治取向，课程知识一直游离在权力主体之间权力较量的天平之上。课程知识的生成是社会统治阶级权力的协调与平衡的结果。

综上所述，课程知识的生成是一个复杂的系统工程，是在社会文化知识发展变迁以及社会政治制度变革的动态过程中形成并不断发展的，是多重社会因素相互博弈的结果。课程知识的生成，其本质是一个知识获得"合法性"的过程，即知识成为具有意识形态性、社会性、道德性以及政治性品性的过程。

第三节　"合法性"的内涵及课程知识"合法性"释义

从我国教育研究领域关于"合法性"以及课程知识"合法性"的认知与研究状况看，还处于起步阶段，"合法性"理论尚是一个被遗忘和忽视的问题领域。由于缺乏对"合法性"以及课程知识"合法性"的充分性理解与认知，很多基于"合法性"理论的研究常常处于含混不清与模棱两可的状态。因此，我们需要对"合法性"理论以及"合法性"的内涵进行追本溯源似的探究，追寻其生成的历史轨迹，还原其本源性意义，从而为研究工作构筑坚实的理论基础。

一　"合法性"思想的渊源与历史发展

"合法性"这一名词最早出现在中世纪欧洲的政治法律层面论述上。早在古希腊时期的柏拉图（Plato）和亚里士多德（Aristoteles）就已经开始关注政治"合法性"的思考与论述。

（一）柏拉图和亚里士多德关于政治"合法性"的认知

柏拉图生活的时代正是古希腊多种政权并存的时代，有斯巴达人通过扩张建立起的奴隶制城邦制度，有典型民主政体的雅典城邦，尽管组织形式不同，但在一定时期内，其政治基础却是稳定的，究竟哪种政体是适合民众的，是合法的？柏拉图在《理想国》和《法律篇》中认为，最完美的国家是由执政者、军人和生产者共同组成的，并建立在智慧、勇敢、节制和正义这四种美德之上，这才是理想的国度。当然，这种理想的国度只有哲学家才能担任统治者。所以，在柏拉图看来，培养和造就哲学家是教育的最高目标。亚里士多德所处的时代正值希腊奴隶制经历巨大的动荡和严重的危机，他从维护奴隶制政治立场角度，试图用自己的理论学说来缓和尖锐的阶级矛盾，以图挽救日趋没落的奴隶制度。他在《政治家》一书中指出，国家不能实行一人之治，而有法律的统治才是最好的统治，但法律也有好坏之别，合乎正义的法律就是好的，不合乎正义的就是坏的，从而形成自身的"合法性"思想。

柏拉图与亚里士多德都认为，国家产生或存在的最大任务就是为了普遍的民众，为了民众就是最大的善。这种善就是最高的善，既表现了正义，实现人民的愿望与意志，同时也实现国家的福利，而任何国家的政治组织形式只要符合了这种善，就是"合法"的。所以，在此意义上，国家是采取暴力或是采取民主都是次要的。反过来，只要这个国家是为了普遍民众的"善"，那么，民众就应该承认这个国家存在的"合法性"，并有义务以自己的行动支持国家的行动。在统治者的"合法性"上，柏拉图认为只有哲学家才能胜任，只有哲学家才能很好地领导国家。

（二）中世纪的"合法性"理论

西欧中世纪是古代和近代间的一个时代，"是从粗野的原始状态发展而来的"（恩格斯语），整个社会充满动荡和变化，宗教僧侣获得了知识教育的垄断地位，神学统治的阴霾充斥着欧洲政治的时空。政治、哲学学说的思考是这个时代少有的特色。针对许多思想家或宗教家从上帝出发来给世俗的政治统治披上"合法性"外衣的言论，托马斯·阿奎那（Thomas Aquinas）和马西略（Marsilius）提出了自己独特的观点。阿奎那认为，国家建立的目的是要把整个社会有机地组织起来，以保护社会大多数人的利益。因此，是否甚至能否保证民众大多数人的公益成为评判一个政权是否"合法"的最根本标准。而任何政府统治者如果利用政治权利为个人谋取私利，而牺牲民众的公利，则这样的政治就是"不合法"的。他认为，"社会的'公共幸福'是其根本目的之所在"，"如果一个自由人的社会是在为公众谋幸福的统治者的治理之下，这种政治就是正义的，是适合于自由人的。所谓的'公共幸福'，首先在于'和平的团结一致。'"而马西略则在民众所应该具有的权利的层面，阐述什么样的政治才算是"合法"的。他认为，统治者之所以拥有统治权力，乃是由于民众的支持，所以统治者的权力来源于人民，而人民愿意将权力交给统治者，是为了让统治者保护多数人的公益。而如果统治者滥用人民所给予的权力为自身谋取私利，就变为了"不合法"的统治。因此，一个好的国家，"合法"的政治统治，其标准就是符合人民所统一制定的法律。

（三）近代的"合法性"理论

近代以来，政治理论家们从反对封建统治者的现实需要出发，重新构建一种用以对抗封建统治的理论学说，将法律以及政治制度建立的"合法性"作为其思考的重心。

卢梭（Jean-Jacques Rousseau）认为，私有制和国家产生以前，人类生活在"自然状态"中，称为"自然人"，其天然地享有自由和平等的权利，在政治上是自由的、经济上是平等的、人性是纯朴的。他在其《社会契约论》中认为，权力来自民众的共同约定，民众的这种共同约定使得将权力让予政治组织，而拥有这种权力的政治组织在使用这项权力时，就具有"合法性"。因此，民众的共同约定是"合法性"的基础。但是，使用这项由民众约定而让予的权利之时，也不可以以约定为由而损害公意。因为，公意是人民的共同意志，任何权力的使用都要符合公意。因此，卢梭在政治上主张以人民直接参政代替代议政体。为了使公意具体化、明确化，政治组织者需要制定体现公意的法律，这样，法律就可以对政治组织进行约束。在卢梭看来，只有符合公意的统治才是"合法"的统治。

康德（Immanuel Kant）在政治理论方面的思考上比卢梭走得更远。在法律制定对国家"合法性"的确立意义上，康德同卢梭一样，认为法律制定对一个国家的建立有着极大的意义。在人性上，康德认为，由于人性使然，人们之间必然存在相互争斗的倾向。因此，制定法律可以防止人类固有的这种争斗。同时，法律的制定还必须保证人民享受平等权和幸福权，这样，才有可能成为"合法"的国家。为了使得这种制定的法律有效实施，康德认为，政权组织应采用三权分立的制衡制度，这样才能保证人民的利益和福祉，最终得到人民的认同，国家也就有了"合法性"的基础。

（四）现代"合法性"理论

现代思想家马克斯·韦伯继承了前人关于政治"合法性"理论的论述，同时形成了关于"合法性"的新的认识维度。韦伯划分了权威的三种类型：一是传统权威或"守旧权威"，是对传统习惯的沿袭与对传统风俗的遵从；二是英雄主义的神圣权威，是对个人人格的顶礼膜拜；三是法理权威，是对由大众普遍认可的章程的信任，由信任而服从。从政治统治角度看，马克斯·韦伯论述了国家的"合法性"基础。他认为，国家政治统治赖以存在的基础，就是"合法性"，其来源于对传统习惯或风俗的习以为常，从大众角度言之，此"习以为常"没有受到明确的规定与宣布；相反，却是一种模糊与不明确的状态，而这种不明确在关涉个人利益时却又使得自身在遵从中获益。因为国家政治需要人群的服从，服从是最低限度的一种政治选择，唯有在人群的这种政治选择才会有大多数个体在社会活动中的获利。"对于任何既定的统治来说，都有其'合法性'根据，人们服从的基础，不仅包括习惯、个人利益、休戚相关的纯粹感情或理想动机，而且更重要的对'合法性'的信仰。"从教育的视角而言，大众的支持便是其认可的程度，即一项教育政策制定及执行过程中为大众所接受的程度，因而"合法性"是指人们在一般意义上对公共政策系统及其产生出的认可和接受程度。

韦伯关于政治统治"合法性"来源解释的多元性，受到之后政治学家的倡导，特别是第二次世界大战后，一些政治学家沿袭了这种思维路径，如马丁·李普塞特（Seymour Martin Lipset）认为，如果一个政治统治有能力使其成员确信该政治制度是适当的，并能使这种确信长时期得以维护，那么这种政治统治便具有统治的"合法性"。"合法性"是指政治系统使人产生和坚持现存政治制度是社会适宜制度的信仰的能力。其特点是人们的信仰与政治制度对这种信仰的长时期维护。因此，这种"合法性"理论认为，"合法性"的获得只要能够证明公众对政治系统是认可的、服从的就可以了。

通过对西方政治"合法性"理论的简要回顾发现，人们最早对何为"合法性"的关注更多的是从道德意义上进行论证，只有符合正义等善的统治才可以是合法的，但是，随后人们认识到，仅仅依靠统治者对道德正义的信仰，并不能保证有效获得认同。随着时代的进步与发展，近代的政治学者开始日益重视法律在人们对政府"合法性"信仰中所产生的重大作用。

二　"合法性"内涵的厘定

从以上简要的关于"合法性"理论发展脉络的梳理来看，人们关于"合法性"内涵的理解并未形成有效的一致性，正如学者 R. 洛文索所说，每一不同的社会和文化都有自己的一套界定合法性的方法与标准，很难一概而论。[①] 传统的关于政治"合法性"，的思想中虽然已经隐含了"合法性"的基本意蕴，但是关于"合法性"的基本理解彰显出社会或学者一定的价值取向，不同思想家有着自己不同的解释，关于"合法性"含义

---

① R. Lowenthal, Political Legitimacy and Cultural Change in West and East. *Social Research*, Vol. 46 No. 3, 1979, p. 402.

的详细论述尚未出现。"合法性"概念的规范与抽象直接来自各个学科对其的研究与运用。

（一）不同学科研究视域下的"合法性"内涵

1. 现代政治社会学的研究

现代政治社会学率先运用并对"合法性"内涵进行了系统化研究。德国著名政治社会学家马克斯·韦伯提出，若要维持统治的持久存在，必须唤起合法性的信仰。[①] 韦伯从政治社会学的视角提出，所谓"合法性"就是指对一种政治秩序或统治思想的信仰与服从。具体来说，"合法性"就是促使人们服从某种命令的动机，故任何群体服从统治者命令的可能性主要依据统治系统的合法化程度，即统治者的合法性要求得到实现的程度。[②] 韦伯关于"合法性"内涵的理解与论述在西方社会产生了深远影响，在很长的一段时期内主导着现代西方政治学与社会学领域关于"合法性"的理论研究范式。此外，还有一些学者基于政治社会学的视角对"合法性"内涵进行了相关阐释。哈贝马斯（Juergen Habermas，1929 - 2004）提出，"合法性"意味着某种政治秩序被认可的价值。[③] 阿尔蒙德等（Almond，Gabriel Abraham）认为，"合法性"表现为对政治体系的认同与对政治秩序的自觉遵守。[④] 马克·夸克（Jeen - Marc Coicaud）指出，政治学意义上的"合法性"是对被统治者与统治者关系的评价，它是政治权力和其遵从者证明其自身合法性的过程，是对统治权力的认可。[⑤] 罗伯特·达尔（Robert A. Dahl）指出，"合法性"是指一个政权得到大多数民众的认可从而维持其统治的基础，即"合法性"指统治阶级实施统治权力的正当性与获得公民认同的道义性。

由此可见，现代政治社会学视域下的"合法性"是一个相对概念，它总是体现一定阶级的"合法性"，"合法性"的实现必须建立在民众价值认同基础之上。"合法性"的本质特征也相应地体现在"认同"上，即只有理解了谁来认同，为什么认同，认同到什么程度等，才能理解政治的

---

① 马克斯·韦伯：《经济与社会》，商务印书馆1997年版，第239—241页。

② M. Weber, *Economy and Society*, ed. Guenther Roth and C. Wittich, Berkeley: University of California Press, 1968, p. 214.

③ 哈贝马斯：《交往与社会进化》，张博树译，重庆大学出版社1989年版，第184页。

④ 阿尔蒙德等：《比较政治学：体系、过程和政策》，曹沛霖等译，上海译文出版社1987年版，第35—36页。

⑤ 转引自郝明君《课程中的知识与权力》，重庆大学出版社2009年版，第1、160页。

"合法性"意蕴。① 但是，在社会权力阶层看来，合法的就是合理的。在现实政治中，无论其以何种形式出现，都必然是合法的。

2. 哲学与社会学视野下的"合法性"

哲学研究领域关于"合法性"的关注与探究聚焦在知识的功能和价值方面。知识只有在能够给人类带来自由和快乐基础上才具有"合法性"的意义。正确的知识应当能产生自由，因为它能把人类从无知的偏见中解脱出来。② 哲学范畴的"合法性"即是指符合事物自身的内在逻辑性以及这种逻辑性给人所能带来的积极意义和感受。哲学研究视域下的"合法性"与政治社会学视域下的"合法性"有着截然不同的意蕴。

再从社会学的研究范畴来看，社会学研究领域关于"合法性"的探究也由来已久，虽然关注"合法性"理论的视角经常转换，但是关于"合法性"内涵的认识却始终围绕着一个核心主题，即在社会与个体的关系层面探讨"合法性"的意义。"合法性"是国家与社会的关系以及合理有效的社会秩序的性质体现。

3. 教育学研究视域下的"合法性"内涵

教育研究领域使用"合法性"概念主要基于两个视角：法律的视角和知识观的视角。首先，从法律的角度来看，教育政策的制定及出台是否合法，是指要依据一定的法律法规，否则便视为非法、不合法。此处"合法"意指合乎法律的规定，即等同于合乎法律。袁振国教授指出："教育政策的合法性，是指国家有关的政权机关遵循一般已确立的原则或一般所接受的标准，对教育政策的审查活动。"我国学者吴志宏、李冲锋等在论及教育政策及法规时也认为，一项教育活动只有符合教育法律才具有合法性。其次，从知识观及其"范式"的角度来看，政策制定者或言说者是否合法，是以一定的知识观及"范式"为基础的。"这种观点认为，合法性往往是相对于一定的知识观或'范式'而言的"。在一定的知识观或"范式"下，其内容或形式均为合法，但随着知识观的变化及范式的改变，合法性受到诸多挑战，其内容及形式便为不合法。因此，教育学研究视域下的"合法性"，通常是指教育政策以及教育活动的实施是否符合既定的法律法规的要求，学校课程知识的选择与实践是否合乎法律法

---

① 郝明君：《课程中的知识与权力》，重庆大学出版社 2009 年版，第 1、160 页。

② 黄济：《教育哲学通论》，山西教育出版社 1998 年版，第 247 页。

规、合乎社会规范以及是否合乎知识发展的自身逻辑性。

总而言之，教育研究领域关于"合法性"内涵的理解与运用同样呈现出多元化的诠释视角，"合法性"已经成为一个仁者见仁、智者见智的，其内涵和外延遭到无限扩张的概念。因此，要想了解"合法性"的真实内涵与本源性意义需要我们从词源与词义分析的角度进行探究。

（二）"合法性"的词源与词义分析

"合法性"（legitimacy）一词最早出现在西方国家的文献中，最初是以其形容词形式（legitimus）出现的，意思是"符合法律的"、"与既定规章、原则、标准相一致的"。到了中世纪，其名词形式（legitimacy）出现，这时"合法性"具有了政治性内涵，即"合法性"是意识形态、传统、法理等诸方面的综合。在我国的文化知识体系中，"合法性"的概念是舶来品。从"合法性"一词的文字构成来看，其主要由"合"与"法"组成，"合法"即合乎"法"，与"法"相一致。"法"在《现代汉语词典》中的解释是：体现统治阶级的意志，由国家制定或认可，受国家强制力保证执行的行为规则的总称，包括法律、法令、条例、命令决定。① 可以说，"法"是阶级社会特有的、适应阶级统治的需要而产生、发展起来的社会规范，由国家制定或认可，体现统治阶级意志，并以国家强制力保证其实施。由此看来，"法"之所以为法，必有两条基本要素，一是规则，二是制定者。规则是就法之内容而言，一项法律的制定出台是以事物的客观规律与属性为其依据的；制定者是指法制的主体，体现的是法律主体的意志与愿望。因此，中文的"合法性"暗含"对某一个'法'的符合程度"。事实上，中国法律意义上、政治意义上的"合法性"是由"legitimacy"翻译而来，所以，在中文中，"合法性"并非指"合法"的程度，而是对法律或政府权威性的来源的关涉。

从词义分析来看，中文"合法性"一词有两种主要含义：一种是"合法律性"，意指一个行为或者一个事物的存在符合法律规定，词义接近英文词"legality"；另一种是"正当性"、"合理性"，表示一个行为或者一个事物的存在符合人们某种实体或程序的价值准则，以及其他非强制的原因，为人们所认可，进而自愿接受或服从，词义接近英文词"legiti-

---

① 中国社会科学院语言研究所：《现代汉语词典》，商务印书馆 2002 年版，第 341 页。

macy"。因此，可将两种合法性含义归结为"正当性合理性"与"合法律性"。①

（三）本书关于"合法性"内涵的厘定

基于对"合法性"思想的渊源、历史发展及其本源意义的梳理与分析，本书认为"合法性"基本内涵应是：某一事物或客观事实被判断或被认同符合某种价值规范、法律原则以及相关意识形态性而被认为是正当的、合理的，进而能够被普遍接受。"合法性"的基本内涵包含了三方面的要义：

1. "合法性"的认同主体

"合法性"是一个相对概念，即其总是以一定阶级和特定群体的利益原则和价值取向为判定法则，"合法性"是个别阶层与特定利益集团视域下的"合法性"，是经过特定阶层的权力性赋予而被自上而下的、强制性推行的"合法性"。因此，"合法性"的内涵中蕴含着一个重要的要义或构成要素——谁来认同并判定某一事物或客观存在是"合法的"，研究"合法性"理论或相关问题的一个基本思路和视阈便应运而生。探究"合法性"问题的首要任务即是要弄清楚"合法性"的价值赋予者或权力主体是谁，"合法性"代表的是哪部分阶级与利益主体的价值诉求，"合法性"认定的意识形态框架是由谁制定的等关于"合法性"的认同主体问题。

2. "合法性"的判定依据

"合法性"的认同主体依据什么来认定某一事物或客观存在是"合法性"的，哪些是非"合法性"的，"合法性"建构的价值链条或判定的思维逻辑是怎样的。通过对"合法性"思想的渊源与历史发展过程的研究，我们清楚认识到，"合法性"负载的是统治阶级、意识形态与社会控制性权力的价值。因此，阶级性属性、权力性诉求、意识形态性渗透必然构成"合法性"认同主体构建"合法性"的基本依据或重要标尺。某一事物或客观存在被判定具有"合法性"的过程其实质就是"合法性"的认同主体依据相关的价值标尺（阶级性属性、权力性诉求、意识形态性划分）对其进行筛选、过滤乃至价值赋予的过程。

---

① 谢海定：《中国民间组织的合法性困境》，《法学研究》2004 年第 2 期。

3."合法性"的价值认同

"合法性"内涵的一个必不可少的要义便是"认同"问题。"合法性"虽然是统治阶级或权力主体主观建构的"合法性",但是只有基于大多数的被统治阶级普遍认可和接受的基础上,"合法性"才具备生效的实践性基础与控制性条件。因此,统治阶级即"合法性"的认同主体凭借什么来获得大多数被统治者对其主观建构的"合法性"的认同与自愿服从是探究"合法性"内涵及相关问题的一条核心主线。从历史与社会政治的演进规律看,统治阶级实现其统治理想的一套惯用模式,便是通过制定一套表面基于大多数被统治者生存利益的价值准则与利益分配制度来获得其对该群体的实质性控制与思想禁锢。因此,社会统治阶级所构建的"合法性"同样是在虚假满足被统治者相关利益的基础上获得普遍认同并自愿服从的。这些虚假性的满足被统治者相关利益的范畴包括:对被统治者的生存属性的关照、对无可争辩的社会性规范的遵从以及对社会道德性准则的恪守等与统治阶级的核心价值诉求并行不悖的范畴。

综上所述,"合法性"内涵包括三方面不可或缺的要义:"合法性"的认同主体或权力主体;用来构建"合法性"的必要价值依据和利益准则;统治者与大多数被统治者之间达成广泛的价值共识,被统治者深信并自愿服从既定的"合法性"的事实及"游戏规则"。

三　课程知识"合法性"的含义

综上所述,依据课程知识的内涵以及"合法性"的本源性意义,课程知识"合法性"的基本内涵应是:学校教育对受教育者施加教育影响的基本教育知识即课程中的知识所具有的意识形态性、政治性、社会性与权力控制性特征,以及社会公众对具有这些政治性与权力性品性的课程知识的认同程度。具体说来,课程知识的"合法性"主要包含三方面的具体内容:

(一)课程知识是"谁的知识"

课程知识是"谁的知识","谁"具有选择课程知识并能够对其进行价值赋予的权力,对学校课程知识具有构建权和价值赋予权的社会权力主体选择什么知识以及为什么选择这些知识作为课程知识主体,这些内容是课程知识"合法性"内涵的第一要义所在,也是我们探究不同国家以及不同社会意识形态下,学校课程知识"合法性"问题的首要目的与关键环节所在。

（二）权力主体如何影响课程知识

课程知识建构的权力主体依据或遵循怎样的价值逻辑来对课程知识进行相关的价值性渗透与权力性影响。这是研究课程知识"合法性"问题的核心主线与主要聚焦点所在，也是人们认识学校课程知识"合法性"的突破口和基本视点所在。

（三）课程知识的接受者如何认同与接受课程知识

课程知识的接受者对"合法性"的学校课程知识的价值认同与接受程度以及课程知识建构的权力主体凭借怎样的手段、途径实现对"被统治者"的顺服。课程知识的接受者以及与学校课程知识相关的群体在何种程度与意义上认同并自愿服从，是课程知识"合法性"成立的必要条件，也是探究课程知识"合法性"的基本价值所在。对这一问题的探究就涉及关于课程知识"合法性"的辩证性认识，即具有"合法性"的课程知识未必是合理的、公平的乃至有效的。具有正义性，公平性并相对合理的知识未必是"合法性"的课程知识，而寻求课程知识的"合法性"与合理性、公平性以及有效性之间最大限度的平衡是探究课程知识"合法性"问题的主要目的之一。

四　关于课程知识"合法性"的几个认识误区

一直以来，我国教育研究领域关于"合法性"的认识只是在简单地复制或迁移西方政治哲学以及政治社会学的范本，鲜有学者对"合法性"以及课程知识的"合法性"进行专门化的、深入性的系统研究。因此，已有的关于课程知识"合法性"的理解与认知并非基于同一意义层面的探讨，不同研究者只是基于构建自身研究内容的需要而牵强地赋予课程知识"合法性"以不同的价值意蕴，甚至形成了一些关于课程知识"合法性"的认识误区。作为本书的一个核心概念，我们有必要辨析并澄清一些关于课程知识"合法性"的认识误区，从而形成关于课程知识"合法性"的清晰性认识与理解。

（一）将课程知识的"合法性"等同于"合法"

课程知识的"合法性"与"合法"是两个意义完全不同的概念。首先，从词义分析角度看，"合法"的含义是符合法律规定，与"违法"相对，指人们的符合法律要求的行为。而"合法性"指的是对社会意识形态性、政治性、社会性以及文化性的综合性体现，是一个具有相对意义的概念。其次，从二者的价值所指来看，"合法"直接指向的是社会的法律和规章制度，是一种对规范性的判定与评价结果，旨在帮助人们形成以一定准则和方向为参照的价值判断。"合法性"则指向意义更为广阔的社会意识形态和价值观念领域，其要解决的是社会某一阶级的权力性控制何以维持的问题，是要阐释阶级或政党的统治地位如何为公众接受并自愿服从的问题。最后，从二者成立所需要的必要条件看，强制性服从是"合法"的主要条件，而"合法性"的成立虽然也是基于必要的强制性手段，但是这种强制需要建立在公意的基础上。

由此我们可以看出，虽然课程知识"合法性"构建的价值逻辑要彰显统治阶级的政治倾向性，这其中包含必要的法律与政策意志，但这仅是"合法性"基础的一个方面，不能将其视为完全意义上的"合法性"。然而，在课程与教学研究领域，人们在提及课程知识"合法性"的时候，很多情况下将其理解为课程知识对国家政策、法律尤其是教育法律的彰显与遵循。例如，有学者在使用课程知识"合法性"的概念时提到，课程知识的"合法性"即是学校的课程知识内容是否符合国家教育法规及相关政策的要求，是否能够有效满足学生身心发展的需要。

将课程知识的"合法性"等同于"合法"无疑会遮蔽人们审视课程知识意识形态性以及其政治品性的视野，对于维护学校课程知识的正义性与实效性，促进课程知识沿着客观的内在逻辑理路发展都将产生不利影响。

（二）将课程知识的"合法性"等同于"合理性"

合理性的含义是合乎道理或事理，符合个体与整体发展的规律性，是一个体现客观性、规律性与情理性的名词。"合理性"一词如果从字面上理解是合于理性，但不少学者指出，这种理解过于狭窄。合理性更为确切的含义是合乎某一标准，与文化有关，随着文化要求的标准的变化，合理性观念也将发生变化。[①] 由此可见，合理性与"合法性"是两个有着完全不同意义所指的概念，"合理性"趋向客观、理性与公平，"合法性"趋向主观性价值赋予与渗透，趋向意识形态性和权力性。因此，课程知识的"合理性"不能与课程知识的"合法性"混为一谈，课程知识都具有"合法性"的特征，但并不意味着课程知识都是"合理性"的。将课程知识的"合法性"等同于"合理性"，无疑是一种抹杀课程知识的意识形态性

---

① 胡辉华：《合理性问题》，广东人民出版社 2000 年版，第 8 页。

特征，为课程知识生成的权力主体的正当性与"合法性"辩护的行为，课程知识都是合理性的，我们也就失去了探究课程知识"合法性"的意义和价值。相反，恰恰因为具有意识形态性属性的，反映社会权力博弈性特征的"合法性"的学校课程知识并非都是在公平、正义、合理、有效的认识框架之中，据此，关于课程知识"合法性"问题的探讨才成为有阶级社会存在的课程与教学研究领域的一项永恒主题。

（三）将课程知识的"合法性"等同于"有效性"

所谓有效性是指事物所产生的实质性的正向功能，有效性是一种指向结果而非过程的价值性与事实性判断。在政治社会学视域下，有效性是指向社会政治制度执行的效能与程度，关注的是社会秩序如何获得持久性生存力的问题。在经济学研究领域，有效性则是源于社会经济的发展，是就发展绩效而言。相对于有效性，"合法性"蕴含并指向的是社会政治与相关统治秩序维持持久生命力的基础是什么的问题，是对社会秩序维持中价值选择结果的认同与接受。但是，"合法性"与"有效性"却是一组辩证性存在着的概念。"合法性"能够为有效性的生成与维持提供必要的动力与权力性支持，即"合法性"是有效性的催化剂与制度性保障。同时，有效性又构成"合法性"必要的价值诉求的一部分，也是"合法性"持久稳定性生命力维持的必要基础。关于"合法性"与"有效性"的辩证性关系，李普塞特（Seymour Martin Lipset）在其《政治人：政治的社会基础》（*Political Man：The Social Bases of Politics*）一书中，分析了四种不同的政治制度形态，系统阐释了合法性与有效性的辩证关系：一是合法性与有效性均高的形态，具有稳定的政治制度；二是合法性较高，却缺乏有效性；三是合法性缺乏，却很有效率，即有效性较高；四是既无合法性，又缺乏有效性。第一种政治制度是最好的，合法性与有效性成正比例关系，第四种同样是二者成正比例关系，但却是最差的政治制度，第二、三种情况完全体现了合法性与有效性的反比例关系。因此，一项制度的"合法性"需要在实施过程的有效性中获得逐步累积。

课程知识的"有效性"与"合法性"同样存在着辩证关系，"有效性"是课程知识"合法性"维持的必要条件之一，"合法性"的课程知识是课程知识"有效性"生成的必要前提和基础。尽管二者存在着密切的相关性，但是我们不能将课程知识的"有效性"与"合法性"视为同一概念而相提并论，否则课程知识"合法性"的意识形态性本质将被抽离，社会权力控制阶级对于课程知识的操纵性权力将在理论层面被架空。因此，本着对课程知识研究的客观性与理性化诉求，我们需要严谨性地审视课程知识"合法性"的内涵，不能将其与有效性进行"等量代换"。

（四）将课程知识的"合法性"等同于"客观性"

客观性，顾名思义，是指事物、现象不依赖于人的主观意识而存在的客观性特征或性质，是与主观性相对应的一个概念。课程知识的"客观性"即是指课程知识"与生俱来"的，自身内在的逻辑性与序列性，这种课程知识本身所固有的天然属性是不依赖于人的主观意识而存在的，也是人的主观意识性所无法予以改变的。相反，课程知识的"合法性"是一种体现人的主观能动性，依赖于人的主观意识进行主观建构的过程。因此，课程知识的"合法性"是课程知识外在的、价值赋予性的特征，具有主观性，然而这种主观性特征却是课程知识存在的充分性条件。由此，我们不难判断课程知识的"客观性"与"合法性"是两个截然对立的概念，不能将课程知识的"合法性"等同于课程知识的"客观性"。

此外，与"合法性"相接近的概念还有"合法化"。"合法化"是一种行为过程，而非结果，其体现的是一种对价值的选择过程。具体来说，"合法化"指合法性的客观基础被质疑的时候达成关于"合法性"的某种共识的努力。帕森斯（Talcott Parsons）针对马克斯·韦伯的"合法性"理论存在的缺欠，基于价值规范在"合法性"理论体系中的地位，指出社会个体之所以能够服从某种价值性规约，最重要的原因是这种规约是一种权力性与认同性相结合的规约，个体会通过必要的价值性与利益性衡量，从而将信奉的价值转化为实践活动，这个转化的过程就是"合法化"的过程。哈贝马斯也持有与此相类似的观点，认为"合法性"反映的是一种结果，"合法化"则是"合法性"的生成过程。教育研究领域的"合法化"也有着同样的含义，相关教育政策、制度的出台以及由这些制度、政策所产生的社会效应，如民众的接受程度与支持力度都体现着"合法化"的进程，当民众对某项政策或制度能够理解与支持的时候，意味着教育改革已经具有了"合法性"。因此，"合法化"是"合法性"形成的过程，将课程知识的"合法性"等同于"合法化"无疑犯了"本末倒置"的认识性错误。

第四节　审视课程知识"合法性"的基本视界和维度

一　课程知识的合意识形态性

意识形态性是课程知识的本质属性，也是课程知识"合法性"特征的核心体现。不同国家以及不同社会制度下学校课程知识的选择与组织会基于不同的意识形态性框架，从而呈现出不同的政治性品格以及社会价值取向性特征。因此，研究并审视课程知识的"合法性"问题，就是要以课程知识的意识形态性特征为研究的价值起点，探讨学校课程知识代表谁的利益性诉求以及具有怎样的政治性品格。针对课程知识的意识形态性考察与探究，阿普尔认为需要审视以下问题：课程知识的归属问题；谁来选择课程知识的问题；课程知识为什么以这种方式组织和呈现；缘何一些知识只是传递给一部分特殊的阶级；为什么一些社会文化能够以客观的、事实性的样态进入学校课程知识序列；官方知识是如何体现在代表社会统治阶级利益的课程知识中的；学校是如何把这些具有限定性的、仅代表少数统治阶级价值取向的知识合法化为法定知识的。① 关于对课程知识的合意识形态性问题的探究主要基于以下几方面的内容：

（1）在某一特定的社会制度背景下，社会统治阶级或对社会发展起主导作用的权力控制者把什么视为"合法性"的知识，为什么将这部分知识视为"合法性"的知识而不是其他的知识，以及如何将这些具有"合法性"身份的知识"合法化"转化为现实的学校课程知识。

（2）在某一特定的社会制度背景下，学校课程知识建构的权力主体依据或遵循怎样的价值逻辑来对具有"合法性"地位的知识进行相关的价值性渗透与权力性影响。

（3）在某一特定的社会制度背景下，作为一种代表社会统治阶级统治意志的法定知识——学校课程知识是如何体现并为社会统治阶级的利益服务的。在课程知识的意识形态性研究视域下，学校课程知识的改革与重

---

① Apple, Michael W. , *Ideology and Curriculum.* London & New York：Rutledge & Kegan Paul Ltd. , 1990, pp. 63 – 64.

新调适过程的本质、动力性基础是什么等。

二 课程知识的合政治性

研究并审视课程知识的"合法性"问题，不能绕开课程知识的政治属性。课程知识的政治属性体现的是：在课程知识构建过程中，国家权力与政治倾向性是如何左右并渗透于学校课程知识中的，学校课程知识又是怎样发挥对国家权力以及政治性基础巩固作用的。审视课程知识的合政治性特征，主要基于三方面视角。

第一，某一国家、某一具体历史时期的学校课程知识观是怎样的，它在何种程度与何种层面上受制于国家的权力意志，又是怎样为国家实现有效的社会控制服务的。课程知识与国家权力联姻后的控制性特征是怎样的。

第二，国家权力与政治意识形态对学校课程知识控制功能的解释路径问题。这是关注并研究课程知识政治性特征的一个主要目的所在。国家权力与政治形态对学校课程知识实施控制与价值引领对课程知识自身而言会产生怎样的影响，这种影响有积极的正向功能吗？因为，综观国内外的已有相关研究，人们在提及课程知识的政治性品格时，常常附以一种批判的目光，常将国家权力与政治性意识形态视为一道密不透风的、阻隔知识的真理性与客观性的潜在屏障。在这一解释框架下，国家权力与政治意识形态对课程知识的控制总是被基于负面的形象。国家权力难道总是以方式一致、功能统一的身份出现在课程知识的生成过程中，并对其产生制约作用的吗？福柯曾提醒我们，"今天的国家可能比它在历史上任何一个时刻都不再拥有这种统一性、这种个性、这种严格的功能性。或者坦率地说，这种重要性"。① 这就意味着，国家以及国家的政治性权力在一定意义上也会以一种积极建设者身份出现在学校课程知识的构建过程中。在社会变革的过程中，教育者借助国家的控制性力量，实现对课程知识的建构与创新也理应被纳入研究视野之中。本书正是一项积极探索并挖掘国家权力及其政治性控制对学校课程知识的正向功能的反思性研究。

第三，课程知识的合政治性特征是一个复杂多变的过程，同一国家不同历史时期的政治倾向性会呈现出动态的变化性。"社会经济政治因素制约"、"国家意识形态控制"等将不再是一些抽象的概念，它本身也许从

---

① ［法］米歇尔·福柯：《治理术》，赵晓力译，《社会理论论坛》1998 年第 4 期。

控制、制约成了被利用的工具，或者本身成了一个动态的作用空间，或者其效力在不同的关系网络中有不同的显形，这一切都取决于改革实践过程中的各种可能与偶然，取决于改革参与者生存的必要与策略，以及关涉到参与个人或群体的切身利益等。① 因此，研究课程知识的政治性特征应该依据具体的时代背景和境遇性，从单纯的宏观抽象性研究转向微观具体的研究。

三　课程知识的合社会性

审视课程知识的"合法性"，还要关注课程知识的权力性控制主体是如何实现让被统治者接受并自愿服从代表其统治意志的课程知识的。这就需要审视课程知识的社会性特征。因为，为了实现对被统治者的"合理化"统治，社会统治阶级在将课程知识合法化过程中，不纯粹是将课程知识作为传递社会统治阶级意识形态，进行阶级关系再生产的工具，课程知识的"科学合法性"也受到统治阶层的关注。因为，课程知识的"科学合法性"是课程知识"合法性"维持的重要基础，也是社会统治阶级利用课程知识进行合法化统治的必要前提。课程知识的"科学合法性"主要体现在课程知识对社会文化、社会道德、对知识的多样性以及对个体的人的生存与生命意义的关照等方面。

（1）代表社会统治阶级利益的学校课程知识在何种程度上去满足社会个体的多元化知识需求，如何实现"合法性"课程知识与社会的多元性文化知识诉求之间的平衡，这是探究课程知识"合法性"问题不能回避的一个重要内容。

（2）学校课程知识在维持"合法性"的同时，如何最大限度地实现其权力主体的多元化与均衡化。伴随着社会公平、民主、平等精神不断得到彰显，代表社会声音的课程知识改革开始此起彼伏的出现，这就意味着课程知识的权力主体由单一性、权力性走向多元性、民主性是一个必然的趋势。因此，审视课程知识的"合法性"需要探讨其在新的社会发展特征与背景下的适应性问题。

（3）代表社会统治阶级利益的学校课程知识在何种程度去关照个体的生存与生命意义。只有社会个体的生存与发展需求得到了有效的满足，

---

① 高水红：《"法定知识"变革中的行动者视野——课程社会学的一种研究路向》，《南京师范大学学报》（社会科学版）2007 年第 5 期。

其才能真心并自愿地接受统治阶级的领导与权力性控制。课程知识的"合法性"维持才具有可靠的社会心理与文化基础。

四 社会对"合法性"课程知识的认同程度

社会对"合法性"课程知识的认同程度是审视课程知识"合法性"的一个重要维度。依据课程知识"合法性"的三个主要来源，社会公众的支持即公众对学校课程知识的认可程度是课程知识"合法性"身份维持的必要条件。正如戴维·伊斯顿（David Easton）所言，"合法性"的维持不能离开政治领域中其制度规则设计中所体现的"人"的原则，但也不能离开社会生活中非政治领域公众的政治倾向性，也即公众对政治系统表现出的关心、参与及其能力。政治系统分析理论中所强调的"输入—要求—输出"理论，民众的要求程度越高，参政能力越强，对政治系统的要求就越高，政治系统为维护其合法性，在满足公众意愿等政治权力上会更加完善自身的执政能力，其有效性越高，合法性的维持就可能越长久。因此，社会统治阶级向来重视社会以及社会公众对"合法性"课程知识的态度与情感性反应，这也为探究社会对"合法性"课程知识的认同问题提供了可能性，也使得关于这一问题的研究有了重要的社会性价值。探究社会对"合法性"课程知识的认同问题不能脱离如下几方面的内容：

（1）社会公众对国家或社会统治阶级合法化的课程知识持何种态度，认可还是排斥与抵触。被社会统治阶级权力化并赋予既定的价值倾向性的，具有"合法性"的学校课程知识在多大程度上被社会公众认为是合理的，是符合社会道义的。

（2）社会公众对国家或社会统治阶级合法化了的课程知识的认同抑或抵触的心理与社会认知性根源是什么。

（3）社会公众的态度是如何影响并改变课程知识"合法性"生成过程的以及这种影响的程度如何。学校课程知识的"合法性"由社会统治阶级单方"控制"变为多方"认同"与"妥协"的可能性、必要性以及支持性条件是怎样的。

第三章　历史维度中美国中小学课程知识的合法性

美国教育与政治紧密相连，教育常随政治潮流起伏而起伏。社会统治阶级将学校教育视为其传播自身政治理念、道德观、知识与价值的重要途径，学校课程知识的"合法性"也相应地由既定的社会主流意识形态所决定，服务于既定社会政治与经济发展的需要。美国中小学课程知识的演进常常伴随着社会政治、经济与文化秩序的变迁，是美国社会秩序的主流意识形态与世界观的直接反应。因此，不同历史时期，美国中小学课程知识所负载的社会意识形态价值，所代表的权力性主体都具有较大的差异性。自19世纪中后期开始，伴随着美国社会工业化与商业化进程的加快，美国中小学课程知识领域的静态格局被打破，社会不同阶级及不同利益群体遵循各自的价值观念与利益原则开始了在中小学课程知识领域的权力性控制与博弈，中小学课程知识开始成为充满改革话语的"躁动"领域。选择"什么知识"以及选择"谁的知识"等关于中小学课程知识"合法性"问题的冲突此起彼伏。这一时期，以重视古典学科知识为代表的社会特权阶层仍然控制着美国中小学的课程知识权力，这种格局一直到20世纪20年代末才开始发生变化。

第一节　意识形态渗透下的美国中小学课程知识生成

19世纪中后期至20世纪初期，美国社会经历了南北战争以及第一次世界大战的洗礼，社会政治、经济、文化领域都开始面临新的挑战。宗教文化与新兴工业经济之间的冲突，民主的意识形态与种族主义之间的对立等矛盾充斥整个美国社会。这种纷繁复杂的社会政治、经济与意识形态领域的矛盾自然延伸到为社会政治、经济服务的学校教育与课程知识领域。美国中小学课程知识领域常常成为社会统治阶级进行权力斗争的工具，进而维护其自身利益。

一   中小学课程知识生成的权力主体

课程知识选择的权力主体必然是在社会发展过程中占据统治地位并能够控制社会主流意识形态和世界观的统治阶级。19 世纪中后期正值美国的宗教特权阶级逐渐走向衰落，资产阶级政治与经济迅速壮大的时期。因此，在社会占据主导地位的资产阶级必然成为中小学课程知识选择的权力主体。在资产阶级统治内部，课程知识的权力分配又分为国家、各个州以及学校三个层次，尽管美国实施地方分权的社会制度，在对教育的管理方面也彰显各个州的主体性，但是地方层面课程知识权力的行使俨然要以国家整体的政治倾向性以及利益性为准绳，国家与各个州在课程知识的权力控制上具有内在的利益统一性。事实上，以学校、各个州和国家相结合的课程决策模式一直是美国社会教育管理与课程知识生成的主要特征所在，只是在不同的历史时期，各个层面的权力主体在权力结构中的地位与影响力在不断变化，进行着此消彼长的相互转换。就 19 世纪中后期至 20 世纪中期这一历史阶段而言，美国中小学课程知识的权力主体以及各个层面权力主体之间的权力分配关系主要体现在如下几个方面。

（一）国家层面的权力主体

美国社会教育发展的一个显著特征是国家对教育实施权力性操纵和控制的间接性与隐蔽性，这一特点在 19 世纪中后期表现得尤为突出。经历南北战争后，资产阶级的政权虽然达到了空前的巩固与统一，但是宗教与特权阶级的势力仍然很顽固，加之这一时期"移民潮"的高涨，促使这一时期美国社会的统治阶级时刻把塑造统一的美国精神以及传播资产阶级的社会统治思想作为核心的政治性诉求。统治阶级一边宣扬民主与自由的政治理念，一边紧锣密鼓地通过各种手段集中社会统治性权力。

在中小学的课程知识领域，国家作为实质性的最高权力阶层对中小学课程知识的价值取向定位以及生成过程实行绝对的控制与监督。但是，这一历史时期，国家作为中小学课程知识的法定权力主体并没有直接参与中小学课程知识的选择与价值赋予的过程，而是采取了更为抽象和隐蔽的间接调控方式。美国政府极力主张各个州的权力主导性，把州一级的权力部门推向了中小学课程知识生成的前沿控制领域。各个州在行使对中小学课程知识的控制过程中，必须全面渗透社会支配阶层的意识形态，否则自身的"合法性"统治权力将会面临危机。这是一种典型的"国家主宰"的课程权力控制模式，美国政府通过对中小学课程知识实行强有力的间接控制，使中小学的课程知识成为其统治理念的传播者与维护者。

这一时期，美国统治阶级为对中小学课程知识的合法化统治披上了一层阻碍外界发现其控制危机真正原因的外衣，其对中小学课程知识控制的隐蔽性巧妙地回避了国家与社会特权阶层以及宗教组织之间的正面交锋，在一定程度上缓和了当时的社会矛盾，有利于美国统治阶级的政权巩固。

（二）各个州层面的权力主体

这一历史时期，美国学校课程知识的直接控制者与管理者是各个州的教育行政部门。早在1781年通过的《邦联和永久联合条例》和1789年颁布的《美利坚合众国宪法修正案》中就已明确规定了教育是保留给各州的权利之一，教育职权在州，州政府有权制定独立的教育政策以及课程政策。事实上，以各个州和国家相结合的决策模式一直是美国社会教育管理与教科书编选的主要特征所在。只是在不同的历史时期与社会背景下，州教育权限的范围及表现形式具有较大差异性。19世纪中后期至20世纪初期，各个州对中小学课程知识管理的主要范畴及权力性特征主要体现在：

第一，伴随着削弱学区和合并学区运动的开展，各州教育权限不断集中，教育职能更加清晰化和统整化，各州对中小学课程知识的权力控制性特征开始凸显。学区制在南北战争以前曾在美国起过设校和管学的历史作用，但在南北战争前夕，削弱与合并学区的运动就开始不断涌现。有些州或县在教育领导建制之后，即用法律或宪法将学区某些权利夺取了。如削弱学区会议选派教师、确定各科课本或制定教学纲领的职权；如取消学区委员考试和检定教师的职权，等等。举办各学期的长短、学生应交的用费以及学校应教授的科目，都按州县制定的法令实施，不再由学区的缺乏教育识见的官员独断独行。① 至此，各个州陆续开始了取消或限制学区教育职权的运动，一向势力庞大的基层教育管理组织从此渐渐成为历史陈迹②，州的教育管理权力得到了有效的集中和强化。在对中小学课程知识的管理方面，各个州获得了中小学课程知识的选择与编审权力，并在一定

---

① 滕大春：《美国教育史》，人民教育出版社2001年版，第438页。

② 同上。

程度上清除了地方保守守旧势力对中小学课程知识的意识形态性和观念性渗透，中小学课程知识改革开始向着民主与理性的方向发展，中小学课程知识的编选凸显对国家政治改革与社会经济、文化发展的适应性。

第二，伴随着各个州教育管理权力的不断集中，各个州成为中小学课程知识改革的主导者与决定者。各个州通过颁布相关法律，明确中小学课程知识编选的基本标准和应遵循的基本价值取向，并通过直接指定中小学教科书的编选人员，控制中小学课程知识的"合法性"。

这一历史时期，美国中小学教育和课程知识的控制权力已经由为数众多的、零散的学区即地方性保守势力的手中转交给代表联邦政府意志的各个州，当然这种权力过渡不是自然产生的，而是基于权力阶层对社会经济、政治的控制权力的分配与博弈的情况。自 19 世纪 90 年代开始，美国各个州对中小学课程管理的集权取向开始出现，并在整个 20 世纪持续地崭露锋芒，这使美国以地方学区为权力性主导的教育时代开始退出历史舞台，州和国家层面在课程知识的决策权力结构中地位不断增强，尤其是州层面的课程管理权力日益集中并得到有效扩张。

（三）学校层面的权力主体

在 19 世纪，美国的学校是 10 万多个独立地方学区的一部分，每个学校都有权力任命其委员会成员和筹集自己的办学资金。[1] 这一历史时期，私立学校在美国中小学的构成中占有一定的比例，而且影响很大。从 19 世纪的公共教育运动开始，直至第一次世界大战结束后，公立学校才开始成为美国初等教育的主体。据 1940 年美国《初等教育》发表的统计数字，1930—1936 年，私立小学学生占全国小学生数的 10% 左右，有近 200 万儿童进入私立小学就读。这其中有 90% 的学生进入天主教小学，4% 左右的学生进入了路德派教会学校。这些私立中小学费用昂贵，有自身的管理与教育价值取向，在课程知识方面不受州和联邦政府制度的约束，课程知识选择以彰显贵族阶层的地位和身份为主要价值取向，以培养贵族和具有宗教信仰的特殊公民为目标，与由各个州控制和主导的公立学校形成鲜明的对比。

由于私立中小学在美国社会存在的历史悠久，影响之深，尤其是该类

---

① 彭彩霞：《变化的政治：美国课程决策集权取向的演进及影响》，《外国教育研究》2009年第 11 期。

学校与宗教团体及社会特权阶层利益紧密相连，联邦政府和各州在制定中小学课程知识标准与计划的过程中，不得不对其实施宽松的自由政策，使这些私立中小学成为与州并列的课程知识生成主体，有着独立的课程管理权限。

相对于私立中小学的权力独立性，公立中小学在课程知识的选择以及课程知识观的定位方面则拥有较小的权力。各公立中小学要严格依据州管理部门的课程标准和利益性原则进行课程知识的选择与教授。虽然，在中小学课程知识的编选过程中，中小学的教师具有一定的参与权，但是州教育管理部门绝对控制和主导着公立中小学课程知识的生成过程。

二　中小学课程知识生成的价值取向

19 世纪中后期至 20 世纪初期这一历史阶段，美国中小学课程知识的选择与组织主要基于资产阶级巩固政权的政治性需要，中小学课程知识代表并反映着美国社会统治阶级的权力性与利益性核心诉求。中小学课程知识的生成过程集中反映着这一历史时期美国社会统治阶级内部的冲突以及统治阶级与社会各阶层之间的冲突，作为社会统治阶级的"政治蓝本"，中小学课程知识的价值取向主要反映在如下几个方面：

（一）政治性取向

这一历史时期，美国中小学课程知识的编选呈现出鲜明的、单一性的意识形态性特征，中小学课程知识的政治倾向性主要体现在：

第一，中小学课程知识注重灌输对国家的爱和忠诚思想。美国社会在经历南北战争以后，中小学课程知识的科目开始增加，尤其是历史课开始成为独立的科目出现在中小学的课程知识之中。美国的社会统治阶级认为，新时代需要启发儿童的爱国思想和拥护团结而不再是南北分裂的国家。在教材中，充满着美国英雄人物、美国在政治和战斗中的光荣业绩以及美国各种建设的辉煌成就。[1] 统治阶级试图通过历史对儿童渗透社会意识形态性教育，传播其政治理念和统治思想的意图十分明显。

第二，中小学课程知识注重对移民来的新公民进行美国化的教育。19世纪中后期以来，尤其到 20 世纪初期，这一历史时期是美国历史上移民较为集中的时期，美国社会移民的数量达到空前规模，而且为数众多的移民来自众多的国家和地区。据相关数据统计，第一次世界大战前四年，来

---

[1]　滕大春：《美国教育史》，人民教育出版社 2001 年版，第 352 页。

美移民共 1272 万人，其中 26.5% 的不能读写，仅 12% 的移民懂英语。大量移民人口的出现为美国社会经济的发展注入活力的同时，也带来了诸多社会问题。按照美国宪法规定，这些来源复杂的移民同为美国公民，但是该群体的政治意识、宗教信仰等都与现行的美国社会政治制度及文化价值观念表现出较大的差异性。为了使这些特殊群体尽快融入美国社会的政治、经济与文化发展氛围之中，美国的统治者以学校教育为突破口，在课程知识的教授方面，注重对该群体进行思想意识形态方面的渗透，试图通过课程知识来宣扬美国社会的政治性民主及相关价值理念，从而达到把来源复杂的移民群体进行美国化的目的。中小学课程知识作为对国家这一政治性诉求的回应，增加了英语课程及公民教育课程知识的比例，以此来同化移民人口。

第三，中小学课程知识以彰显美国社会主流意识形态价值观为核心价值取向，忽视黑人、种族及社会底层民众的教育性需求。尽管美国社会一直宣扬自由、民主和平等的社会价值观，然而，在理想与现实、形式与实质之间，美国社会的自由、民主与平等也具有一定的虚伪性与价值隐蔽性。从 19 世纪中后期开始，美国社会的阶级矛盾、种族矛盾、黑人与白人之间的权力性斗争此起彼伏，在中小学课程知识领域，不同阶层之间围绕教育权力与利益的斗争同样复杂激烈。作为国家权力的核心控制者，美国的资产阶级统治者把维护自身的统治基础和既得利益作为制定一切教育规则的根本出发点，社会底层及黑人等社会弱势群体的教育性诉求根本无法获得有效关注。南北战争后，虽然美国政府颁布了新宪法，把黑人由"耕畜"改称为"公民"，并要求各州通过宪法确认其受教育权，但是黑人的基本教育地位和教育权利始终没有得到有效的保障。

第四，中小学课程知识在知识的编选方面，常常回避学生现实的生存与发展需要，提供给学生的是高度理想化与意识形态化的"法定知识"。政治性与特权阶级权力性的渗透，使得中小学课程知识在"实用性"与"地位性"、"科学性"与"阶级性"之间左右逢源，课程知识的类别与呈现形式也开始混乱不堪。有代表贵族与特权阶层利益的文法与古典人文课程、宗教类课程、代表国家意志的公民类课程等。然而，与学生生活相关，全面发展学生心智的课程知识虽已出现在学校课程之中，但是所占比例微乎其微。

（二）社会性取向

19 世纪中后期至 20 世纪初期是美国社会急剧变革与快速发展的时期，伴随着社会经济由农业社会向工业社会的转型以及"市民社会"特征的不断显现与成熟，美国社会公众的教育与公民意识不断强化，公众开始抱怨教育在解决个人就业、生存以及社会问题方面的不作为，这种抱怨与认识随着公众民主与公民意识的不断觉醒显得越来越强烈。在这样的社会发展背景下，美国社会的统治者不得不在教育的权力控制过程中开始关注社会性需求的存在，在对中小学课程知识进行"合法化"的过程中也开始彰显社会性的价值取向，主要体现在如下几个方面：

第一，中小学课程知识的内容和类型与南北战争之前相比丰富很多，这是社会权力控制者兼顾社会多方利益需求，在中小学课程知识权力行使方面进行调试与平衡的结果。南北战争后，多种多样的新课程知识如潮水一般地涌入美国的中小学课堂。它们的内容包括公民的、文化的、职业的等。众多中学分设古典学科、现代语科、英语和历史科、自然科学科、工科、商科、农科、家政科、师范科、特种职业科等，各科之下再设置多种教学科目。① 这一时期，美国的统治阶级考虑到社会经济发展的需要，允许各个州甚至不同学校根据当地生产需要设置彼此不同的课程内容。同时，统治者还根据社会发展对劳动力的需求特点，将中学类型加以丰富，将主要传授古典语与历史等学科知识为社会上层阶级培养接班人的中学与主要传授职业技能知识为职业做准备的中学区别开来。这样一来，中小学课程知识在满足社会中下阶层劳动者的就业和生存方面发挥了积极作用，在一定程度上缓和了阶级矛盾。由此可见，这一历史时期，美国社会的统治者在中小学课程知识的生成过程中开始基于社会的现实需求，而非盲目地沿承保守主义和古典主义的教育与课程传统，这是一种社会和教育的进步。然而，这一历史时期美国社会的统治阶级在认识到中小学课程知识建构需要基于社会性需要的同时，也在探寻改革的过程中失去了基准，五花八门的中小学课程知识给学校的运行与教育实践带来了沉重负荷。美国教育与课程专家道格拉斯（Douglas）在其所著的《美国公共教育》一书中对这一时期美国中小学课程知识的现状进行了这样的描述："从拉丁文法学校、文实学校沿袭来的科目，加上百年来日新月异的科目，新旧杂陈，

---

① 滕大春：《美国教育史》，人民教育出版社 2001 年版，第 367 页。

堆叠如山……①

第二，社会世俗人士参与中小学课程知识的管理，美国社会统治阶级试图以此扩大社会的统治基础，从而获得更多的社会性认同。南北战争以后，特别是第一次世界大战后，州教育委员会开始普遍出现并在强化州教育管理权力方面发挥着重要作用。州教育委员会的最大特点即是其人员构成的社会化，这在形式上体现出一种广泛的教育民主性与社会认同性。例如，这一时期，美国的路易斯安那州（Louisiana － LA）、密歇根州（Michigan State）、内华达（Nevada）等州的教育委员和教育厅长，都是经过民选而任职的，其中经过民选产生的还有一些教育督察员等。这些经过民选产生的教育管理人员改变了传统的完全由社会特权阶层控制教育的格局。然而，从实质上来看，社会世俗人士参与中小学课程知识的管理并未真正撼动美国社会统治者的教育统治权力，这只是一种形式上的教育民主而已，中小学课程知识依然是一种代表特权阶层的法定知识。正如哥伦比亚大学师范学院教授巴茨（R. Freeman Butts）在《教育文化史》（*Education Cultural History*）一书中所言：自 20 世纪 20 年代开始，美国社会的一些教育研究者越来越认清，由社会世俗人士组成教育委员会对教育实施管理的理论，事实上并未能够代表和满足国民的最高利益。由市县委派的教育委员会，甚至由民选产生的教育委员会，都未能代表人民群众。教育委员会的大多数成员是专业工作者（主要包括医生、律师和宗教工作者）和企业家，他们代表的是少数中上阶层和富裕阶级的利益诉求。②

（三）文化性取向

19 世纪的美国有着复杂的社会文化背景，社会既保留着古希腊与古罗马文化的痕迹，又彰显着基督教和英国传统文化品性，在巨大移民潮的冲击下，19 世纪中后期开始，美国社会文化的多元性与复杂性不断凸显，大规模移民使这个国家的文化与价值认同一直处于动荡和变革的过程中。"可以说，在过去 300 余年间，没有哪一个国家像美国那样接受了文化背景如此庞杂、人数如此众多的外来移民。"③ 文化对于社会的影响是十分重要的，文化可以形成一种民族的向心力，从而增进社会的进步与团结；同时，文化也可能侵蚀抑或瓦解一个民族的凝聚力，从而对社会产生巨大

① Harl，R.，Douglass and Calvin Grieder, American Public Education, p. 297.

② R. Freeman Butts, A Cultural History of Education, p. 626.

③ 梁茂信：《美国移民政策研究》，东北师范大学出版社 1996 年版，第 2 页。

的、潜在的破坏力。因此，美国社会的统治者十分重视在教育的过程中渗透有利于其进行社会控制的主流意识形态文化，以达到其对公众精神与思想层面的控制与束缚目的。19世纪中后期以来，美国中小学课程知识的生成便呈现出鲜明的社会文化性特征，以凸显"美国精神"为主导的美国本土文化与各移民群体所代表的各自民族文化之间的冲突与张力直接或间接地影响着这一历史时期美国中小学课程知识的生成过程与价值诉求。

第一，这一历史时期，美国中小学课程知识凸显对"美国文化"的宣扬，强调对"美国精神"的塑造，中小学课程知识以培养热爱并忠诚于美国的良好公民为核心诉求。这种文化危机意识以及对中小学课程知识观的影响，直接源于大量移民的涌入。大量移民的涌入，使美国社会的统治者产生了严重的危机意识，来自不同国家和民族的移民群体必然保留自身的文化印痕、传统和种族血脉。如何对这些特殊"国民"实施同化教育，使其形成共同的具有美国特征的文化因子，从而维护国家的统一与政治安全成为美国社会统治者制订课程计划的一个主要目标。这种文化性取向在美国中小学课程知识方面的反映主要体现在：中小学课程类型的变化——英语课被列为必修和重要的课程科目，目的是强化移民的语言教育，以适应美国的文化环境；公民教育课程出现在中小学的课程内容之中，强调对学生进行国民素养与文化素养的教育。在希尔斯（Edward Shils）看来，"美国中小学文化素养"教育的首要目的就是要使"人们"具有共同的"背景信息"。这种共同的背景信息即是具有"美国特征"的美国社会政治、经济与文化环境，通过对学生进行特定的文化素养教育使之成为具有美国精神的美国公民。

第二，保守主义的文化势力依然左右着美国中小学课程知识的生成。产生于19世纪初期的美国"公立学校运动"使美国形成了一套较为完整的国民基础教育体系，但是这种学校教育体制上的改变并未带来学校教育目标、课程知识和教育方式的根本性变革，19世纪初期的美国中小学课程知识依旧沿袭过去传统，即中小学课程知识的核心仍然是陈旧的3RS（读、写、算）和宗教内容，而与生活相关、全面发展儿童心智的课程（如自然、图画、音乐、游戏、缝纫、手工等）虽已出现在学校的课程中，但所占比重微乎其微；中学课程的核心仍为文科类课程，尽管以埃略特（C. Eliot）等组成的中等教育"十人教育委员会"提出了以削减古典人文课程、增加现代人文科学和自然科学为特征的新中等教育课程体系

（如古典语、现代外语、代数、几何、文学、历史、生物学、物理学、化学等），但新的中小学课程知识改革诉求并未从根本上改变传统课程知识的核心地位，保守主义的文化势力依然左右着这一历史时期美国中小学课程知识的生成过程。

第三，古典文化与基督教文化对中小学课程知识的渗透作用。美国得克萨斯大学教授罗伯特·格罗登（Robert Groden）曾把美国文化概括为"基督教，资本主义和民主的特别混合物"，这是构成美国独特文化的三个元素。美国的基督教文化一直贯穿于中小学课程知识内容之中，并且具有"法定知识"的身份。19世纪中后期，美国社会虽然正经历资产阶级思想的洗礼，到处充斥着资产阶级的生产与生活理念，但是基督教文化仍然有着自身生存的土壤，并持续地影响着美国的学校教育。这也构成了美国中小学课程知识的一大特色，即科学与宗教的融合。

综上所述，19世纪中后期至20世纪初期这一历史时期，美国中小学课程知识具有鲜明的文化特色，中小学课程知识负载着作为整体的美国民众共同信奉的文化价值观念，这一文化价值观念影响着中小学课程知识的生成过程。同时，来自不同民族、不同种族的移民群体文化与美国固有文化之间的长期磨合融化而形成的独特的美国文化价值观也影响着中小学课程知识的呈现。

三 中小学课程知识生成的主要特征

从总体来看，19世纪中后期至20世纪初期这一历史阶段，美国中小学课程知识的发展始终在古典文化与宗教文化的影响与渗透下小步前进。社会统治阶级不断试图打破传统观念与守旧势力对学校课程知识的禁锢与影响，试图建立一种与社会经济发展和个体生存需要相契合的课程知识体系。然而，这一历史时期中小学课程知识的改革步伐步履维艰，中小学课程知识的分配在满足社会政治、文化、特权阶层需要与个体生存需求之间的矛盾十分尖锐。

（一）中小学课程知识的意识形态性与政治性诉求强烈

从19世纪中期开始，美国的统治阶级开始认识到学校课程知识对于其进行社会控制的重要意义，这种意识伴随着社会的发展显现得越发强烈。美国的统治阶级深信以课程知识为重要载体的学校教育对于传播有利于其政治统治的社会价值观念以及促进社会政治变革有着独特的价值和功能，在某种程度上，已经将学校教育看作是社会改革与进步的最有效的工具。以至于在美国当任何社会问题出现时，从艾滋病到大规模的失业，他们都会明显地将目光转向学校教育。如克雷明（Cremin）所言，"在其他国家，当有重大的社会问题出现时就会有革命或起义；而在美国，我们会组织一门课程"。① 伴随着这一时期美国巨大移民潮的出现以及社会宗教和种族矛盾的不断激化，南北战争后形成的统一性政权的稳定性面临着严峻挑战。美国社会统治阶层对学校教育，尤其是学校课程知识的政治性诉求十分强烈，中小学课程知识也开始负载着统治阶级的价值理念，传播社会主流意识形态的教育观与价值观。19世纪中后期至20世纪初期这一历史阶段，美国中小学课程知识的选择、生成类型以及分配原则处处渗透着社会统治阶层的权力性影响与控制，统治型课程知识充斥着中小学课程知识的大部分内容。这一时期美国社会统治者选择与组织中小学课程知识的价值取向主要集中在维护新生的国家政权以及塑造统一的美国精神，保障国家安全方面，中小学课程知识的意识形态性与政治性诉求十分强烈。

（二）中小学课程知识的社会性与等级性特征鲜明

19世纪中期开始，美国中小学课程知识的选择与编审开始关注社会发展抑或对教育的需求。例如，面对19世纪美国社会工业经济日益强大以及对技术性劳动力需求不断增长的社会现实，美国中小学开始不断丰富其课程知识的类型，增加职业类课程的比例。在过去不受重视的自然研究此时成了重要科目，其起因是19世纪90年代农业歉收，纽约市集中农业工作者研究灾害的成因……政府要求小学结合改进农业生产而研究农业科学知识。加利福尼亚、伊利诺伊、宾夕法尼亚等州相继带头，而且扩大了范围，自然研究成为小学重要科目。② 以后，园艺、农业、游戏、手工、绘画等新科目陆续开设。美国社会统治阶级注重中小学课程知识对社会问题和需求的回应，强调中小学课程知识的实用性与社会服务性品质。

此外，这一历史时期，美国中小学课程知识的社会等级性特征十分鲜明。中小学课程知识被课程权力控制者按照教育对象所处的社会阶层和地位划分为不同的类型和级别，中小学课程知识并非为所有社会成员所均衡、平等地享有，在这一历史阶段，处于不同社会阶层和社会地位的教育对象被安排学习不同的课程知识。资产阶级和富有阶层子女常常被安排学

---

① Cremin, L., *The Genius of American Education*. New York: Random House, 1965: 11.

② 滕大春：《美国教育史》，人民教育出版社2001年版，第352页。

习为将来升学和沿承其贵族地位做准备的知识。中下阶层、劳动者及贫穷阶层子女则只能进入技能型为就业做准备的学校，学习与劳动技能相关的知识类型。黑人及其他一些少数种族的社会个体的基本受教育权和对课程知识的选择权利更是无从谈起。

（三）彰显个体生存与生命意义的课程知识缺失

虽然，美国社会一直以"民主"、"自由"、"平等"以及强调个人主义文化著称，但是，在19世纪中期至20世纪20年代这一历史时期，美国社会特殊的政治与文化背景决定了美国的各级各类学校教育一直在国家利益、种族矛盾、阶级矛盾、社会问题之间纠葛与徘徊，无暇顾及社会个体的生存与发展需求，大多数社会个体的生存与生命意义在学校课程知识的生成过程中得不到应有的关注。诸如，中小学课程知识如何促进教育对象的身心健康发展，如何遵循受教育者的身心发展规律体现自身的生成逻辑，如何更好地促进受教育者的"成长"与"成才"等众多教育问题没有得到美国社会教育权力控制者的应有重视。个体生存与生命意义在中小学课程知识生成过程中的缺失状态一直持续到20世纪30年代初期，美国教育家杜威提出"教育即生活"、"教育即生长"的教育论断后才开始发生改变。

第二节　影响美国中小学课程知识合法性生成的社会因素

探究学校课程知识的合法性问题，就是要将某一特定历史时期的课程知识放置于特定的社会政治、经济与文化视域中进行解读，从而分析并反思课程知识的权力性格及其影响。因此，研究学校课程知识的合法性问题总是要基于一定历史时期的社会政治、经济与文化背景。19世纪中期至20世纪初期美国中小学课程知识的合法性特征呈现同样是这一特殊历史阶段美国社会政治、经济与文化的产物。19世纪中后期至20世纪初期的美国中小学课程知识为什么以上述方式来组织和呈现，缘何一些中小学课程知识只是传递给一部分特殊阶级，官方知识是如何体现在代表社会统治阶级利益的课程知识中的，对于上述问题的回答与分析都要基于19世纪中期至20世纪初期这一特定历史时期美国社会的政治、经济与文化背景。

一　复杂多变的社会政治环境

19 世纪中期，美国社会经历着南北战争的洗礼，从战争结束的 1865 年到 19 世纪末期，美国社会正值国家的政权巩固与社会重建的关键时期。美国学者比尔德（Charles A. Beard）在其所著的《美国文化的勃兴》（1930）一书中指出："南北战争是美国历史上的第二次伟大革命，是美国社会政治史上的一个里程碑。"① 南北战争促使美国社会的政治、经济、文化以及学校教育开始发生翻天覆地的变化，社会政治与统治环境的稳定性与平衡性开始面临不断变化的挑战。南北战争在形式上促成了国家的统一，然而新生政权并非牢不可摧，这一时期美国社会的统治阶级的首要任务必然是维护并巩固刚刚取得的国家统治性权力。因此，一切政策与权力的行使都要以最大限度地维护国家统一和政权稳定为前提，各级各类教育更要为统治阶级的社会控制服务。这一历史时期美国社会政治环境的复杂多变性主要体现在社会统治阶级与其他阶层的社会矛盾，统治阶级内部的权力性冲突以及种族主义的斗争方面。

（一）统治阶级与社会各阶层之间的冲突

南北战争以后，新兴资产阶级统治者与社会守旧集团势力之间的矛盾与冲突仍在持续着，只是这种矛盾和冲突与战争之前相比有所弱化和隐蔽化。新兴资产阶级统治者在南北战争过后在政治上进行了一系列有利于其政权巩固的政治性改革与调整，使既有的社会各阶级之间的资源利益分配格局的平衡性被打破。社会各阶层从自身的利益性诉求出发不断向这一时期美国的国家权力控制阶层发起维护自身权力和地位的挑战和"斗争"，使美国社会在表面的宁静与进步之下暗流涌动。这一时期，美国的国家统治阶级与社会各阶层之间的冲突主要包括：美国的社会统治者与残留的奴隶主阶级之间的固有矛盾；南方奴隶主与北方资产阶级企业主之间的矛盾；社会上层富有阶级与社会中下阶层的穷人之间的斗争和矛盾；白人群体和少数种族群体之间的矛盾和斗争。上述矛盾错综复杂，反反复复地进行着，不断对社会统治阶层的社会控制实施着干扰和牵制，使这一时期的美国社会危机四伏，常常陷入纷繁复杂的政治斗争的困境之中。

美国社会的教育与政治紧密相连，美国历史上历次社会政治改革都会引起教育领域的相应变革。政治权力的变更首先要引起的即是学校课程知

---

① Charles A. Beard, *The Rise of American Civilization*, pp. 252 - 253.

识合法性的变迁，选择"谁的知识"、代表"谁的利益"等关于课程知识的合法性问题随着社会政潮的起伏而起伏。19世纪中期美国社会统治阶级与社会各阶层之间的冲突和矛盾在中小学课程知识生成过程中的体现便是，国家社会权力控制者竭尽全力控制中小学课程知识的价值取向，将其合法性化为有利于其权力控制的"法定知识"。社会中下阶层关于中小学课程知识的相关诉求常常处于一种被搁置状态，这一时期美国社会统治者为了实现政权的统一和巩固，将中小学课程知识完全的意识形态化和权力化，中小学课程知识已经演变成一种社会统治型知识和社会统治者实施社会控制的"政治蓝本"。

（二）移民潮对美国社会的政治影响

19世纪中期以来的美国社会不断迎来一次又一次移民高峰，起初主要是英国移民的涌入，到19世纪末期，美国移民群体的数量和来源都达到了空前的规模。截至第一次世界大战前夕，从世界各地移至美国的人口数量已经达到1272万人，其中26.5%的不能读写，仅12%的移民懂英语。众多来源复杂的移民群体虽然按照美国法律规定可以获得应然意义上的"美国公民"身份，然而其既有的政治意识、社会价值理念、宗教信仰以及富有种族文化特征的公民属性已经根深蒂固地扎根于该群体的思想意识深处，长期挥之不去。因而，纷繁复杂的移民潮的出现，使这一时期美国的社会统治阶级开始面临诸多的社会问题。诸如，社会的团结问题，种族文化与多元文化之间的冲突与融合问题，移民群体的美国适应性养成问题，移民群体的美国精神塑造问题等相继出现。可以说，移民潮对这一历史时期美国社会的政治影响是深远的。美国社会的统治阶级出于维护国家团结与稳定的政治需要，不断采取相关措施对移民群体进行"美国化"的公民教育，千方百计地从意识形态上入手，以各级各类的学校教育为主要途径和实施蓝本加强对移民群体进行思想教育。中小学课程知识同样承担着移民群体"美国化"的政治性与社会性职责。

（三）此起彼伏的种族主义斗争

南北战争的一个重要目的是彻底摧毁奴隶制度，使广大黑人群体能够享有平等的公民权利。然而，现实的状态是黑人阶层的社会权益和地位根本没有得到应有重视和保障，该群体的受教育权利也在一定程度上遭到剥夺。"白种人优越"的思想依然充斥着整个美国社会。种族歧视、种族压迫、种族隔离的现实不断激化社会的阶级矛盾，黑人和少数种族阶层与白人之间的种族性斗争此起彼伏。此外，代表社会先进生产力和生产关系的北方新兴资产阶级企业主与代表社会守旧势力的南方奴隶主阶层之间的矛盾和斗争在这一时期也表现得异常激烈。守旧的奴隶主阶层仍然恪守一些社会传统的文化价值观，企图以此继续维系自身的特殊权利和身份地位。例如，该阶层在南北战争之后，在资产阶级思想已经深入人心的时代背景下，仍然在大肆宣扬一些守旧观念，在教育上强调对宗教、礼仪、文法知识的教授，拒斥传播资产阶级的先进思想和先进社会理念。上述种族主义斗争的存在，在很大程度上影响并制约着这一历史时期美国中小学课程知识合法性的生成特征。鉴于这一时期美国新兴资产阶级政权的不完善与不成熟性，美国的社会统治阶级为了缓和上述种族的和阶级的矛盾，在一定程度上做出了必要的让步与政策性调适。在中小学课程知识生成的权力主体、价值取向以及课程知识内容的编选等方面，从形式上融入并体现对上述阶层的利益诉求的关照与回应。

二　社会生产力与生产关系的制约和影响

学校课程知识的呈现总是与既定社会的经济发展现状紧密相连，在一定程度上，学校课程知识是对社会经济发展需求的必要回应。作为社会的权力控制者在对学校课程知识进行合法化过程中也要关注课程知识选择与社会经济发展之间的关联性。原因在于，维护并促进社会生产力及社会经济的发展是巩固其统治权力，扩大其统治基础的有效途径和必要手段。

19世纪中期以来，美国社会经济实现了跨越式发展，以工业经济为例，美国工业到19世纪末已经在世界上首屈一指，居于英、德、法诸国之先，并且已经由原料输出国变成为工业制成品输出的国家了。1890年，美国工业产品总值已超过农业产品的总值，到1900年则增加到农业产品的两倍。到这时，美国已经由半农业、半工业国家转变为高度工业化的国家。[①] 社会经济的转型与快速发展，使这一时期的美国社会积累了大量的社会财富，资产阶级相应地获得了进行社会统治的强大经济基础。社会生产力与生产关系的变革对这一时期美国中小学课程知识合法性的生成产生了重要的制约与影响作用，这种制约和影响主要体现在如下几个方面：

第一，社会生产力与生产关系的变革促使这一时期美国资产阶级统治者的社会控制性权力迅速集中并强大起来，为其成为中小学课程知识生成

---

① 滕大春：《美国教育史》，人民教育出版社2001年版，第323页。

的主要权力主体提供了必要的支撑性条件。经济基础决定上层建筑，从人类社会演进与发展一般规律看，只有当社会的统治阶级取得了社会经济发展的控制性权力并获得稳定的经济性支撑条件，其对社会其他阶层的统治才会牢固而持久，只有代表社会先进生产力并不断地促进社会先进生产力的发展，统治阶级才会获得广泛的社会认同基础。19 世纪中期以来，美国社会的统治阶级顺应了社会经济发展的大趋势，积极推动社会经济体制改革，不断清除守旧的奴隶主统治制度，为其实施相关的教育改革赢得了社会基础。

第二，社会生产力与生产关系的变革对这一时期美国各级各类学校教育的人才培养目标提出了新的要求。在中小学课程知识编选方面，与社会经济发展密切相关的技能性、劳动性课程知识的比例大幅增加，中小学课程知识的实用主义、社会主义倾向性不断显现。19 世纪中后期至 20 世纪初期这一历史时期，美国社会经济发展的主要特点表现为：社会经济发展日新月异，工业经济迅速壮大，劳动力密集型的制造业经济构成这一时期美国经济发展的主要动力。与此同时，社会经济发展对技能型劳动力的需求达到了空前的高度，为了满足社会经济发展的需要，美国社会的统治者将教育的价值取向直接定位为成为社会经济发展培养大量的技能型劳动力，教育的实用主义与功利主义价值取向并提升到前所未有的高度。在这样的教育价值诉求下，美国中小学课程知识也被合法化为一种为社会经济发展服务的知识，中小学课程知识的工具性价值不断得到凸显，这一时期美国出现了大量的童工现象。这种极度功利主义的教育价值取向给这一时期美国中小学教育的发展带来了极大的负面影响，中小学学校教育对个体生命价值关怀的抽离无疑给个体的发展带来诸多不利影响。到 1917 年第一次世界大战期间，美国社会的统治者才开始认识到中小学课程知识的弊端，原因在于 8% 的应征者不会讲英语、写英文、文盲人口大量存在。

第三，19 世纪中期至 20 世纪初期，美国社会的等级制度与保守主义守旧势力仍然对社会生产力与生产关系发展起着一定制约作用，为了缓和社会矛盾，美国社会的统治阶级在制定相关的教育政策时不得不保留一些传统守旧势力的教育主张，中小学课程知识的合法化过程也在一定程度上受到社会守旧势力的渗透与干扰。这一时期美国社会的统治阶级对于社会保守派的教育主张并非完全拒斥，为了缓和各派之间的矛盾，维持必要的社会稳定，统治阶级对消除古典主义文化及代表守旧势力的传统宗法知识态度暧昧。这就造成这一时期美国中小学课程知识新旧科目纷繁复杂，中小学课程充斥着大量的无用知识，学生和教师在庞大的课程知识体系中，在新旧知识的取舍之间面临着重重困难。有学者这样形容这一时期美国中小学课程知识的特点："中小学是机械训练的场地，而非启发智慧的所罗门馆，中小学课程知识是社会新旧阶级权力较量和对峙的产物，而非延续自身价值逻辑的科学生成序列。"

三　美国的传统文化价值观

阿普尔指出："知识体系以及教育系统中的符号是与社会和文化控制紧密相关的。"① 美国的传统文化对学校教育价值取向的确立有着重要的影响，以基督教文化为主要特征的美国传统文化对这一时期美国中小学课程知识生成的影响是深刻的。美国学者罗伯特·N. 贝拉（Robert N. Bellah）在其所著的《心灵的习性》一书中分析说，在美国历史传统中，有着深厚的基督教和共和主义传统，美国的个人主义是以这两种传统为基础的。古典共和主义提出了为公共利益尽心尽力的积极公民教育理念，代表基督教和清教主义精神的团体则倡导以个人的自愿参与为基础的政府观念。然而，以上两种传统都把个人的自主性置于道德与宗教责任的背景之下。个人主义与基督教的内在结合，使美国社会直到 20 世纪中期，一直是一个在道德价值上非常保守的国家。所谓的保守，实际上是一种以基督教为背景的个人主义，或者崇尚个人价值的基督教主义：既尊重个人的道德自主性，同时个人又对家庭、社群、国家和上帝负有责任。② 美国是一个有着共同宗教背景和文化价值观的社会大熔炉，新的移民群体不管来自什么样的社会文化环境，都要融入这个以基督教为主流价值观的"民主"社会。

美国社会与宗教始终有着千丝万缕的联系，传统的宗教文化深刻影响着 19 世纪美国的学校教育，这一时期的美国除存在大量教会创办的学校外，各级各类学校还开设大量的宗教课程。马克斯·韦伯认为，美国的资本主义精神产生于新教伦理，这一概括清晰地阐释了传统宗教文化对美国社会的全面而深刻地影响，传统宗教文化对美国国民的伦理道德、价值取

---

① Apple, M. W., *Ideology and Curriculum*（Third Edition）. New York and London：Routledge Falmer, 2004. 2.

② ［美］罗伯特·N. 贝拉：《心灵的习性》，周穗明等译，中国社会科学出版社 2011 年版，第 1 页。

向、社会风俗、生活模式都有着深刻的影响。可以说，宗教文化是美国文化的根源。正如美国学者威廉·伊塞尔（William Ethel）所说："美国是世界上最现代化的国家，又是现代国家中宗教最发达的国家。"

美国传统文化价值观对19世纪中后期以来美国中小学课程知识"合法性"生成的影响主要体现在：

（1）传统文化价值观对这一时期美国中小学课程知识的价值取向产生了较为深刻的影响。这一时期美国中小学课程知识鲜明地反映出传统文化的教育诉求，尤其是显露出鲜明的宗教性特点，宗教类课程知识始终在中小学课程知识的分配过程中占有一定的位置，中小学课程知识的权力控制者对古典学科及传统文法知识的重视致使这一时期美国中小学课程知识生成的科学性与技术理性明显缺失。

（2）美国传统文化的基督教和共和主义传统将个人的自由和社会选择性权力置于道德与宗教责任的背景之下，中小学课程知识片面地强调对社会主流文化价值观的彰显与遵从，造成这一历史时期美国社会个体的教育选择权利及其在中小学课程知识生成过程中的"教育话语"缺失。

（3）美国社会的统治阶级一贯重视策划和运用文化的力量来维护自身统治权益，传播本阶级的社会控制理念，这就是美国的文化战略，这种社会统治思想一直延续至今。在美国的社会统治者看来，应用文化力量来推行民主制度和价值观念是最有效的办法之一。这一时期，美国中小学的课程知识在被"合法化"为"法定知识"的过程中即已经成为社会统治阶级进行社会控制的"合法化"工具，中小学课程知识的权力性品质应运而生，而且这种权力是社会统治阶级的权力，具有阶级性和等级性。

第三节　历史维度中美国中小学课程知识合法性问题

19世纪中期至20世纪初期这一历史阶段，美国中小学课程知识的意识形态性特征十分鲜明，中小学课程知识的政治性取向与权力性品格凸显，统治型课程知识充斥着中小学的全部课程体系。代表社会统治阶级利益的中小学课程知识生成过程并非是毫无争议的，被"合法化"的中小学课程知识不断面临社会阶级矛盾、统治阶级内部矛盾以及社会种族主义斗争的挑战。中小学课程知识的"合法性"在社会的质疑声中摇摇欲坠，中小学课程知识改革呼之欲出。

一 地位性知识与生存性知识的矛盾

19世纪中期至20世纪初期这一历史时期，美国社会特殊的政治、经济与文化背景决定了这一时期美国中小学课程知识的"合法性"维持面临着诸多问题和矛盾。中小学课程知识的生成在阶级矛盾、种族矛盾以及社会不同利益集团的权力协商与博弈过程中变得复杂多变，其中"不同的利益群体"依靠各自的社会地位和权力，按照自身的教育利益诉求展开了激烈的课程资源与权力的争夺。在这场教育权力与资源的争夺过程中，一个基本的事实是参与争夺的各利益主体都是这一时期在美国社会处于上层阶层的富人、贵族和特权阶级，他们占有着国家大部分统治资源，包括社会控制性权力以及对社会资源的占有权，该群体对这一时期美国社会的政治、经济与文化发展起着决定作用。该群体之间关于教育权力的论战与争夺必然要以维护本阶级或集团的社会地位、社会权力为基本的价值取向。因此，无论这场"教育争夺战"的结局如何，无论谁成为学校课程知识的权力主体以及学校课程知识最终代表了哪一利益集团的价值与利益性诉求，归根结底，学校课程知识的选择与控制权力还是控制在少数特权阶层的手中，学校课程知识的"合法化"过程即是该群体的权力与意识形态的渗透与赋予过程，学校课程知识的呈现，从目标、类型到具体的内容选择都要最大限度地满足该群体维持自身统治权益的需要。从本质上来看，学校课程知识必然被"合法化"为维护社会上层阶级地位、身份及权力的"身份性与地位性知识"，最广大的、最基层的贫苦公众，自始至终都被隔离在学校课程知识权利主体的范畴之外，该群体的生存与发展利益无人问津，更无法体现在学校课程知识的价值关照范围之内。而且在某种意义上，这种社会与教育权利的剥离具有"循环性"与"递进性"的特点。

按照"文化再生产"理论观点，教育具有阶级传递的功能，即处于社会不同地位和阶层社会个体通过被授予不同的教育内容，被传递不同的社会价值理念后，各自所处阶级地位便具有了循环性特征。社会优势阶层利用其各种社会支持网络，保证其子女获得较好的受教育条件，教育是优势阶层实现地位继承的必要手段。社会弱势群体或者中下阶层由于被隔离在优质教育资源之外，这种优势社会资本、文化资本、社会资本的作用如此之大……来自家庭出身的文化习惯和才能，在最初指导（产生于早期决定论）的作用下，影响成倍增加。① 马克思也曾指出：个人承担着哪一种工作或者成为哪一个阶段的成员，最初是偶然的事件，后来就成为历史上的固定安排。一种偶然的再分配得到重复，发展自己的优势，并逐渐僵化成为一种系统的分工。

学校课程知识沦为社会统治阶级维护其社会"地位"与"资源"的"地位型教育"，成为其阶级再生产工具，而最广大社会公众的"生存性"教育需求得不到应有的满足，这必然带来二者之间的矛盾与冲突。19 世纪中期至 20 世纪初期美国中小学课程知识"合法性"危机的一个重要表现即是，中小学课程知识中"地位性知识"的比重远远超过了"生存性知识"，甚至可以说反映社会最底层民众教育需求的"生存性知识"在这一时期美国中小学课程知识的生成过程中处于被遗忘的角落，中小学课程知识的权力控制图景与社会个体的生命意义建构完全背离，这也反映出这一时期美国资产阶级革命的不彻底性以及美国社会所宣扬的，所谓"民主"、"平等"、"自由"的虚伪性。

这一时期，美国中小学课程知识完全扮演着为社会统治阶层进行阶级传递服务的角色，成为社会统治阶层进行阶级与社会权力再生产的工具，中小学课程知识的"合法性"危机此起彼伏，统治阶级与基层民众之间的矛盾越来越激烈。

二　追求"平等"与维护特权的矛盾

美国社会自建国以来就一直倡导"自由"、"民主"和"平等"，19 世纪中期以来的美国中小学教育改革与发展也是在所谓的"民主"、"自由"与"平等"的社会主张与理念中进行的。依据美国的《独立宣言》"所有人生而平等"。美国的统治阶级将此作为其实施"合法化"统治的"基础"，无论是废除奴隶制，兴办公共教育，还是相关政策法规的出台，统治者都在向公众宣扬"人人生而平等"的理念，使社会公众时时刻刻都能感受到政府追求平等与实施公平管理的主张和努力，统治阶级这样做的目的自然是为其进行合法化统治赢得最广泛的社会认同。然而，在追求平等的"氛围"中，美国历史上侵犯人权、践踏平等、剥夺公民自由和选举权等现象却是举不胜举，即便是今天，美国社会中类似的事例仍时有

---

① ［法］皮埃尔·布尔迪约、帕斯隆：《继承人》，邢克超译，商务印书馆 2002 年版。

发生，种族歧视、性别歧视、金钱政治等仍然存在。

正如美国学者埃里克·方纳（Eric Foner）所言，美国自由的历史充满辩论和斗争。[①] 美国南北战争结束以前，绝大多数黑人一直处于受人剥削和被奴役状态之中，战争之后，他们又继续饱受了近一个世纪之久的社会政治、经济与文化的多重歧视和压迫。19 世纪中期至 20 世纪初期，美国妇女也被剥夺了许多构成自由基本要素的权利。美国人在崇尚自由的同时又善于从剥夺一部分群体自由的过程中牟利，美国的法律在 20 世纪初期还允许童工的存在……正如美国总统林肯（Abraham Lincoln）所说，我们都宣称为自由而战，但在使用同一个词时我们所指的却不是一件事。罗斯福新政之后，美国社会的平等化进程进入了新的历史阶段，但是，即使是在第二次世界大战后的 20 世纪下半叶，在美国民权运动的强烈冲击之后，美国黑人突破种族隔离，追求种族平等的历程依然带有曲折性和复杂性。

在这样的历史背景下，美国的各级各类学校教育同样充满着追求平等与维护特权的重重矛盾。历史维度中，美国中小学课程知识在形式主义的平等与实质的不公平之间矛盾地发展着。美国中小学课程知识对社会特权阶级权力意志的特殊关照及其公平性缺失的矛盾主要表现为：

（1）这一历史时期美国中小学的课程知识并非是"人人生而平等"的享有对课程知识的选择权利与支配权利。所谓的"平等性诉求"，其实质是统治阶级内部各个利益集团以及各个社会上层阶级之间的权利性与利益性平衡。统治阶级完全控制着中小学课程知识的生成过程，处于社会最底层的大多数穷人和黑人群体对中小学课程知识的相关需求根本无法得到有效关注。这就导致社会基层民众和黑人群体与社会统治阶级之间的矛盾不断加剧，社会基层民众和黑人群体争夺自身教育权利的斗争越来越激烈。

（2）这一历史时期美国中小学课程知识一味强调对国家统治权力的维护，统治性与权力性知识的比重过大，社会个体的生存与发展面临重重困难，国家陷入了经济发展、政权巩固、公众科技素养与生存技能严重缺乏的矛盾之中。这一历史时期，刚刚经历战争与社会动乱之苦的美国社会统治者政治上高度紧张，一切社会政策的推行都以维护自身统

---

① ［美］埃里克·方纳：《美国自由的故事》，王希译，商务印书馆 2002 年版，第 10 页。

治地位为准绳，教育更成为其巩固政权的有力工具。中小学课程知识处处充斥着权力性、政治性与阶级性意识形态和价值观念，中小学课程知识应有的科学性、生活性与逻辑性在很大程度上被削弱，社会个体的生存性与发展性需求得不到有效满足。这也造成这一历史时期美国社会的文盲众多，劳动技能型人才严重缺乏，这与当时美国社会高速发展的经济之间的矛盾十分激烈，民众的反抗，教育的危机严重威胁着美国社会统治阶级的"合法化"统治。

（3）中小学课程知识危机以地方性"冲突"的形式爆发。这种"冲突"首先表现为各个中小学"难堪重压"而表现出的教育性危机。由于这一时期美国统治阶级在与其他特权阶层进行教育权力博弈与协商的过程中，不断地进行妥协，加之美国社会传统宗教文化的助推，导致各个特权阶层不断地在中小学课程知识生成过程中索取"地盘"，中小学课程科目臃肿不堪、新旧杂陈、堆叠如山，这就造成中小学教育的沉重负担。各个地方学校的抱怨与改革诉求越来越强烈，各地方学校与美国统治阶级的矛盾不断显现。其次，这种"冲突"还表现为黑人争取教育权利的斗争。南北战争后，尽管这一历史时期美国的统治阶级鼓吹解放黑人以及黑人享有平等的公民权等平等的政治性诉求，然而，黑人并未从此真正获得平等的公民地位。黑人为反抗白人种族主义的压迫和控制，提出了"地方自治"的口号，要求黑人参与学校管理，包括对中小学课程知识的管理，黑人争取教育权利的斗争以及与社会统治阶层之间的矛盾越来越激烈。

三　中小学课程知识的有效性缺失

南北战争以后至 20 世纪初期，美国中小学课程领域的沉寂被打破，中小学课程知识的改革开始成为一种经常性的社会事件频繁地出现在社会公众的视线之中。这一方面反映出美国的统治阶级开始认识到学校教育对于维护自身统治利益的重要价值，从而积极地促成学校教育的相关变革，同时也反映出中小学课程知识改革过程中存在诸多问题和矛盾。选择"谁的知识"作为中小学课程知识的主体，中小学课程知识代表"谁的利益"和价值取向成为一个争论不休的问题，中小学课程知识的呈现也在此起彼伏、此消彼长的社会政治性与权力斗争性中变化，具有"合法性"身份的中小学课程知识的有效性缺失成为这一历史时期美国中小学课程知识改革的一大顽疾，由此也拉开了美国中小学课程改革历程的历史序幕。

从此，美国中小学课程改革的脚步从未间断过，中小学课程知识改革在强调基础知识、社会效能以及个体诉求之间徘徊，中小学课程知识改革的有效性问题也成为一个贯穿美国现代史的一个连续性问题。南北战争以后至20世纪初期这一历史阶段，美国中小学课程知识的有效性缺失主要表现在：

（1）这一历史时期美国中小学课程知识在社会性问题解决以及化解阶级矛盾过程中的功能缺失。这一时期，美国中小学课程知识的"合法性"特征表明，社会统治者十分重视中小学课程知识的意识形态性以及权力性品质，试图通过对中小学课程知识的权力性控制，使其成为统治阶级进行社会统治的有力工具，从而为一些社会问题和矛盾的解决提供"合法化"的教育路径。然而，理想与现实之间，美国中小学课程知识的"合法性"获得并没有在社会问题和阶级矛盾的解决过程中显现出应有的功能和价值。相反，在一定程度上，中小学课程知识的生成过程在不断加剧统治阶级与社会各阶层之间的矛盾，由此而引发了一系列的社会问题。

（2）这一历史时期美国中小学课程知识并未真正发挥出其在促进美国社会经济发展过程中的实用价值。受美国社会传统文化价值观的影响，这一时期古典学科知识仍然在美国中小学课程知识体系中占有重要位置，虽然中小学课程知识的权力主体也主张设置职业知识和科学知识，但是二者在中小学课程知识中所占的比例很小。由于这一时期美国的教育发展具有显著的不均衡性，大多数中下阶层民众的子女小学毕业后便要直接成为劳动力参加社会生产活动，只有少数上层阶级的子女才有机会继续进入上一级学校学习。因此，中小学课程知识的实用性缺失直接造成参加社会生产的个体的职业与劳动技能缺乏，这一时期美国的社会经济发展也因此受到极大的束缚与制约。19世纪中后期至20世纪初期，美国社会技能型合格劳动力的稀缺达到了空前的程度，以至于上至统治阶级下至教育改革专家都在抱怨美国学校教育的无能，一场更为深刻的基础教育课程改革势在必行。

（3）这一历史时期美国中小学课程知识的个体性价值缺失，中小学课程知识缺少对社会个体生存与生命意义的关照，中小学课程知识促进个体生存与发展功能发挥不够。对社会个体生存与生命意义的关照本应是教育的根本目的所在，然而，这一时期美国中小学的课程知识生成全然没有顾及社会个体的生存与发展性诉求，中小学课程知识在社会统治阶级的权力性博弈过程中已经异化为阶级社会进行阶级与权力再生产的工具，中小学课程知识的功利性与工具性价值被统治阶级无限扩大，以至于中小学课程知识自身的生成逻辑以及对个体身心发展的现实需要的满足都无从谈起。

第四章 当代美国中小学课程知识的合法性

第二次世界大战以来，世界政治、经济与文化发生了深刻变革，美国中小学的课程知识改革开始进入一个新的历史时期。第二次世界大战后，大约每隔10年美国中小学课程知识领域便会掀起一场规模较大的变革，并会伴随着一系列新的教育计划、方案和法案的出台。纵观第二次世界大战以来美国中小学课程知识的变革，其总体特征和发展趋势是：古典学科与文法知识在中小学课程知识体系中的地位因受到国家生存发展的挑战而发生动摇、改变，取而代之的是更契合社会经济发展需要的现代学术性与科学性知识；中小学课程知识对公众的需求、媒体的关注达到了极限，这也导致中小学课程知识改革的"钟摆效应"以及中小学课程知识改革对教学实践影响的"深度"缺失。第二次世界大战以来，美国中小学课程知识的改革轨迹反映着统治阶级怎样的社会控制思想，美国的社会统治阶级是如何适应社会发展需求调适中小学课程知识的"合法化"过程的，这种渗透在中小学课程知识生成过程之中的权力性与政治性诉求变化对当代美国中小学课程知识有效性的影响是怎样的，本章正是致力于回答上述问题而展开的关于当代美国中小学课程知识"合法性"的研究。

第一节 单一意识形态性知识的消解

课程知识总是一定社会的特定阶级和特定群体的统治意志的反映，意识形态性是课程知识的基本特征所在。只是在不同的历史时期以及社会发展背景下，社会权力以及政治性诉求对课程知识生成过程的渗透与控制程度会有所差异。在美国，以第二次世界大战为"分水岭"，第二次世界大战以后，单一的意识形态性知识在美国中小学课程知识体系中所占的比例逐渐减少，中小学课程知识不再是某一特权阶层和统治思想的"附属品"。美国总统克林顿曾经呼吁："美国所有的领导者、家长、教师、全体美国公民，不论哪个党派，都要为教育做出新的承诺，因为教育关系到国家的前途，任何党派斗争必须限制在教育领域之外。"① 中小学课程知识开始在基础学术教育与生活适应教育、提高教育质量与实现教育平等的轨道上驶进。第二次世界大战以来，单一的意识形态性知识在美国中小学课程知识生成过程中的消解主要体现在如下几个方面：

一　统治型课程知识比例下降

　　南北战争以后至 20 世纪初期，美国中小学课程知识的生成过程一直处于社会统治权力控制之下，中小学课程知识完全成为社会统治者进行社会统治的工具，中小学课程知识的生成是一个完全政治化与意识形态化的过程。第二次世界大战前后，美国社会的政治环境、经济发展需求发生了历史性的改变，统治型课程知识已经不能满足国家和社会发展的需要，在某种程度上，浓厚的政治气氛已经使中小学的学校教育失去了本应有的教育活力与教育精神，社会各阶层对中小学课程知识的抵触情绪不断增长。在这样的社会背景下，关于中小学课程知识的改革呼之欲出。当第二次世界大战即将告终时，美国人有一种渴望"常态"的自然倾向。目睹战争引致的破坏和混乱，人们呼吁一个平稳运作的社会，在有效的社会秩序中能安心地各司其职。社会政治情绪指向如何达到此种社会常态及社会效率，由此产生如生活调整教育（life adjustment education）的课程思想，致力于让美国公民适应即将来临的生活。② 20 世纪以来，统治型课程知识在美国中小学课程知识体系中的削减经历了如下几个阶段：

　　第一阶段：20 世纪初至 40 年代，"进步主义"教育思潮的兴起使美国统治者认识到传统中小学课程知识选择的弊端，过于强调对中小学课程知识的意识形态性控制，不仅使中小学课程知识的部分社会性功能丧失，中小学课程知识促进个体身心发展的本体功能和价值也遭到严重侵害。因此，在教育改革家们的倡导与促进下，美国的统治阶级开始了削减统治型课程知识的教育改革。此次中小学课程改革的主要目的是，适应现代化经济发展对青年劳动力的需求，提高中小学课程知识的实用性。此次中小学

---

　　① 王英杰：《比较教育》，广东高等教育出版社 1999 年版，第 147 页。
　　② 彭彩霞：《变幻的理念与稳定的实践——基于美国基础教育课程改革的省思》，《外国中小学教育》2009 年第 10 期。

课程改革以现代教育派——杜威为代表的实用主义教育理论的课程为基础
而展开，强调中小学应以生活中的问题为中心组织课程知识，关注学生的
兴趣和心智发展。这次课程改革对于加强教育与生活实际的联系、训练熟
练技能、激发学生的兴趣和主动性、积极性，使学生通过劳动和各种活动
求取直接经验等方面有不小的作用。但是，由于它不重视基础知识的学
习，取消了学业成绩的严格标准，抛掉了纪律，学生无法学习和掌握系统
的知识，致使中小学的教育质量日趋低下。这次课程改革遭到美国不同派
别教育家、科学家的谴责。①

第二阶段：20 世纪五六十年代，这一时期是美国中小学课程知识论
争最为激烈，课程知识观转向最为鲜明的时期，统治型课程知识在这一时
期得到实质性的大量削减。1957 年，苏联第一颗人造卫星发射成功，给
整个美国社会带来了极大的震动。美国的统治阶级深感国家安全受到了巨
大威胁，并更加认为传统中小学课程知识在实用性方面严重缺乏，美国统
治阶级把国家的科技落后直接归咎于教育。1958 年，美国通过了《国防
教育法》（National Defense Education Act），国家决定拨出专项经费用于改
善美国中小学数学和科学学科的教学，力图提高中小学课程知识的科学性
与实用性。《国防教育法》把自然科学、数学和现代外语定为"新三艺"，
要求学校提高这三门学科的教学质量以培养科技尖端人才。从而美国中小
学课程知识的现代学术性与科学主义取向正式确立，单一的意识形态性以
及统治型课程知识在中小学课程知识体系中的地位开始消退。

第三阶段：20 世纪七八十年代，这一时期美国中小学课程知识的改
革以反思和批判前期的改革成果为主要特征，中小学课程知识的生成仍然
以科学性以及对社会经济发展的适应性为核心价值取向，国家统治型权力
对中小学课程知识的影响与渗透要以维护课程知识自身的有效性为前提，
中小学课程知识发展获得了足够的理性空间与政策平台。社会教育研究领
域围绕中小学课程知识的发展问题展开了激烈的讨论，开始认为之前的中
小学课程知识不利于学生基础知识获得与培养。据此，70 年代中后期美
国教育界发起了轰轰烈烈的"恢复基础运动"，针对中小学课程知识学
术水准的下降，提出应增加基础知识在中小学课程知识中的比例。强调

---

① 李申申：《20 世纪美国基础教育课程改革的得失与启示》，《课程·教材·教法》2002
年第 5 期。

基础知识在中小学课程知识中的重要地位，重视基础知识教育的思想一直延续到 20 世纪 80 年代。1983 年，美国政府发布了《国家处在危机之中——教育改革势在必行》报告，该报告详细指出了美国基础教育存在的一系列危机。随后的 1985 年，美国政府又颁布了《普及科学——美国 2061 计划》，把科学、数学和技术学科作为中小学课程知识的核心，为 80 年代中后期的课程改革指明了方向。为此，美国 80 年代的以提高中小学课程知识质量为焦点的改革再次将科学性、知识性以及课程知识对社会经济发展的价值作为社会统治阶级进行"合法化"课程控制的重要前提。

第四阶段：20 世纪 90 年代至 2000 年，这一时期，美国社会的统治者通过"道义"领导、"民主"价值观渗透以及"美国生活方式"输出、人权干预等手段，实现了在全球范围内的"文化霸权"，"文化霸权"成为美国向全世界施加影响的有效工具。由此可见，美国统治阶级对本国乃至对世界的权力性渗透形式趋于隐性化，中小学课程知识的"合法性"呈现也彰显着民主、自由和公平的精神，统治阶级对中小学课程知识的权力性控制趋于隐性化。80 年代末的国际科学学科知识测试结果显示，美国的中小学学生学业成绩水平低下，科学素养水平低于其他国家的学生，这直接威胁到了美国统治阶级"文化霸权"战略的实施。为转变这种教育局面，90 年代，美国政府相继出台了《2000 年的美国：一种教育战略》、《2000 年目标：美国教育法》。1993 年 4 月，克林顿政府颁布的《2000 年目标：美国教育法》（Goal 2000：An Edueate Ameriea Act）提出要继续加强五门"核心课程"的教学，另外增加了外国语和艺术为核心课程，从而确立了七门核心课程。美国政府实施科学教育课程发展计划，加强对中小学学生的科学教育，提高科学教育质量和学生的科学能力、科学素养，并通过制定全国统一的课程标准，试图使美国中小学课程知识进一步摆脱分散、混乱和低水平状态。可以说，20 世纪 90 年代至 2000 年美国中小学课程知识的改革，使中小学课程知识的"合法性"呈现出更加理性化，统治阶级对中小学课程知识的权力性控制向着合理化与科学化的方向发展。

第五阶段：进入 21 世纪以来，美国教育从国家、州到学校的各级教育行政部门开始极度迎合公众、媒体以及多方利益群体的教育诉求，并试图将上述群体的教育需求最大限度地纳入中小学的课程知识的生成过程之中，造成中小学课程知识改革的短暂性与反复性。正如美国的一些评论家所指出的，美国中小学课程知识领域里的时尚来去太匆匆了。① 尽管美国的统治者竭力体现中小学课程知识改革的民主性与效率性，然而，中小学课程知识改革对于社会及公众情绪的极度迎合，决策者与实施者之间的沟壑促成了中小学课程知识改革的短时性与反复性。2001 年《不让一个儿童落后：教育改革蓝图》中明确指出："我们在花费数千亿美元于教育之后，我们仍远未能实现教育优异的目标。"②

综上所述，20 世纪以来，美国中小学课程知识的"合法性"更为合理、公平和有效。知识生成的"公共性原则"逐渐取代了"权力性原则"，国家与政治意识形态不再拥有对中小学课程知识及其解释的垄断权。统治阶级对中小学课程知识的权力性控制目的已经由维护阶级利益转变为维护国家社会经济乃至个体发展的综合利益。这就意味着意识形态所设定的终极的知识与价值意义准则失去对个人思想与行动的控制权。不同的知识思想产生源于生产样式、多元化的知识解释与自由传播在公共领域中形成，意识形态的"真理"式的知识取代全部思想资源的现实被改变。③

二　课程知识形态的多元性凸显

20 世纪以来，世界政治、经济与文化发展的一个显著特征即是均朝着多元主义的方向发展。尤其是 20 世纪中后期以来，多元主义文化以及后现代主义文化的兴起深刻地影响着各国的政治、经济和文化发展。多元主义文化价值观的形成在不断解构政治权力对于社会个体及其社会生活的干预的同时，又在改变着国家、社会、个人三者之间的契合关系。承载着国家、社会及个人价值的学校课程知识在上述关系的变迁过程中，其价值取向以及表现形态也在发生着悄然改变。这一时期美国中小学课程知识呈现的一个显著特点即是，中小学课程知识形态的多元化，全方位地迎合与适应多元的世界。

---

① Kliebard H. M. Fads, Fashions, and Rituals: The Instability of Curriculum Change, In Critical Issues in Curriculum, *Eighty – Seventh Yearbook of the National Societyfor the Study of Education*, University of Chicago Press, 1988, pp. 21, 16.

② 赵中建：《不让一个儿童落后——美国布什政府教育改革蓝图述评》，中国教育和科研计算机网，2005 年 5 月 8 日。

③ 金生鈜：《课程知识的合法性基础的解构》，《现代教育论丛》2001 年第 3 期。

（一）意识形态性知识与学科教育知识的融合

20 世纪以来，美国中小学课程知识形态转变的一个突出表现是意识形态性知识在课程知识体系中的解构，这种解构主要表现在两个方面：数量、比例的减少以及形式的转化。伴随美国社会政治、经济与文化的发展，统治阶级意识形态所设定的"法定"知识与价值意义准则逐渐失去对社会个体思想与行为的控制权，这种改变对中小学课程知识的生成过程同样产生了重要影响。社会统治阶级对中小学课程知识的权力性控制逐渐开始弱化，其影响与控制中小学课程知识的形式也发生了改变，由直接的、外显的控制转化为间接的、隐性的影响。第二次世界大战结束以后，社会教育领域对教育民主与自由的呼声越来越高，加之美国"市民社会"的日渐成熟与完善，公民权利意识不断增强，在这样的时代背景下，美国传统的中小学课程知识"合法性"特征的维持已经力不从心，关于中小学课程知识形态的改革势在必行。改革的趋势和方向即是意识形态性知识与学科教育知识的融合，具体表现为：

（1）国家的社会控制思想以隐性化的形式渗透于当代美国中小学课程知识的知识观与内容体系之中。例如，20 世纪以来，美国中小学开始大量开设公民教育课程（Civic education curriculum），并将其列为美国中小学学生必修的"核心课程知识"范畴。公民教育课程的核心价值取向主要体现在培养学生对美国文化的热爱、对国家的忠诚以及作为一名合格的美国公民应具备的基本公民素养。美国早在 20 世纪 70 年代末便确立了以"社群主义"为理论指导的学校公民教育思想。这一时期，为社会培养具有责任意识与更加具有爱国精神的公民已经成为美国中小学公民教育的基本价值取向。1988 年美国公民教育中心主持编制的《六至九年级公民教育方案》要求对学生进行具有多元化、开放性的责任教育（Responsibility Education）。要把学生培养成民主社会中有能力、负责任的参与者。1994 年版的《公民与政府课程标准》中也对培养视野更加开阔、更具理性精神的美国公民有所阐释。[①] 这种国家意识形态性知识与学科教育知识的潜在融合，有效地遮蔽了中小学课程知识的意识形态性以及政治性品性，公众潜移默化地接受着国家的意识形态性影响与控制。

---

① National Council for the Sociai Studies, Curriculum Standards for Social Studies: Expectations of Excellence. Maryland, Fourth Printing, 2000: 28 - 30.

（2）单一意识形态性知识逐渐消解，学科教育知识的比例以及种类不断增加。20世纪以来，国家除保留必要的意识形态性知识并以间接的形式与各类学科教育知识相融合之外，不再直接设置单一的"统治型"知识，单一的意识形态性知识逐渐消解。与此同时，为了适应国家经济竞争与发展的需要，美国中小学大量增加种类丰富的学科教育知识，这种变化在第二次世界大战以后表现得越发明显。例如，第二次世界大战以后，以科学教育为主导的美国中小学课程知识改革不增加自然科学以及社会科学知识在中小学课程知识中的比例，中小学课程知识形态的多元性取向不断得到强化，到20世纪后期，美国中小学已经构建起世界上最发达的、富于现代文化品位和文化精神的课程知识体系，并成为各国基础教育课程改革竞相效仿与借鉴的典型。

（二）传统人文知识与现代科学知识的统一

美国教育发展的一个显著特点是传统与现代的交相辉映。美国在发展并构建现代教育体系的过程中，并没有对传统教育类型及教育内容予以全盘否定，而是采取融合与包容的态度。中小学课程知识领域的现代化过程同样是一个融合了传统人文知识教育内容与教育形式的过程，美国现代中小学课程知识形态也因此呈现出多元化的特点。美国中小学的古典人文知识以及基督教课程有着相对悠久的历史，尽管这些课程知识体现着一定的阶级性，却是美国传统文化的一种体现，尤其是基督文化在美国有着强大的社会性根基，这种具有民族特征的文化在某种程度上已经融入了美国人的思想意识形态之中。因此，尽管现代化的浪潮不断冲击着美国社会的各个领域，基督教的文化传统及其在中小学课程知识领域的影响力依然存在并得以延续便不足为奇了。

美国的教育有着很强的社会适应性，在不同的社会发展环境与发展背景下，美国的各级各类教育总会做出与之相适应的改革与调试。现代美国中小学的课程知识改革在保持着一些传统文化因素的同时，不断地融入与吸纳新的课程思想与课程知识，从而保持中小学课程知识的时代适应性与现代发展性。

（三）大众生存性知识与精英地位性知识的整合

"生存性"知识与"地位性"知识的矛盾在美国中小学课程知识史上长期存在。所谓"生存性"知识，是指与社会个体的生活、职业发展等社会实践活动密切相关的知识，"生存性"知识依附于社会经济发展的现实需要，是为大多数公众设定的，具有普适性与客观性的知识。"生存性"知识与在知识问题上存在着"主观主义"、"相对主义"和"非理性主义"的"地位性"知识形成鲜明对比，要求在知识编选的过程中抛开少数阶层或利益群体的思想、意见、情感以及生活习俗等主观因素。在美国中小学的课程知识史上，代表少数统治阶级利益的"地位性"知识长期充斥着中小学的课程知识体系，而代表大多数公众生存需求的"生存性"知识常常处于被轻视和被排挤的位置。这种课程知识的发展状态在20世纪发生了实质性的转变。

20世纪以来，美国公众在自主性原则下参与公共事务的民主性交往空间逐渐生成。在中小学课程知识领域，课程知识的选择与组织，都要由公民的广泛参与来完成。大众生存性知识在中小学课程知识中的比例逐年增加，现在美国的妇女和少数民族群体也在做出共同的努力，抗击多年来存在的不平等现象、社会地位的卑劣以及边缘化待遇。[①] 体现该群体特殊需求的课程知识正在当代美国中小学课程知识内容体系中不断呈现。

三　培养公民理性精神的课程知识增加

进入20世纪以来，尤其是第二次世界大战以后，美国社会进入真正的"市民化"社会时期，美国公众的社会"身份"属性发生了实质性转变，由顺从的"臣民"转变为国家的"公民"，而且公民的受教育水平以及科技素养水平已经成为制约国家社会经济发展水平的重要制约因素。因此，美国社会开始高度重视对公众的基本公民素养的培养。培养具有现代公民精神、公民责任与权利意识的积极主动的公民成为美国各级各类学校教育的主要培养目标之一。中小学课程知识领域的一项重要改革即是公民教育类课程地位的不断提升以及数量的迅速增加。中小学课程知识的"合法化"过程也相应地由对权力性控制的热衷转变为对课程知识有效性的诉求。选择"什么知识"，如何为培养合格的、满足国家经济发展需要的合格公民打基础成为20世纪中期以来美国中小学课程知识改革的主旋律。

早在1896年，斯莫尔（A. Small）就已经提出了教育促进公民精神及人格发展的课程思想。给斯莫尔以触动的是一份"历史、国民政府和政

---

① Forrest W. Parkey, Glan Hass, *Curriculum Planning—A Contemporary Approach* ［M］. Allyn and Bacon. A person Education Company, 2000, p. 49.

治经济会议"的报告。斯莫尔认为，会议报告确定了教育的目的首先是"个人完善"，其次是个人对社会合作的适应。在此社会中，人们应尽其所能通过完善自身与社会合作。教育意味着整个人格的发展，而不仅仅是智力的发展。[①] 斯莫尔关于通过学校课程知识培养公民人格以及公民精神的思想，对 20 世纪以来的美国中小学课程知识改革产生了重要影响，尽管这种影响并未像杜威等人的"教育即生活"、"教育即生长"等教育理念那样被广为人知，但却是一种被社会统治阶级所认可并进入"合法化"课程知识范畴的课程思想。

　　20 世纪以来，美国中小学培养公民理性精神方面课程知识的增加主要体现在：两次世界大战及战后"冷战"期间，美国中小学公民教育的目标是教育学生抵制与其所在政治体"异质"的共产主义制度及其思想，捍卫资本主义的政治制度和思想基础。进入 20 世纪 80 年代，随着国际形势的变化，社群主义思潮的发展和逐步确立，公民教育的目标就定位于使学生了解重要的社会和政治趋势，使学生能权衡和透视地方的、州的、国家的以及国际上的问题，使学生认识世界各国之间相互依存的关系，以及认识发达国家和发展中国家间竞争和同情的关系。[②] 到 90 年代美国国会通过的《2000 年目标：美国教育法》（1994）又明确把中小学公民教育的课程目标定位于为负有责任的公民做好准备。例如"到 2000 年，所有 4 年级、8 年级、12 年级的毕业生应该能够掌握具有挑战性的内容，包括……公民学和政府……以便他们为承担公民责任、进一步学习和有效工作做好准备……"、"所有学生都将参与到那些能促进和提高……公民素质、社区服务及个人责任感的活动中"等。[③] 20 世纪以来，美国中小学所开设的公民教育类课程主要包括《社会研究》、《公民学与政府》、《多元文化与美国》、《美国文化与历史》、《公民科》、《社会科》等。

　　尽管美国从建国之初便重视学校的公民教育问题，然而这种重视常常是基于国家政治与意识形态的需要，鲜有以公民自身的生存与发展诉求为基本依据和目标来设置公民教育课程。20 世纪中期以来，美国中小学课

---

　　① 转引自汪霞《美国课程的三种思潮》，《外国教育资料》1996 年第 5 期。

　　② 孙伟国、王立仁：《政治社会化取向的美国公民教育》，《外国教育研究》2007 年第 3 期。

　　③ Goals 2000：Education American Act，http：//www. ed. gov/legislation/GOALS 2000/The Act/sec102. html.

程知识注重对公民理性精神的培养标志着美国的中小学课程知识改革进入了一个崭新的历史阶段，即中小学课程知识的生成过程由封闭走向开放、由传统走向现代，由单纯的统治性与权力性诉求转向对社会个体的生存与生命意义的价值关照。

四　科学知识的上位

20 世纪以来，美国中小学课程知识中单一的意识形态性知识逐渐消退，与之相对应的是与美国社会经济发展密切相关的科学知识的迅速增加。以培养学生基本科技素养、科学意识以及基础科学知识为核心内容的科学知识在美国中小学课程知识中的比例呈现出逐年增加的趋势。

伴随着战争的结束，和平与发展成为世界发展的两大主题。科学技术成为推动社会经济发展与社会进步的关键因素。因此，各国竞相把发展本国的科学技术水平以及公众的科技素养作为国家发展的重要目标，教育为社会培养具有良好科学素养的合格公民的责任被提高到前所未有的高度。在美国，从 20 世纪初期开始，一些教育学者就呼吁要加强美国学生的基础知识尤其是基本科学素养的教育，美国的社会统治者也开始认识到美国青年学生的基础科学知识水平普遍偏低的问题，这种危机意识在 1957 年苏联卫星上天后开始越发强烈和显性化。为此，美国在 1958 年颁布了《国防教育法》，强调青少年科学知识教育的重要性和在国家教育战略实施中的地位，《国防教育法》拉开了 20 世纪以来美国中小学强化科学知识教育的序幕。至此，美国社会的统治阶级围绕美国社会政治、经济与文化发展的新特点和新需要不断提出和出台关于中小学科学知识教育改革的相关建议和法案。

60 年代美国中小学课程知识改革的核心是调整"学科结构"，增加数学等科学基础知识的教授。一项测试表明，美国中小学生平均学业水平，至少比欧洲、日本学生要低两个年级，以至于"一些高中毕业生，虽手持毕业文凭，却根本没有阅读能力，写不出一个完整的句子，也不会做算术题"。[1] 青少年基础教育水平的低下引起了美国社会上下的高度重视，加强科学知识教育的呼声越来越高。70 年代美国中小学课程知识改革的主流是"回归基础"运动，继续强调对学生基础知识的教育。进入 80 年代仍以"提高质量"为中小学课程知识改革的主要目标。20 世纪 80 年代

---

[1]　Gray, P., Debating Standards. *Time* (April, 1996), p. 40.

末，由美国科学促进协会于 1989 年出版的《为全体美国人的科学：达到科学、数学和技术脱盲目标的 2061 计划报告》（以下简称《2061 计划》），由此倡导了科学教育的课程改革。① 《2061 计划》以提高全体美国人的科学文化素养为核心目标，要使所有中小学学生都能得到基本的科学、数学和技术教育，从而提高公众的科学文化水平。这项计划强调中小学课程知识设计要将科学、数学和技术置于突出重要的位置。

此外，美国高质量教育委员会于 1983 年发表了题为"国家处于危险之中：教育改革势在必行"的报告（简称《报告》）。《报告》指出："我们的国家正处在危险之中。我们一度在商业、工业、科学和技术上的创造发明无异议地处于领先地位，现正在被世界各国的竞争者赶上。我们社会的教育基础目前正被一股日益增长的平庸潮流所侵蚀，这股潮流威胁着我们国家和人民的未来。上一代人难以想象的情况已开始出现——其他一些国家正在赶上和超过我们的教育成就。"② 科学知识在当代美国中小学课程知识体系中的地位和重要性再次被凸显和强化。

纵观美国中小学课程知识的发展史，20 世纪以前，人文古典学科知识一直主导中小学课程知识的设置，课程知识的主体是人文学科。到 19 世纪后期，随着自然科学在世界范围内的兴起，自然科学知识在推动社会发展进步中的重要性日益凸显，科学教育在各国逐步发展，数学、自然科学逐渐成为学校教育的重要学科。第二次世界大战以后，科学知识教育开始在中小学教育中占据统治地位，科学至上成为学校课程知识改革的主导方向。在科学知识大量涌入美国中小学课程知识体系之际，人们又开始反思人文精神的失落问题，课程知识又开始转向对人文精神的关照。美国中小学课程知识的改革起伏不定，改革的循环与重复使中小学课程知识改革实践适应性缺乏，课程知识改革的有效性也饱受质疑。

第二节 中小学课程知识权力主体的多元性

在 19 世纪，美国的学校是 10 万多个独立的地方学区的一部分，美国

---

① 赵中建：《美国的"核心知识"课程改革》，《外国教育研究》2009 年第 5 期。
② 顾明远、梁忠义：《世界教育大系》，吉林教育出版社 2000 年版，第 243 页。

的社会统治阶层对学校的课程知识生成具有完全的控制性权力。但是，国家统治权力对学校课程知识的控制与影响具有间接性，地方学区以及各个州构成国家教育权力行使的直接"代言人"。在当时美国错综复杂政治情境下，国家核心权力阶级构成中小学课程知识的唯一的、合法性权力主体。具体而言，中小学课程知识的权力主体单一性的由国家及各个州构成，这种具有强烈政治色彩的权力支配格局到 20 世纪初期发生变化。

进入 20 世纪以来，伴随着美国社会教育民主化进程的加快，社会及国家权力阶层越来越重视倾听社会各阶层关于中小学课程知识的意见和诉求，尤其是教育专家在中小学课程知识生成过程中发挥越来越重要的作用。美国中小学课程知识的生成主体由单一的政治性权力主体转变为多元化的社会主体，中小学课程知识的价值取向也相应地由单一性的政治性诉求转向对合理性与有效性的诉求。

一　国家层面的权力主体

依据阿普尔的观点，教育或课程被视为维持既存的社会特权、利益和知识的基本手段。[①] 学校课程知识向来关涉社会权力的分配、不同利益群体之间的冲突和调和，因而必然具有政治性格，国家核心权力阶层也必然构成学校课程知识的永恒性权力主体。事实上，以学校、州和国家相结合的课程知识决策模式一直是美国学校课程知识生成的主要特征，只是不同历史时期、不同社会发展背景下，各个层面的权力主体在课程知识权力结构中的地位不断发生变化。

20 世纪以来，尤其是第二次世界大战以后，美国政府对中小学课程知识的权力性控制与管理逐渐由间接走向直接，20 世纪 70 年代的美国联邦政府对于中小学课程知识的干预达到了顶峰。同时，各个州政府也增加了他们影响中小学课程知识生成的行动，地方学区失去了更多的自治空间。国家权力在中小学课程知识决策权力结构中的不断增强主要体现在：

第一，20 世纪以来，负责掌管全国教育的国家级教育管理机构以及全国统一性的中小学课程标准相继成立和出台，标志着美国中小学课程知识的管理权力逐渐由地方分权转向政府集权，国家层面的权力主体在中小学课程知识生成过程中的权力逐渐扩大化和集中化。20 世纪以来，美国

---

① Apple, M. W., 1990, *Ideology and Curriculum*. New York：Routledge, Chapman and Hall, Inc., p. 48.

联邦政府组织成立的全国性教育机构主要包括：1979 年联邦政府建立美国教育部，联邦对教育的参与开始正式化。1981 年 8 月 26 日，美国的联邦教育部长贝尔（Bear）组织成立了国家高质量教育委员会，负责调查美国学校的教育质量问题。为了推动和指导课程与评价方面的改革，美国国会在 1991 年成立了"全国教育标准与测验委员会"的机构，该机构的主要职责是指导发展新的课程标准与测评标准。克林顿政府在 1994 年通过《2000 年目标：美国教育法》后，更是支持制定全国性课程标准，并批准成立"国家教育标准和改进委员会"。国家教育标准和改进委员会主要职责是负责制定、实施美国中小学全国课程标准和审核州一级的课程标准。制定各学科课程的全国性标准的程序是：国家教育标准和改进委员会会同有关机构来决定课程标准的总"准则"。

　　根据上述准则，每一门学科的全国性机构分别制定供各学科自愿采用的全国课程内容标准，然后提交国家教育标准和改进委员会审查，这些标准如果是遵循总准则的，则被国家教育标准和改进委员会通过，并被"国家教育目标专门小组"复审批准。自 1989 年全国数学教师协会编订的《学校数学课程与评价标准》问世以来，到 2000 年由美国教育技术国际协会负责制定的《全国技术教育标准》的完成，中小学开设的主要学科至此都有了非法定的全国性课程标准。[①] 此外，美国还设立了国家教育优异委员会，负责监督美国的中小学教育质量情况。

　　第二，国家层面的权力主体主导并控制当代美国中小学课程知识的生成原则与价值取向。这是中小学课程知识"合法性"的直接体现。学校课程知识向来是社会统治阶级进行社会控制的有效工具，只是社会政治与经济发展的现实状况和需求不同，社会统治阶级对学校课程知识的价值赋予过程会截然不同。

　　进入 21 世纪以来，经济发展和经济竞争逐渐取代军事竞争，各国相继把发展科学技术，提高本国的综合经济实力作为国家制定各项社会政策的首要依据和根本目标。在美国，文化扩张渐渐取代军事扩张，美国文化除了作为导向性要素控制着美国外交行为的基本方式之外，还越来越多地在美国的国际事务中发挥着重要的渗透性作用。美国文化传播与发挥影响的一个重要平台即是各级各类的学校教育。在中小学领域，中小学课程知

---

① 赵中建：《美国基础教育课程改革的动向与启示》，《全球教育展望》2001 年第 4 期。

识生成的核心原则即是树立并倡导具有美国精神的文化理念，中小学课程知识的价值取向是美国社会统治阶级社会基本建设思想的直接反映。

21 世纪以来的美国中小学课程知识生成过程越来越是一个彰显民主、自由与理性的过程，中小学课程知识的权力主体也越来越多元化，但是国家层面的权力主体始终是美国中小学课程知识生成的主导者与决策者，只是美国联邦政府对中小学课程知识的权力性支配已经由单纯的政治性目的为对课程知识自身的合理性与有效性的诉求所取代。

第三，联邦政府负责组织并发起自上而下的中小学课程知识改革。20 世纪以来，美国中小学课程知识领域的改革频繁而复杂，大约每隔十年便会有一次大规模的关于中小学课程知识的改革出现，而改革的发起者和组织者即是联邦政府。联邦政府对中小学课程知识的权力性控制在基于社会性需求的前提下不断强化和直接化。20 世纪以来，尤其是第二次世界大战以后，作为中小学课程知识生成的国家层面的权力主体——联邦政府对公众及社会意见的关注和遵从达到了极限。只要公众对于多样的社会倾向的担忧在不停地转移，只要教育被看作减轻担忧的方式，那么课程就会不断变动。①

国家层面的权力主体对中小学课程知识的权力行使与领导方式不断随着美国社会公众政治情绪变化而更迭，尽管其课程知识权力行使的价值取向是基于社会性需求以及提高课程有效性的考虑，但是中小学课程知识改革的频繁性与短暂性，改革对公众的呼吁，媒体的评价的过分迎合也直接导致中小学课程知识改革的效率低下以及国家层面权力主体的"合法性"权威失落。

二　州和学校层面的权力主体

地方分权制是美国教育的传统与特色。在美国，各个州具有独立的教育管理权限，这种教育管理模式从建国初期一直延续至今，虽然这种相对独立的教育管理权力要以联邦政府的整体利益性需求为导向，但是州一级的教育权力主体对美国教育的影响是重要而深远的。正如有学者所概括的，"不像其他许多国家有着高度集权的教育体制，由国家的教育部控

---

① 彭彩霞：《变幻的理念与稳定的实践——基于美国基础教育课程改革的省思》，《外国中小学教育》2009 年第 10 期。

制，我们则传统地偏爱一种分权的体系，由地方学区服务地方社区。"①

20世纪以后，美国学校教育的权力主体逐渐走向多元化，公众及社会各阶层的教育声音开始得到应有的重视，联邦政府对教育的管理和宏观调控也日渐加强。在这样的教育发展趋势与背景下，州层面对中小学课程知识的管理权力主要包括：

第一，伴随联邦政府对中小学课程知识领导的集权化倾向不断增强，州一级的教育权力主体作为联邦政府的直接权力代言人，其对中小学课程知识决策的参与程度也在显著加强，地方学区的课程权限再次被削弱。有美国学者于1976年指出，"说教育的地方控制已经是不准确的了，地方委员会不再是政府的一个有权力建立基本的教育政策的地方单位，而是负责贯彻由更高层面的政府和法院建立的基本政策条文的政府机构……说地方委员会和专家共同决策也是不准确的了，更确切的说法是，由州、联邦和地方专家共同决策，且地方委员会仅是作为一个顾问或回应的委员会"。②第二次世界大战结束至今，州一级的课程权力主体在中小学课程知识生成过程中的权限主要包括：解决中小学各科课程知识的基本目标和基本要求等问题。制定州一级的中小学课程知识标准，以课程框架的确定为主要内容，确定各科课程的结构和主要内容等。

第二，在"国家—州—学校"三级课程管理模式中，联邦政府和各个州的职能是宏观指导与调控地方课程开发，组织课程专家制定并颁布相关的中小学课程计划指南、课程评价制度、中小学课程管理与开发的政策等。可以说，第二次世界大战以来，各个州作为美国中小学课程知识生成的主要权力主体其在中小学课程知识生成过程中主要扮演着"承上启下"的调控者角色，即州一级的课程权力主体要以联邦政府的整体教育利益取向为自身权力行使的指南和方向标，同时在联邦政府的宏观引领与约束下，各个州要根据自身的教育需求和教育资源状况制定州一级的中小学课程知识标准以供下设的学区和地方教育部门拟订具体的课程计划并选择教材所用。

第二次世界大战以后，尤其是20世纪八九十年代以来，美国中小学

---

① Boyd, W. L., The Changing Politics of Curriculumpolicy – making for American Schools [J]. *Review of Educa – tional Research*, 1978, 48 (4).

② Van Geel, T., *Authority to Control the School Program* [M]. Lexington, Mass: D. C. Heath, 1976, 173.

课程知识权力主体日益多元化的一个重要表现是学校层面权力主体的凸显。学校作为一个最底层的，独立的教育部门有权力根据自身的教育对象特点、教育资源情况以及自身的办学特点选择相应的课程知识。只是这种课程选择的自由要在所在州制定的课程标准和课程框架之下进行，要以联邦政府的整体性要求即联邦政府的课程知识的"合法性"诉求为指南。

20 世纪 90 年代以来，"校本课程"① 在美国中小学课程领域的兴起，使学校作为中小学课程知识权力主体的重要性再次被强化。

学校作为美国中小学课程知识的一个重要"合法性"权力主体，一方面适应了美国教育民主化的发展需要，教师群体的教育性需要以及学生的多元化教育需求可以得到更好的满足。同时，学校成为中小学课程知识的权力主体，使中小学课程知识的生成过程成为一个真正的多方权力主体之间进行协商与对话的过程，从而避免了由于权力的过度集中而造成的课程知识的"特权化"与"贵族化"，中小学课程知识的公平性、有效性以及民主性得到了很好的体现。

三 课程专家及社会各阶层的意见

20 世纪伊始，科学理性便在引领社会各个领域发展过程中崭露光芒。在倡导"民主"与"自由"的西方社会，个人意志以及权力中心主义逐渐趋于边缘化，协商、对话以及体现专业权威与多元参与精神的中小学课程知识生成模式逐渐确立起来。在美国，由传统权力阶层操控的，体现特权阶级利益，以弘扬古典人文精神为主旋律的中小学课程知识"合法性"权威逐渐失落，代表科学与权威的课程专家开始成为美国中小学课程知识的重要"合法化"权力主体。同时，社会各个阶层民众对中小学课程知识改革的意见及相关要求在一定意义上开始进入国家权力中心阶层的课程决策视野。

从当代美国中小学课程政策制定目的看，中小学课程政策的核心价值取向是为了提升美国在世界范围内的整体竞争力。因此，重视课程专家在中小学课程知识生成过程中的指导性作用，其本质是对现代科学理性的尊崇以及对国家核心竞争力提升的强烈诉求。从《国防教育法》的实施开始，美国中小学课程知识的科学性及实用性便不断得到强化，而保障中小

---

① 校本课程（school – based curriculum）即以学校为本位、由学校自己确定的课程，它与国家课程、地方课程相对应。校本课程的思想源自 20 世纪 70 年代西方发达国家，认为校本课程实质上是一个以学校为基地进行课程开发的民主决策的过程。

学课程知识生成的科学性与实用性的重要前提条件之一即是课程专家对中小学课程知识生成过程的绝对参与。

纵观 20 世纪初期以来的美国中小学课程改革运动，历次中小学课程改革运动的发起者、引领者以及实施者都有着代表不同课程流派与思想的课程专家参与。20 世纪以来，伴随着美国基础教育课程改革运动的不断深入，一批颇具影响的课程专家，如杜威（Dewey）、布鲁纳（Bruner）等开始为人们熟知。这些课程专家既有制度及意识形态所赋予的"合法性"，又有科学、知识所赋予的"合法性"，具有双重"合法性"身份的课程专家们很容易得到国家和社会的认可，从而控制着整个课程知识的生成过程。以往的专家属于"技术专家型"，与政府决策层具有不同的社会身份与文化属性，作为"知识分子"与"文化主体"，他们往往具有一些独立人格与文化自主的意识，具有自己对知识的独特见解，从而导致两者之间在教育观以及学校课程价值取向问题上的矛盾和冲突。①

课程专家成为美国中小学课程知识生成的主要权力主体之一，一方面源于美国社会统治阶级追逐国家核心竞争力需要，另一方面也是美国社会传统使然。纵观历史，伴随着战争和其他迫近的灾难时，在美国回到"基础"的呼声似乎就会随之出现。20 世纪 50 年代"回归基础"运动中的支持者事实上已经构成了一种立场：应该由课程专家来决定对于所有的学生来说都是好的课程，不论学生的阶层、种族、性别、地域等。②

课程专家及社会各阶层对美国中小学课程知识生成过程的参与，一方面增强了美国中小学课程知识改革的民主性与合理性，使美国中小学课程知识的"合法化"过程沿着公平、理性与民主的思路发展同时，课程专家及社会各阶层对美国中小学课程知识生成过程的参与，也使美国中小学课程知识的改革呈现出了此起彼伏的"钟摆现象"，即中小学课程知识改革常常由一个极端走向另一个极端，缺乏稳定性与连贯性。代表不同课程流派的课程专家总是试图用本流派的课程思想引导中小学课程知识的改革，中小学课程知识改革因此而成为各派课程思想之间进行论争与博弈的过程。同时，国家对社会各阶层意见的关注与迎合，也增加了中小学课程

---

① 王金娜、冯建军：《课程知识的合法性与合法性权力主体———一个社会学的视角》，《教育科学论坛》2006 年第 3 期。

② Klein, *The Politics of Curriculum Decision – making*: *Issues in Centralizing the Curriculum* [M]. New York: State University of New York Press, 1991, 111.

知识改革的不确定性。只要公众对于多样的社会倾向的担忧在不停地转移，只要教育被看作是减轻担忧的方式，那么课程就会不断变动。当学校不得不承担某些强加的不适合它的功能，那么，它就塌陷了自己的分量，而随着社会政治情绪的变化而更迭。①

当代美国中小学课程知识改革对科学理性的诉求不断显现，相应的，课程专家及社会各阶层在中小学课程知识生成过程中的"权力主体"身份不断凸显，其对中小学课程知识生成过程的参与已经由传统的"象征性参与"转化为"事实性参与"，不同社会阶层参与中小学课程知识生成过程的行为更多的是一种配合，而非具有权力性争斗的妥协。这意味着美国中小学课程知识的"合法性"维持具有了更为坚实与广泛的社会性基础。但是，当代美国中小学课程知识的"合法化"过程仍然是一个充满质疑与挑战，面临着重重"合法性"危机的过程。

四　多元权力主体之间的利益制衡关系

中小学课程知识选择与设置权力主体的多元化取向已经成为当代世界各国基础教育课程改革的重要趋势之一。国家和政府不再是制定中小学课程政策或决策的唯一"合法"权力主体，与中小学课程知识改革密切相关的社会各阶层或利益集团都有权力参与中小学课程知识的生成过程。中小学课程知识改革实践逐渐成为一个多元权力主体之间进行对话、协商乃至利益性与权力性博弈的过程。在美国，课程改革的方案是在多渠道听取社会各界意见的基础上彼此妥协、求同存异后做出的。②

美国社会复杂多变的民主与政治环境，自由主义以及多元文化主义的流行，使中小学课程知识改革成为一个复杂的，随时会受到美国社会政治、经济及文化发展影响的动态过程。作为中小学课程知识生成的权力主体——联邦政府、各州和学校、持有不同课程思想的课程专家、各个与中小学课程知识改革密切相关的社会利益集团或阶层在中小学课程知识改革的演进过程中分别扮演不同角色，他们会从维护自身既得社会资源或利益出发，提出相应的课程发展建议或要求。从一定意义上来说，每一轮新的中小学课程知识改革的发起都是既有的中小学课程知识资源利益分配格局

① 彭彩霞：《变幻的理念与稳定的实践——基于美国基础教育课程改革的省思》，《外国中小学教育》2009 年第 10 期。
② 吕林海、汪霞：《当前世界发达国家课程改革的推进特征及其启示：课程政策设计的视角》，《比较教育研究》2009 年第 7 期。

的平衡性被打破，原有的中小学课程制度以及课程实质失去应有的效能，中小学所提供的课程知识服务不能与社会多元权力主体的需求合拍，导致与中小学课程知识改革密切相关的各利益集团从获得自身利益最大化需要出发，不断提出课程改革的需求并会采取行动促成新的课程制度与课程资源分配格局的形成，从而使中小学课程知识重新恢复到一种有效的、平衡发展的状态。

当代美国中小学课程知识多元权力主体之间的利益制衡关系主要体现在以下两个方面：

第一，作为中小学课程知识"合法性"生成的主要决定者与引领者——联邦政府在多元权力主体中一直处于核心与领导者的地位。美国联邦政府虽然大多是以间接的形式参与对中小学课程知识的管理，但是其始终是中小学课程知识改革基调的最终决策者与引领者，其他相关利益群体对中小学课程知识的利益性诉求要在联邦政府设定的"法定"课程意识形态与课程知识框架下进行相关的博弈与辩论，其课程权力的行使不能逾越国家的范畴。尽管近几年来，美国社会底层及不同利益集团对联邦政府课程实施计划及相关课程实践的质疑声不断高涨，拒斥或反对联邦政府有关中小学课程知识改革方案的运动不断出现，但是代表国家整体利益的联邦政府在中小学课程知识生成过程中的权力重心地位始终不可撼动。课程专家、各利益集团、社会各阶层群体间关于中小学课程知识的"博弈"结果在一定程度上会对联邦政府的课程决策起到必要的参考与影响作用。联邦政府在进行中小学课程设置与改革的过程中要从宏观上有效协调与兼顾上述不同利益群体的不同价值取向，从而最大限度地实现各阶层的教育愿景，以教育为纽带，实现美国社会的持续稳定与发展。

第二，学校、课程专家、社会各阶层及相关利益集团作为美国中小学课程知识生成的"合法性"权力主体，在中小学课程知识生成过程中发挥着不可或缺的重要作用。首先，上述各群体作为一种自下而上的力量对于美国中小学的课程知识改革起着重要的"催化剂"作用。中小学课程知识的有效性与平衡性总会在上述群体中得以显现，在一定意义上，社会各阶层对既定中小学课程知识的态度、意见已经成为联邦政府进行相关课程改革的必要"晴雨表"，中小学课程知识的矛盾运动过程即美国社会各阶层的利益性诉求变迁与重新平衡的过程。学校、课程专家、社会各阶层及相关利益集团是美国中小学课程知识"合法性"维持的必要社会基础，只有上述群体的相关利益得到必要的满足与实现，中小学课程知识的"合法性"才能够得以维系，体现国家整体利益性诉求的课程知识改革才能够有效实施。

第三节　中小学课程知识价值诉求的多元化

美国中小学课程知识的价值取向向来是国家社会政治与社会建设思想的直接反映，课程知识的价值诉求一方面反映了美国中小学教育对国家课程政策功效的追求；另一方面也映衬着不断发展变化着的美国社会政治、经济与文化环境。由于自上而下课程政策的发布是影响课程变革进程的重要力量，因此课程政策的价值取向成为影响课程变革方向的重要因素之一，而且，变革是一个过程（process），不是一次事件（event）。① 因此，探究美国不同时期中小学课程知识的"合法性"问题，代表国家政治倾向性与社会建设整体思路的课程知识的价值取向必然成为时代的主要研究问题。

自19世纪中期至20世纪初期，美国中小学课程知识的价值取向经历了由"保守主义"到"自由主义"的转变，20世纪以来"多元混合型"课程知识取向成为时代的主要表征，美国"联邦政府"在中小学课程知识价值取向中的先在的、不容置疑的权威性内涵由于时代的不同而不同。公众以及越来越趋于多元化的课程知识权力主体成为新时期美国中小学课程知识价值取向的左右者，中小学课程知识的价值取向呈现多元化，多元的社会化取向取代片面的政治性取向。

一　政治性诉求

课程知识与生俱来的政治性与权力性决定了无论基于怎样的时代背景与社会环境，课程知识生成与变革的一个不变法则，即对所在国家政治性理念与诉求的遵允与适应。课程知识的政治性诉求可能会因为其所属国家政治体制的不同而存在一定的差异，而维护国家政治利益，为统治阶级的

---

① 吉纳·E.霍尔、雪莱·E.霍德：《实施变革、原则与困境》，浙江教育出版社2004年版，第6页。

政权巩固服务具有内在的统一性。

20世纪以来的美国中小学课程知识改革，其对国家政治性需求的回应逐渐趋于间接化，联邦政府对中小学课程知识的政治性影响与诉求也由狭隘的统治阶级内部的阶级性与权力性控制上升为国家主义的范畴。中小学课程知识的政治性诉求已经上升为提升美国在世界上的整体竞争力，尽管这种政治性诉求是建立在对现代学术性学科尊崇的基础之上，但是中小学课程知识的选择、组织的过程仍然并非是一个价值中立的过程，中小学课程知识的生成过程依旧承载着美国联邦政府的诸多政治性期望与价值预期。

美国联邦政府高度重视中小学课程知识在培养未来的、具有积极参与精神和竞争能力的合格公民方面的功能和价值，并将其视为关系美国未来命运及国家安全的、具有政治性与战略性意义的重要事件加以对待。20世纪以来，美国社会探索提高中小学课程知识实效性、提高人才培养质量的脚步从未停止过，从进步主义教育运动开始一直到今天的奥巴马政府的教育新政（Education New Deal）的推行，教育在美国社会国际竞争力获得以及国家宏观发展战略中的重要地位从未动摇过。历届政府都高度重视中小学课程知识的改革，都试图通过有效的课程改革，提高中小学教育质量，从而为维持并提升美国在世界上的政治、经济、文化的核心与霸主地位打下教育基础。

20世纪80年代，美国公立教育的质量问题引起全国性的关注。学生学习成绩的持续下降招致家长、雇主和高校的不满。当时发表的一系列调查报告，包括著名的《国家在危险之中》（*A Nation At Risk*，1983）都纷纷提出警告，认为学生学习的失败将导致经济危机并成为涉及国家安全的大事。[①]《国家在危险之中》是80年代初由国家教育优异委员会（The National Commissionon Exeelleneein Education）用一年半时间调查了美国中小学教育质量后提出的。该报告直面美国所面临的危机："我们在商业、工业、科学和技术创新方面不受挑战的领先地位，正在被全世界的竞争者赶上。"[②]

---

① 郑旺全：《美国加强基础教育质量的改革尝试——提高学术标准，改善评估体系》，《课程·教材·教法》2006年第1期。

② The Commission on Excellence in Education, A Nation at Risk: The Imperative for Educational Reform［EB/OL］. http：//www. goalline. org/Goal％20 Line/Nat At Risk. html. 2005 – 05 – 08.

相似的政治性诉求在联邦政府相继颁布的几个教育法案中仍然可以看到。《2061 计划》指出,80 年代以来,美国中小学生的科技素养不但低于世界的平均水平,甚至落后于一些不发达国家。这将从根本上制约美国国际竞争力的提升,甚至将导致美国的巨大衰败。1991 年,布什政府出台了《美国 2000 年教育战略》,又一次明确指出了美国中小学学生在科学知识与能力方面与国际竞争需要之间的差距。报告认为,美国在教育领域的投资超过军事领域,但美国的竞争危机并没有改观,如果不进行彻底的教育改革,美国将无法在世界上维持其现有的大国地位。[①]

综上可见,美国社会对中小学课程知识的改革诉求已经远远超越了教育价值范畴,中小学课程知识改革更多地负载着美国社会统治阶层的政治性价值预期。

二 社会性诉求

回顾美国学校课程知识的发展史,从建国初期直至 19 世纪末,美国中小学课程知识的生成始终以维护国家新生政权的稳定以及统治阶级内部的"合法性"权益为核心价值取向,历史维度中的美国中小学课程知识构成国家权力阶层进行阶级与权力"再生产"的必要工具,所谓教育的"民主"、"自由"、"平等",其实质都是统治阶级缓和阶级矛盾的必要说辞。中小学课程知识在国家政治性诉求的"枷锁"下,根本无暇顾及社会大多数群体的生存性与发展性需要,课程知识自身发展的客观逻辑性也因此被忽视。美国中小学课程知识的这种纯粹的"政治性"与"权力性"品格到 20 世纪出现了实质性的变化。

20 世纪被世界学者称为真理(truth)与理性(rational)开始被最大限度发现并得到尊重的世纪。美国教育的发展与改革也掀开了新篇章,"市民社会"的完善以及社会公共理性的成熟,教育不再是美国社会权力与地位的附属品,学校教育开始成为社会进步与发展的基石。在这样的时代背景下,社会经济、文化的发展需求真正成为学校课程知识的价值取向之所在。

20 世纪以来的美国中小学课程知识改革对社会性诉求的回应主要体现在如下方面:

---

① Department of Edueation, Washington D. C. America 2000: An Education Strategy, 1991, pp. 15 –16.

（一）经济性诉求

20 世纪以来，在美国历次中小学课程知识改革方案中，我们都不难发现美国政府关于教育对美国经济发展的重要性的认识，经济性诉求始终贯穿于美国中小学课程知识改革的过程中。

20 世纪以来，从美国中小学课程知识改革的动力机制或主要动因来看，20 世纪 20 年代末的经济危机触动着整个美国的社会发展秩序，教育改革被列入罗斯福新政的核心内容序列。中小学课程知识被要求适应社会经济发展的新特点，适应现代化大生产对青年劳动力的需求，以杜威为代表的实用主义教育与课程理论被重视。

20 世纪 50 年代的美国中小学课程知识改革同样有着强烈的经济性发展诉求。经历第二次世界大战后的美国经济发展疲软，公众科学素养的缺乏以及青少年文盲的剧增已经严重制约了美国经济的发展。1957 年苏联人造卫星的发射，对美国冲击极大，美国为了扩张经济、军事势力、独霸世界，开始注意改革美国的科学技术教育。自 1955 年起，美国联邦政府、基金会联手改革中小学课程知识。1958 年，美国国会通过《国防教育法》规定：增拨科学教育经费、重点改进各级学校的数学、自然科学和现代外语（称"新三艺"）的教学。强调学校必须从为国家经济发展服务的目的出发，培养学生的基本职业知识与技能。

进入 20 世纪 70 年代以来，美国在与"盟邦"日本和联邦德国的经济竞争中表现相对落后，其政治与经济强国的地位岌岌可危，公众将其归咎于美国教育的无能，公众对学校的信任再次降到了最低水平。于是美国政界、企业界、教育界又开始强烈呼吁，要求"恢复基础"，重视对学生基础知识和基本技能的教学。中小学课程知识改革的价值取向再次被定义为提高美国经济实力及在国际上的影响力方面。

20 世纪 90 年代以来，美国社会经济发展速度缓慢，工人素质低下并缺乏必要的责任感，产品质量在与日本、西欧等发达国家的竞争中处于劣势。据此，美国工商界的大公司发起组织并在纽约州 IBM 总部联合召开第二次全国教育高峰会议，克林顿总统和 41 位州长应邀出席了会议。此次会议再次以经济发展问题为诱因，分析了美国基础教育的危机，并研讨了一系列围绕刺激经济增长、发展美国经济的课程改革计划。工商界提出在招聘职工时，要求求职者提交成绩单、毕业证书等学业证明文件，以便择优录用；还保证在择地开设新工厂、新部门的时候，首先要考虑该州教育水平和学生的学业表现，以此促进美国基础教育的改革。①

　　进入新世纪以来，教育如何促进经济增长以及如何为经济发展服务已经成为历届美国总统从竞选到执政必须正视的重要议题。经济性诉求已经成为当代美国中小学课程知识改革的核心价值诉求之一，无论社会各权力阶层以及各利益集团之间的博弈过程和结果如何，中小学课程知识的生成原则都必然要以最大限度地促进美国社会经济发展为核心价值取向，这一点是不以社会各阶层权利重心的转移而改变的。

　　（二）文化性诉求

　　美国政府一贯重视运用文化力量来实现自身的国家利益，这就是美国的文化战略。以文化为轴心的国家发展战略在美国由来已久，从 19 世纪中期开始的移民运动开始，美国就开始运用文化同化与渗透的策略对移民群体实施"美国化"教育，从而满足国家统一以及政权巩固的需要。在美国的统治阶层看来，运用文化的力量来推行民主制度和意识形态性观念是最有效的社会管理手段与对外扩张策略。文化战略的运用，使美国社会统治阶层的社会控制思想以及政治性、意识形态性价值取向具有了更为隐性化、人性化与民主性的传播方式与渗透途径。

　　21 世纪以来，伴随着世界发展主题的转换，国家间经济与文化实力的竞争逐渐取代了军事竞争，在美国，文化扩张主义逐渐取代军事扩张主义成为国家发展战略的重要组成部分。以美国的文化产业为例，美国文化产业利用其自身优势，以诱导的方式来迫使世界其他各国的民族文化认同它，进而压制其对本民族文化的认同感。目前，美国的文化产业是全球化程度最高的产业之一。美国的文化工具已经同其经济产品捆绑在一起，正以一种难以阻挡的势头向目标国家渗透。②

　　在美国的文化战略中，学校教育自然要承担起新时期美国文化战略实施的重要责任。美国中小学课程知识对国家文化战略的回应以 20 世纪 70 年代以来的课程改革表现得最为突出。

　　20 世纪 70 年代以来，美国的文化扩张战略得以迅速发展，美国获得了全球"文化霸权"的地位，而"文化霸权"地位成为美国向全世界施

---

　　① Governors, Business Leaders Pledge Swift Action, *American Educator* (Spring, 1996), pp. 13 – 15.

　　② 白万纲：《从国家大文化管控到母子公司文化管控》，http//：manage. org. cn/article/ 200702/43680. html。

加影响的得力工具。美国的文化扩张形式如图 4 – 1 所示。①

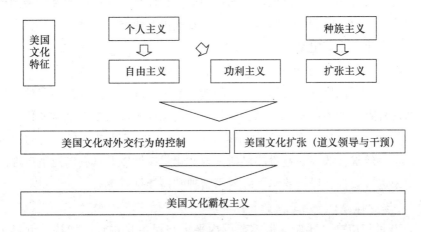

图 4 – 1　美国的文化扩张形式

　　美国中小学的课程知识改革承载着传播美国文化以及美国核心价值观念的基础教育责任。诚然，教育进行文化传承与传播是其应然价值与功能所在，只是被赋予意识形态渗透与价值"入侵"性的文化传承在一定意义上将教育的文化传承功能予以扩大化和复杂化。从 20 世纪 70 年代以来美国中小学课程知识改革对社会文化性诉求的回应状况来看，中小学课程知识从课程类型到课程内容选择都在主动迎合着美国文化战略的发展需要，具体体现为：

　　（1）课程类型方面。20 世纪 70 年代以来，美国中小学课程知识在课程类型方面做出了较大调整。文化类课程知识的比例显著增加，尤其以传播美国核心文化价值理念、灌输美国文化优越性以及培养学生美国精神的课程知识不断增加；多角度反映美国文化与历史的文化选修课不断推出。例如，20 世纪 70 年代以来美国相继开设了以增强中小学学生爱国意识以及文化认同与优越感的《美国历史》、《公民科》、《文学科》等课程。此外，90 年代以来，跨学科课程在美国开始流行起来，这种课程类型整合人类学、文化学、经济学、历史学、法学、哲学、政治学、心理学与社会学等多学科的内容，将文化与环境，个人发展与社会认同，科学、技术与

――――――――

　　① 白万纲：《从国家大文化管控到母子公司文化管控》，http//：manage. org. cn/article/ 200702/43680. html 1。

社会，全球联系、公民意识与实践等多元化、交叉性的多学科知识整合起来，构建具有多元文化价值取向的社会科课程体系。通过设置反映美国核心文化与价值观的课程知识，增强学生对美国文化与价值观的认同感，为其对外文化扩张奠定基础。

（2）课程内容方面。20世纪70年代以来，美国中小学课程内容中关于多元文化与世界发展史的知识不断增加，美国政府希望以此培养学生的全球性视野与世界性参与意识，为其参与全球竞争以及推进全球文化扩张战略打下基础。关于多元文化与世界发展史的内容呈现具有一定的选择性，学校通常会选择一些更能衬托美国文化优越性以及具有广泛适应性的知识来进行教授，以培养学生的爱国精神和民族优越感。

（三）社会公平与正义性诉求

20世纪以来，伴随着世界范围内平等与民主化进程的加快，世界主要发达国家的教育领域都开始了教育公平与正义的理论与实践探索之路。美国的中小学课程知识改革也在努力摆脱传统的"合法性"危机（19世纪以来的中小学课程知识一直在统治阶级的权力控制下生成，所谓课程知识的公平性与合理性即指那些反映统治阶级意识形态的，遵循着一定法律和社会规范、蕴含着较强政治合法性的政治性课程，这种"官方化"的课程知识在社会民主化进程中不断遭遇着认同性与有效性危机），致力于在课程政策制定与课程实施的过程中凸显民主、公平与正义的价值诉求，试图建构一种指向美国全体公民发展的、高质量的基础教育课程体系。

20世纪以来，美国中小学课程知识改革对社会公平性与正义性诉求的彰显与回应主要体现在：

（1）中小学课程知识改革充分彰显对社会弱势群体教育需求的关照，努力维护社会底层民众的教育利益。尽管美国自建国以来便一直宣扬"民主"与"平等"的社会建设理念，然而实然的社会建设实践与应然的社会发展理念之间的沟壑始终存在，包括黑人、外来移民人口、妇女以及少数民族群体的受教育权问题长期挑战美国所谓的"民主"、"自由"与"平等"。20世纪的到来，尤其是第二次世界大战结束后，美国中小学课程知识改革才开始了真正意义上的对社会弱势群体教育需求的关照，而且这种对社会公平性与正义性的关照随着时间的推移表现得越来越强烈。

从1958年《国防教育法》颁布开始，美国中小学课程改革便开始了对种族问题的关注。1965年，美国国会通过了《初等和中等教育法案》

（ESEA）这是一个历史性的突破，美国政府对处境不利的学生开始额外资助。此后，每五年重新认可一次，到目前已经进行了八次，产生了深远影响。随后，1975 年美国联邦政府又颁布了《残疾儿童教育法》，政府提供专门资金帮助各州和学区的残疾儿童。1981 年《教育巩固和促进法》颁布实施，要求缩小贫穷和少数民族学生与其他学生之间的差距。2001年《不让一个孩子掉队》（NCLB）是对该法案的最新认可。经过四十多年的发展，其间虽有些许变动，但致力于解决基础教育公平问题的价值追求却始终未变。[①]

美国联邦政府在关注社会弱势群体的教育公平问题时，还注重采取更加有效的差异化补偿措施。例如，为了满足残疾人群体的教育需求而颁布了《残疾儿童早期教育援助法》以及《教育所有残疾儿童法》。为了扶持与体现对黑人及少数民族群体的关照，美国制定了《民权法案》、《双语教育法》和《磁石学校资助法》等。针对社会底层贫苦民众的《初等和中等教育法案》、《教育巩固和促进法》、《不让一个孩子掉队》以及启智计划、免费午餐计划、教育券计划等。此外，联邦政府和美国企业界联合启动蓝带学校计划、适度年度计划、特殊教育项目、补偿教育等带有公益性的社会教育项目来满足社会弱势群体的特殊教育需要。

（2）中小学课程知识改革坚持走"全民化"的政策路线，即倡导关注每一个儿童的发展，倾听大多数美国公众的教育性诉求，赋予美国公众参与中小学课程知识改革的权力，社会媒体和公众有权监督联邦政府的课程改革实施过程等。这是美国中小学课程知识改革由"合法性"向"合理性"转向的一次重要尝试，也是美国中小学课程知识改革维护课程知识生成过程的正义性的一种展现。

美国克林顿政府时期中小学课程知识改革对社会各阶层民众政治情绪与相关态度的极力迎合达到了极致。克林顿政府颁布的《1998—2002 年教育战略规划》以及《2001—2005 年战略规划》中都在极力强调基础教育课程改革要反映大多数美国公民的教育性需求，课程设计要关注到每一个孩子的发展，《不让一个孩子掉队》法案的颁布与实施将这种对中小学课程知识的公平性诉求提升到了极致。

---

① 黄忠敬：《美国政府是如何解决教育公平问题的——教育政策工具的视角》，《教育发展研究》2008 年第 21 期。

尽管当代美国中小学课程知识改革大多时候仍然是围绕政潮起伏的、具有政治性意味的活动，课程改革也常常由一个极端转向另一个极端，呈现出鲜明的"钟摆效应"，然而，课程改革对公平性与正义性的追求具有一贯性。美国历届执政政府都推出了一系列旨在展现一个公平、民主的美国社会的教育政策与法案，其基本政策理念都是致力于让每个美国学生都能够获得适合自身的、在尊重差异的基础上达到适应性的平等，强调学校教育要真正适应每个学生发展的美好愿景。

（3）制定国家统一课程标准，缩小各个州之间的教育质量差距，试图使所有儿童都能够享受同等质量的学校教育。由于美国长期坚持地方分权教育管理体制，学校教育质量在很大程度受制于其所在州的经济发展水平，各个州的教育质量参差不齐、差距悬殊。20世纪70年代以来，美国联邦政府不断加强对各个州中小学教育的干预，并出台了一系列相关政策，试图改变美国的教育不均衡发展状况，从而保障所有儿童享有平等的受教育权益。

1983年4月，美国国家高质量教育委员会发表了《国家在危险中：教育改革势在必行》的报告，拉开了联邦政府干预中小学课程、促进中小学教育均衡化发展的改革序幕。中小学课程知识改革的目标被确定为通过核心课程的建构，使美国中小学课程逐渐走出质量参差不齐、标准混乱的局面。通过制定全国统一的中小学课程标准，使美国中小学课程进一步摆脱分散、混乱和不均衡发展的状态。

综上所述，20世纪以来，美国中小学课程知识改革对社会公平与正义性的诉求不断凸显，美国社会统治阶层对课程知识的公平性与正义性的刻意维护，一方面，是为了提升中小学课程改革的实效性，从而提高中小学教育为国家核心竞争力获得的服务能力；另一方面，更是为了积极塑造自身的"民主"与"亲民"形象，为其实施新时期的"合法性"统治营造良好的社会舆论氛围。因此，公平是一个规范性与相对性的概念，课程是"合法性"的，具有"合法性"的课程知识的公平性与合理性诉求通常要在社会权力阶层的意识形态渗透下展现。因此，新时期美国中小学课程知识改革对公平性与正义性的追求也并非是毫无价值关涉的，价值中立意义上的诉求，其同样具有浓厚的功利主义与权力博弈性色彩。

三　个体性诉求

20世纪以来，美国中小学课程知识改革的一大主旋律是对社会个体生命意义的关注，社会个体的个性化发展需要被提高到前所未有的高度。美国基础教育课程改革的这种人性化与个性化的理念很快成为引领世界基础教育课程改革的"风向标"，围绕尊重个性与个体差异性，以人为中心的教育改革理念，在美国率先形成了几股强大的教育思潮——人本主义教育思潮、多元文化主义教育思潮以及多元智力理论思潮，对世界基础教育发展产生了重要影响。

当代美国中小学课程知识改革对社会个体性需求的充分关注，标志着中小学课程知识"合法性"特征是以社会个体的有效需求及国家"法定知识"成为社会性根基的。当代美国中小学课程知识的这种"合法性"特征是当代美国"自由主义"课程政策价值取向与"社会效率主义"课程政策价值取向混在一起，是美国的"民主"、"自由"与"平等"理念由抽象走向具体，由价值性走向事实性与意义性。

当代美国中小学课程知识对个体教育需求性的充分关注与彰显在课程知识改革实践中主要体现在如下几个方面：

（一）充分尊重社会个体的教育选择权利

20 世纪中期以来，美国社会的自由主义文化得到迅速发展，公众的生活与教育理念发生了巨大的变化，追求个性化成为美国社会生活各领域的一种时尚。在中小学课程知识领域，美国公众已经不再满足传统的统一供给的单一课程知识模式，人们对中小学课程知识多样性与个性化的诉求严重冲击着以"官方知识"为主体的课程知识的"合法性"基础，中小学课程知识改革势在必行。美国社会统治阶级开始以制度的形式将公众的教育选择行为合法化。例如，法律支持美国公众的"择校"行为。中小学课程政策支持公众进行"择校"，从而最大限度地满足每个儿童自由选择学校教育内容与发展机会的需要。

美国 80 年代以后中小学课程政策的自由主义价值取向因市场的介入而使其功能得以拓展，使其成为联邦政府调控学校教育质量、提高中小学教育效能的间接途径。重视市场基础性调节作用的"择校"制度在中小学课程知识改革过程中成为学校问责制的一种调节"杠杆"。公众"择校"必然伴随着学校的优胜劣汰，这使"择校"政策事实上成为美国联邦政府调控教育的间接手段，并为其对学校课程知识的价值性渗透取得了"合法性"的广泛社会基础。

（二）课程知识的选择与生成过程关注个体的生存与发展性诉求

20世纪以来，美国中小学课程知识改革在"技术理性"与"生命理性"之间不断徘徊，虽然课程知识价值取向的侧重点有所不同，但课程知识始终基于对个体人的"成长"与"成才"规律和需要进行变换。

20世纪20年代开始的以杜威等所倡导的儿童中心主义课程改革，直接将中小学课程知识的价值取向定位于促进儿童的身心发展。"教育即生活"、"教育即生长"等著名教育论断的提出将美国中小学课程知识改革对个体生存与生命意义的关注推向了极致。尽管，随后的课程专家对其进行了一定程度的质疑和批判，认为其忽视了学生学习基础知识的重要性。布鲁纳等转而提出，重视基础学科，强调最基本的基础知识学习的课程改革思想。他们着眼于学生适应未来社会生存与发展的需求，强调给学生以系统、扎实的基础知识和基本技能教育。

进入21世纪以来，美国中小学课程知识改革对个体生存与发展性诉求的重视更是表现得淋漓尽致。从克林顿政府的教育改革实践到奥巴马政府的教育新政，都在向社会传递着这样一种信息——当代美国中小学教育是一种卓越的、以人为本的民主性教育，中小学课程知识改革是一个彰显个性化与美国人价值诉求的，富于现代"合法性"特征的过程。

四　各类诉求在中小学课程知识生成中的地位

当代美国中小学课程知识的生成过程是一个价值取向逐渐走向多元化的过程，是一个综合反映社会政治、经济与文化环境变迁及诉求的动态创生过程。中小学课程知识对知识自身价值与生成序列的尊重，对个体人的生命性意义的关照，都使其固有的"官方化"与"权力性"属性开始淡化，作为一种"法定知识"的中小学课程知识在从高层向下扩散过程中似乎已经免予意识形态范畴的各种规则和节律的过滤，而成为一个自主、中立与客观的过程。然而，事实的状况是课程知识的意识形态性以及政治性品性并没有消退而是以一种更加隐蔽的、更具有广泛社会基础的"合法化"形式发挥着影响。这种"合法化"影响可从各类诉求在美国中小学课程知识生成过程中的地位与影响力方面窥见一斑。

（一）政治性诉求的核心与支配性地位

在当代美国中小学课程知识的生成过程中，政治性诉求通过隐匿于各种法律制度、社会规范、条约习俗中而对中小学课程知识实施着实质性的、强有力的干预和控制。国家统治阶层课程实施权力的"隐性化"、

"抽象化"使知识之所以呈现这样而不是那样成为理所当然而无须加以检视的问题。①

美国社会统治阶层对中小学课程知识仍然发挥着宏观调控与价值引领功能，只是这种课程知识背后的权力运用在多元化的课程知识诉求遮蔽下表现得相对温和与民主化。从当代美国中小学课程知识的生成过程来看，国家对中小学课程知识管理的集权化取向不断显现，中小学课程知识的改革与推行过程仍然是自上而下的逐层放权与过滤的过程，只是这种权力性支配与调控已经逐渐摆脱了历史上的"专制性"色彩与赤裸裸的"剥削与压迫性"色彩，社会各阶层对中小学课程知识的多元化价值诉求已经成为一股不可回避的民主力量，对国家统治阶层课程权力的行使起着不可或缺的监督与制约作用，正是这种多元权利主体的多元价值诉求的存在使美国中小学课程知识的"合法性"生成与维持具有了坚实的社会性根基。中小学课程知识在权力性规约与"求真意志"的双重支配下不断向合理性与有效性迈进。

（二）社会性诉求的导向与基础性地位

20 世纪中期以来，世界发展主题发生了历史性的转变，以科学技术为核心的经济性与文化性发展诉求相继成为各国国家发展战略的核心。教育作为社会生产力提升与文化传播的重要平台，其发展的价值取向必然会随着社会大环境的变迁而进行适时调整。20 世纪中期以来的美国中小学课程知识改革一直在社会政治、经济和文化的发展变迁过程中进行着不同的适应性探索，其目的自然是试图通过学校课程知识的最优化呈现，为美国社会的综合实力提升以及在国际社会领先地位的维持提供必要的人才与智力性支持。因此，社会性诉求在当代美国中小学课程知识的生成过程中发挥着重要的导向性与基础性决定作用。

在一定意义上，社会经济与文化发展对中小学课程知识生成提出的新需求会成为中小学课程知识改革的主要目标和方向，这一点无论是在现代化的美国还是其他国家都成立。原因在于，没有哪一个统治阶级希望看到自身的合法化统治基础——社会经济与文化朝着落后的方向发展。从这一意义层面来看，社会经济与文化变迁的轨迹必然会成为美国中小学课程知

---

① 王金娜、冯建军：《课程知识的合法性与合法性权力主体——一个社会学的视角》，《教育科学论坛》2006 年第 3 期。

识改革的核心主线，国家政治性需求与社会性需求之间并非是对立着的，相反是相辅相成、相互促进的。

美国 20 世纪以来的中小学课程知识改革，正是一场政治、经济与文化诉求多元融合与相互促进的过程，单一性的意识形态性诉求对中小学课程知识实施绝对控制的时代已经退出了历史舞台。

（三）个体性诉求的重要作用与影响

20 世纪以来，世界课程知识领域改革的一个基本走向即是对意义世界尤其是对个体生命意义价值的关注。中小学课程知识的权力控制图景与社会个体的生命意义建构之间的融合已经成为一种趋势，不可逆转。纵观美国 20 世纪以来的历次中小学课程知识改革，社会个体性教育需求不断被重视与关注，社会个体对中小学课程知识改革的质疑抑或肯定性的评价也成为联邦政府进行教育决策调整的重要"晴雨表"。

20 世纪以来，尤其是从 20 世纪 70 年代开始，西奥多·W. 舒尔茨（Thodore W. Schults）关于人力资本理论的提出，明确了人力资本是当今时代促进国民经济增长的主要动力，明确了人口质量和知识投资在很大程度上会决定人类社会未来前景的观点。这对各国的教育发展带来了极大触动，如何通过教育最大限度地提升个体的人力资本含量成为各国新一轮基础教育课程改革的出发点。在美国中小学课程知识的生成过程中，个体性诉求产生的作用与影响越来越大。

美国公众常常根据自身的生存与生活发展需要对国家的课程知识改革提出相应的意见或建议，针对中小学课程知识改革成效的社会运动也会时有发生，这些都会对美国统治阶层中小学课程知识政策的调整产生重要的影响与制约作用。

纵观 20 世纪以来的美国中小学课程知识改革，课程知识权力主体的多极化以及多元权力主体课程知识价值诉求的多元化已经成为中小学课程知识改革的主旋律。中小学课程知识的生成过程不再是单一的政治化与意识形态化的过程，而是一个以促进社会政治、经济、文化与教育全面协调发展为目的的社会利益平衡的过程。

第四节　当代美国中小学课程知识的呈现

当代美国中小学课程知识的"合法性"特征非同以往，社会公众的阶级意识逐渐淡化，国家权力主体的"合法性"统治需要以维护社会经济与文化的强势发展为前提，政治让位于科学技术，政治不是以实现实践目的为导向，而是以解决技术问题为导向。[①] 在这样的时代背景下，美国中小学课程知识的呈现，从类型到结构安排，再到作为课程知识载体的教科书的编选都注入了新的时代性诉求，彰显与时俱进的活力。

一　课程知识的类型

从当代美国中小学课程知识的设置类型来看，从 20 世纪初期开始，在社会多元权利主体的多元价值取向作用下，美国中小学课程知识类型逐渐发展并丰富为以下几个方面：

（一）核心知识类课程

核心知识类课程是由语言学家理查德·希尔斯（Richard Sears）于 1990 年开始倡导并实施的，指由幼儿园到 8 年级阶段学生研习的专题式课程包括语言艺术、世界历史、美国历史、地理、视觉艺术、音乐、数学和科学等学科中的专题和亚专题。[②] 核心知识课程的开发与设置满足了美国公众对中小学课程知识的多样性需求，并实现了学术性与技能性知识和州一级教育管理部门规定的学科内容知识之间的平衡。同时，核心知识课程的设置更能够满足具有不同素质特征与潜质儿童的教育与发展需要。因此，该类课程的开发得到美国公众的广泛认同。当前，美国社会已经专门成立了核心知识类课程基金会，重点资助实施核心知识类课程的中小学学校。

综合希尔斯等学者的研究，美国核心知识类课程的知识及课程内容具有如下特征[③]：

（1）纯粹的知识。美国核心知识类课程的核心知识必须是纯粹的知识，是从大量的社会知识中选择出永恒的并具有持久性特征的知识来建构中小学课程知识体系，形成从幼儿园到 8 年级的课程知识内容。

（2）程序性知识。在美国中小学核心知识课程体系中，儿童学习新知识需建立在他们已有知识的基础之上。核心知识课程序列提供了清晰

---

① 哈贝马斯：《作为"意识形态"的技术与科学》，李黎、郭官义译，学林出版社 1999 年版，第 60 页。

② 邓志伟：《当代美国核心知识课程述析》，《外国教育研究》2006 年第 2 期。

③ What is Core Knowledge? http：//www. coreknowl - edge. org/CK/about/index. htm. 2002 - 10 - 12/2012 - 07 - 29.

的、按照年级实施教学与学习的内容框架。这些程序性知识，不仅可以确保儿童学习的连贯性与程序性，而且可以防止现行学校教育中出现的教育内容重复与断裂问题。

（3）专门化知识。美国中小学核心知识序列区别于传统课程知识的地方在于其具体性，通过对语言艺术、历史、地理、数学、科学和艺术等学科重要知识的具体化，核心知识序列对于"我们的学生需要什么知识"提供了实践性答案。

（4）共享的知识。这类知识在于教会学生，诸如读、写、算等方面的通用知识。核心知识课程基金设立的目标即是为所有美国儿童提供他们所需要的关于民族文化等方面的共享知识。

（二）科学知识类课程

这类课程知识构成当代美国中小学课程知识的核心与主体。美国政府高度重视中小学科学知识类课程的选择与设置，并将其视为获得美国在未来国际社会核心竞争力的必要保障之一。从《国防教育法》到美国科学促进协会颁布的《为全体美国人的科学：达到科学、数学和技术脱盲目标的 2061 计划报告》，再到希尔斯的《文化知识：每个美国人需要知道的东西》等一系列报告的颁布，都在表明美国社会统治阶级对中小学实施科学知识教育的重视。科学知识类课程主要以教授美国中小学生的基础性科学知识为主，着重培养中小学生的科学意识与基本科技素养。

从 20 世纪 70 年代开始，鉴于科学技术的迅猛发展，以及这种发展给人类生活带来的巨大变化，美国在中小学开始实施"科学—技术—社会"，简称"STS 教育"，旨在培养学生对科学技术的兴趣以及研究科学的意识。美国中小学科学知识类课程的具体学科包括：数学科、科学科、职业教育科、技术教育科等。

（三）公民教育类课程

美国中小学实施公民教育的历史悠久，从 1790 年前后开始在中小学开设"公民科"课程至今已有 200 多年的历史，"公民学"课程贯穿了从小学到高中 12 个学年，是美国中小学实施公民教育的最直接课程。进入20 世纪以后，由于美国宪法与宪政的稳定性，中小学公民教育的理念并没有因为社会政潮的起伏而出现反复。在美国的社会统治者来看，"公民科"课程是按照美国社会统治阶级意识形态去培养公民，宣传国家价值观念，从而使公民认同社会政治制度与政治理念的最好途径。

从当代美国中小学所开设的"公民科"课程来看，培养合格的美国公民仍然是其核心宗旨所在，基本内容包括公民知识、公民技能和公民品性，实施的方式主要有课堂教学、课外活动、社会环境及大众传媒等。《2000 年目标：美国教育法》（1994）中明确把美国中小学公民教育的课程目标定位于为负有责任的公民做好准备。例如，"到 2000 年，所有 4 、8 、12 年级的毕业生应该能够掌握具有挑战性的内容，包括公民学和政府，以便他们为承担公民责任、进一步学习和有效工作做好准备……"、"所有学生都将参与到那些能促进和提高公民素质、社区服务及个人责任感的活动中"等。①

（四）选修类课程

为了最大限度地满足不同学生的多样性教育需求，保证中小学课程知识的公平性，20 世纪以来，美国中小学课程知识的一个显著变化即是选修类课程知识的不断增加。中小学可根据其所在州的特点以及自身所具备的教育资源状况开设不同的、可供学生自由选择的课程。例如，美国加州的圣地亚哥普莱士中学，必修课（Mandatory）和选修课（Electives）的比例初中是 6:2，高中是 5:3。一些私立中学开设的选修课甚至多达 70 余门。中小学大量选修课程的存在是当代美国中小学课程知识"合法性"的重要体现，中小学课程知识由关注国家政治性需求变为关注社会个体的多样化生存与教育性需求。

（五）通识教育类课程

这类课程是美国中小学共同开设的课程。通识教育类课程知识是保障所有适龄儿童都必须掌握的基础知识类课程，具有基础性、实用性、共同性以及普适性等特点。根据 2001 年美国联邦教育部的统计，当年全美共有 5315.7 万名中小学生，各地中小学开设的学科主要有：数学、语文（包括阅读、语法、写作和文学）、科学、社会学（包括历史、地理、公民学和经济学）、体育、艺术/职业教育、技术教育、书法以及一些选修课。② 其中，数学、语文、科学、社会学等课程即为当代美国中小学的通识教育类课程，是各个中小学所共同开设的课程，通识教育类课程知识的存在，一方面，保障了美国中小学基础知识教育的实施，使所有适龄儿童

---

① 高文等：《建构主义教育研究》，教育科学出版社 2008 年版，第 31 页。
② 郑旺全：《美国中小学教科书概况》，《课程·教材·教法》2004 年第 3 期。

都能够接受基础知识教育；另一方面，在一定意义上，通识教育类课程知识的存在缩小了各个州之间的教育差距，为美国社会教育公平的实现提供了一定的前提保障。

二　课程知识的结构

在课程理论中，"课程结构"通常是指"课程各部分的组织和配合，即探讨课程各组成部分如何有机地联系在一起的问题"。[①] 这一概念包含两方面意思，课程的"各个组成部分"是什么以及这些组成部分之间的"有机联系"是怎样的。课程结构是课程的价值取向变为现实的教育实践活动的必要桥梁和纽带。依据课程结构的定义，课程结构主要是规定了组成课程体系的各学科门类以及各学科内容之间的比例关系，必修课与选修课、分科课程与综合课程按照怎样的比例与序列关系进行组合等，课程结构是一定社会课程权力主体的课程理念与课程设置的价值取向的反映。

"从社会学视角来看，任何一种意义上的课程结构其实都是对知识加以控制与分等的一种结果，任何一个课程结构都与知识的控制与分等有着密切的关系。不同的课程结构反映着对于知识的控制与分等的不同特征"。[②]

20 世纪以前，美国中小学课程结构的主要特征是古典人文学科占据中小学课程核心位置，陈旧的 3RS 课程，即读、写、算以及传统宗教知识充斥着整个中小学课程内容体系。虽然从 19 世纪中后期开始，与民众生活相关的、以培养和发展儿童心智与社会适应能力的课程知识已经出现在中小学的课程之中，但是所占比重微乎其微。这种重视传统人文学科以及刻意维护社会特权阶级社会利益的课程结构将课程知识的发展方向牢牢控制在国家权力阶层的手中，成为其进行"合法化"统治的有力工具。

20 世纪以来，伴随着美国中小学课程知识"合法性"新的特点的出现，美国中小学课程结构也表现出了由权力性控制型代之以遵循自身逻辑序列生成型。中小学课程结构的调整与变化，使美国的基础教育走上了一条多样性和实用性并存、传统与现代相融合的发展道路。纵观 20 世纪以来的美国中小学课程知识结构变迁，主要呈现出以下几方面的特征和趋势：

（一）中小学课程结构不断趋于综合化和现代化

与传统中小学课程结构设置比较，当代美国中小学课程结构的安排逐

---

① 施良方：《课程理论》，教育科学出版社 1996 年版，第 123 页。

② 吴康宁：《知识的控制与分等：课程结构的社会学释义》，《教育理论与实践》2000 年第 11 期。

渐摆脱了社会特殊性权利的牵制与干扰而朝着科学性与现代性的方向发展。从中小学课程结构各组成部分之间的有机联系层面来看，科学类课程知识与传统人文类课程知识，职业类课程知识与生活类课程知识的比例设置均逐渐趋于合理化，切实依据美国社会政治、经济、文化与教育发展的现实需要来进行适时的、相对合理的规划与设置。

第二次世界大战结束以后，美国中小学便开始了以注重学生兴趣和能力发展、培养学生生活适应能力为主旨的课程结构改革。中小学课程知识由此进行了较大的调整，"生活适应性教育"成为第二次世界大战后，美国中小学课程结构调整的核心指导思想。以这一时期美国中学课程结构的改革为例，在课程结构上，要求中学课程不应仅具有学术性，而且应具有社会性、职业性，不应仅局限于抽象的概念、原理，而且应涵盖包括从事家庭生活、职业活动和公民活动在内的各种实用知识和技能。

尽管这种课程结构的确立不利于中小学学生学术能力的发展，但是，此次改革在一定意义上标志着美国中小学的课程结构改革已经朝着现代化与科学化方向前进，具有一定的进步意义。

20 世纪 50 年代，受苏联卫星上天影响，美国的教育界对现有的中小学课程结构又进行了新的反思与改革。核心思想是当前美国中小学的课程知识设置和结构安排未能有效反映 20 世纪世界的最新科学成就，不利于国家高科技人才的培养。基于此，1958 年，《国防教育法》将数学、自然科学和现代外语定为所有学校必设的核心课程，即所谓的"新三艺"，以培养学术人才。同时，将历史、地理、公民和英语等中小学课程进行重新修订，以适应美国综合竞争力提升对人才的需求。

随后的几十年，美国中小学课程知识结构的变革从未间断，包括 70 年代的恢复基础运动、80 年代的高质量教育改革运动以及 21 世纪以来的历次以提高质量为核心的课程改革实施，中小学课程结构变革的主题与动力仍然是使当代的美国中小学课程知识能够适应不断变化的社会政治、经济与文化环境，不断提升中小学课程结构设置的现代化与科学化水平，从而增强中小学教育为社会发展的服务能力。

（二）中小学课程结构中必修课的比例逐渐下降，选修课的比例不断上升

纵观 20 世纪以来的美国中小学课程知识结构变革，一个基本特征或核心趋势即是必修课的比例逐渐下降，选修课的比例不断上升。这是当代

美国中小学课程知识"合法性"突出的特征，课程知识以个体的多样性教育需求为导向来进行选择和设置。

20 世纪以来，美国中小学必修课的课程内容一般包括传统的学术性科目，例如，社会研究、英语、数学、科学等，也包括生活实用性科目，例如，生计教育、消费教育等课程。美国中小学必修课的设置在各个学校的教学计划中所占比重不尽相同，但是，大都保持在 50% 左右。从 20 世纪中期开始，美国中小学课程结构中必修课比重不断下调的同时，必修课中学术性课程的比例也大幅度下降，而与生活密切相关的实用性课程科目所占的比重开始大幅上调。

美国卡内基教学促进会（Carnegie Teaching Association）的一项调查结果显示，1964—1980 年，美国中学课程计划中增加最快的科目是体育、音乐表演、合作教育、健康教育、分配教育、普通教育、婚姻和成人训练、职业家政。通常情况下，美国传统的小学课程仅设必修课程，一些学校至今仍保持着这种传统。中学的课程一般分为核心课程和非核心课程，两类课程除要求学生修习完成必修部分的学分外，还要求选修部分旨在扩大学生知识面或提高其程度的课程。据美国教育署统计，20 世纪 70 年代，美国中学开设的课程门类超过 2100 门。① 其中，选修课的比例达到 50% 以上。

20 世纪 80 年代以后，美国社会又一次掀起与"恢复基础教育运动"性质相似的教育改革运动——高质量教育改革运动。在这场教育与课程改革运动中，中小学课程结构又迎来一次新的改革。《国家在危机中：教育改革势在必行》中提出了一套新的关于中学课程改革的方案：加强学术教育，开发"新基础课程"，提高中学毕业学术标准，规定获得高中学历在 4 年的时间里必须学习现代核心课程，即英语（4 年）、数学（3 年）、科学（3 年）、社会研究（3 年）、计算机（半年）。

美国 20 世纪 80 年代以来的中小学课程结构变革使选修课在课程结构序列中的地位不断上升，80 年代末达到了高峰，对选修课的热衷与重视在一定程度上对传统的通识教育类课程产生了一定的制约作用。针对此种情况，美国又开始逐渐降低中小学选修课的比例，有 40 个州通过对所属中学有约束力的课程计划，为消除过去选修课开设一哄而起的局面，规定

---

① Diane Rvitch, *National Standards in American Education*: *A Citizen's Guide*. Washington D. C. : Brookings Institution Press, 1995, p. 37.

必修课教学时数应当占教学总时数的 75%—85%，选修课只应占 15%—25%。① 该项课程结构改革计划的实施，旨在压缩中小学选修课程的比例，适当提高必修课的比重，使必修课程与选修课程保持适当的比例关系，恢复到理性发展的状态。

（三）中小学课程结构的灵活性与多样性不断增强

与传统中小学课程结构的设置相比较，当代美国中小学课程结构安排的灵活性与多样性不断增强。20 世纪以来，美国中小学课程结构的改革始终围绕着科学性、效率性与时代性的主题而展开，中小学课程知识结构的调整不再拘泥于既定的某种固定形式来进行，而是随时根据变化了的社会环境进行适时的改革。

美国城市与农村的中小学教育资源以及教育状况存在较大差距，处于各个州的不同中小学之间的教育质量同样参差不齐，为了有效地回应社会公众对教育公平的诉求，美国相关教育管理部门采取了更为灵活的中小学课程管理方法。具体措施是：在课程内容选择与组织方面，不同地区的学校享有更多的自主权，可根据自身资源情况开设不同的课程内容。学校可通过设置多样化的选修课以调节学校之间的教育差距。

可以说，20 世纪以来美国中小学课程知识"合法性"的变革一直处于基础知识性教育与生活适应性教育、统一标准化与灵活多样性诉求、提高课程质量与实现教育平等这三对矛盾的冲突与融合之中。就美国中小学课程结构的设置而言，学术性科目与非学术性科目、通识类必修核心课程与选修课程的比例呈现同样处于此消彼长的变换之中，这种课程结构改革所表现出来的反复性与摇摆性，反映出美国社会国家本位教育价值观与个人本位教育价值观，生存主义教育价值取向与人文主义教育价值取向之间的矛盾。

三　教科书的编审

（一）当代美国中小学教科书编选的多元权力主体

1. 州与联邦政府

美国实施的是地方分权的社会制度，教育管理方面也彰显各个州的主体性，但是地方层面教育权力的行使俨然要以国家整体的政治倾向性以及利益性为准绳，国家与各个州在教科书的权力控制上具有内在的利益统一性。事实上，以各个州和国家相结合的决策模式一直是美国社会教育管理

---

① 罗若群：《国外教育情况专题》，中国科学技术出版社 1992 年版，第 50 页。

与教科书编选的主要特征所在。早在 1781 年通过的《邦联和永久联合条例》和 1789 年颁布的《美利坚合众国宪法》中就已明确规定了教育是保留给各州的权利之一，教育职权在州，州政府有权制定独立的教育政策以及课程政策。作为学校课程知识的直接代言人，各个州行使对教科书的绝对控制权，这种权力控制一直延续到今天。

当前，各个州的教科书选用委员会直接行使着对中小学教科书的编选权力。联邦政府作为中小学教科书编选的最高权力机关其对中小学教科书的管理主要通过立法等形式予以间接控制，但是联邦政府始终对各州的中小学教科书编选享有绝对的领导权。例如，从 20 世纪后期开始，美国"由于学校的教育质量问题使得空前繁荣的经济处于危机之中"。① 联邦政府对中小学教科书的权力性控制开始凸显，2001 年，布什总统重新核准《不让一个孩子掉队法案》，使布什政府的主张形成了"历史上联邦政府最大规模地干预地方课程的管理"的局面。

此外，在美国州层面的教科书编选政策又分为集权和分权两种形式。美国有 22 个州制定了集权选用中小学教科书的政策，另外，28 个州则采取分权的政策。尽管各州对于中小学教科书的选择有集中和开放之分，但作为政府权力的代言人，州或学区享有对中小学教科书选择的主导权力。这一权力的享有是与美国的政治境遇、文化传统及整个社会权力结构相吻合的。正因为各州的文化、政治、社会结构不一，中小学教科书的编选主体才出现"分权与集权"的情况。

2. 出版社

在美国中小学教科书编选的多元权力主体中，出版社是一个重要的组成者。出版社是直接编写中小学教科书的部门，是中小学教科书的直接生产者。尽管美国实行的是教科书市场化的制度，但出版社开发编写的教科书质量直接影响到教科书的选择，虽然出版社编写教科书时出于利益驱动为适应市场需求，在技术上充分关注有关注的学科课程标准，在政治上考虑到各方利益、取悦所有人等，但教科书的具体内容是什么、以什么形式编写、采取什么价值观等是由出版社来具体把握。因此，出版社构成了美国中小学教科书编选主体的一部分。在美国，有 300 多家出版公司参与教

---

① L. 迪安·韦布:《美国教育史：一场伟大的美国试验》，陈露茜等译，安徽教育出版社 2010 年版，第 427 页。

科书的开发与编写，每年不少于 5 套新教科书的发行，尽管参与者甚多，但竞争力较强的只有 10 家左右的大的出版公司，它们占据美国 85% 的教科书市场份额。其中，McGraw—Hill、Houghton、Mifflin Harcourt 和 Pearson 公司最具实力，占有美国 70% 的教科书市场份额，被称为教科书出版业的"四巨头"。[①]

作为当代美国中小学教科书编选的主要权力主体之一，出版社在美国中小学教科书的编选方面有着一定控制权力，不过这种权力的行使不能逾越联邦政府的整体政治倾向性，要在联邦政府和州的宏观教育意识形态框架下行使其权力。

3. 社会相关利益集团

当代美国社会高度彰显多元文化主义以及教育的民主性，因此，与教育相关的政策及法规的出台，社会相关利益群体都有参与的权力。在中小学教科书的编选过程中，社会相关利益集团也构成多元权力主体的一极，一定程度该群体也对中小学教科书的编选产生较大影响。社会不同利益集团从各自的利益诉求出发，对教科书中容易引起人们争议的意识形态、价值观或信念等问题进行讨论、聚会、热议或采取行动（如诉诸法律）来影响教科书的选用。该群体对美国中小学教科书内容编排的影响主要体现在：其一，报怨遗漏了他们认为不该遗漏的内容，如一些团体职责历史、社会教科书中对历史中的妇女涉及过少。一些宗教组织反对有些教科书删除了不该删的宗教内容及传统观念等。其二，报怨教科书包含了不应该包含的内容。如在得州多个极端宗教团体要求：①进化论。他们认为，进化论应被从生物课本中全部删除，至少也应在教学中将创造宇宙说放到与之同等重要的地位。②奴隶制。他们认为，历史教科书中对奴隶制的描述太过"消极"。③职业妇女。有的组织竭力要求取消一幅妇女夹着公文包的图片，因为妇女出现在工作场所与他们倡导的"家庭价值观"相左。④少数民族。他们竭力想取消在他们看来包含"过多"少数民族图片的教科书的使用资格。⑤健康教育。极端保守主义的团体游说教材审议员去掉一本健康教育教科书中的画有妇女胸部构造的图片。[②] 上述群体影响中小学教科书编选的形式包括：其一，依据团体自身的利益标准建立教科书审

---

① 陈月茹：《美国教科书选用制度的弊端及成因》，《全球教育展望》2004 年第 4 期。
② 同上。

查、选用标准，正式或非正式地评估、选用教科书，如果教科书与他们的标准不符就反对选用该种教科书。其二，直接向政治机构表明自身利益团体的观点，通过将教科书的选用问题政治化进而达到影响教科书选用的目的。① 事实上，利益集团参与教科书选用目的并非教科书本身，而是利益集团自身的利益。

4. 教育精英

教育精英就是直接左右美国教科书制定的教育专家、学科专家、课程专家以及相关的专家。由于该群体具有相关的专业知识，常常成为政府选用教材的代理者。他们是通过制定教科书选用标准和直接参与教科书的选用来影响教科书的选用的。尽管在美国中小学教科书的选用过程中一般都是通过征询学生、家长、教师、教育管理者等公众意见，并通过投票产生，但由于相关人员缺乏必要的教育及学科知识，因此，在美国中小学教科书的选用过程中，教育精英们发挥着"指挥棒"的关键性作用。例如，在加利福尼亚州，该州的中小学教科书选用委员会进行教科书的选用投票时，主要是将一小部分学科专家推荐的中小学教科书作为投票对象从中选取该州的中小学教科书目录。

(二) 多元权力主体之间的权力分配与利益平衡

当代美国中小学教科书的编选是多元权力主体之间的权力分配与利益平衡过程，不同权力主体之间的权力分配与平衡具体体现在中小学教科书开发与审定过程中。

1. 中小学教科书的开发

多元权力主体在中小学教科书开发中的权力分配。在美国中小学教科书的开发过程中，各个州的地方教育行政人员作为联邦政府的权力代言人首先要选取负责教科书编写与出版的出版社。在这一过程中，各个州的教育行政人员对教科书出版社的筛选本身即是一个合法化的过程。出版社要能够很好地履行对联邦政府及州教育行政部门的政治性承诺，保障中小学教科书在维护国家政治利益方面的优越性。例如，在加州，从学前教育到中学（K–12）年级的教科书及相关教材都是由出版社选择大学教授或中小学专业教师等专业人员编写的，出版社在美国中小学教科书的编写与出

---

① 教育部北京师范大学教科书与课程资源研究室：《教科书选用资料汇编》，教育部北京师范大学课程研究中心 2003 年版，第 56—57 页。

版过程中拥有相对独立的执行与控制权力。

美国的出版社完全是以市场化的形式运作的，因此出版商出版策划、组织编写、出版印刷中小学教科书的直接动机必然是获得自身经济利益的最大化。在追逐经济效益最大化的过程中，出版商会千方百计地去迎合社会各相关群体对中小学教科书的价值性诉求，并将这种迎合付诸在中小学教科书的编写与出版过程之中。据此，出版社在美国中小学教科书的编写与出版发行中扮演着多方权力分配与利益平衡的协调者角色。将中小学教科书视为具有经济价值的"商品"的各大出版社在中小学教科书开发中权力争夺的目的是经济性的，而非政治的或种族主义的。中小学教科书的政治取向、意识形态性诉求等非出版社的意志，是其他权力主体意志与利益分配与平衡的结果。但是，美国中小学教科书的具体内容、形式及价值观等由出版社具体把握，在各方的权力博弈中获得了具体的操作权力，出版社在不违背"大政方针"前提下，体现自身相对独立性的价值需求。

教科书的开发标准与多元权力主体间的利益制衡。美国中小学教科书的开发虽然要迎合"市场"的需求，但这种"迎合"并非毫无依据的"无序"的迎合，而是在一定的法律法规、标准、规则的约束之下的"迎合"，也只有在这种"约束"之下开发出的教科书才具有"合法性"，才能为各方所接受。这一"约束"即是中小学教科书开发的依据和标准，主要包括：

（1）美国政府的宪法与各州的相关法律规定。美国联邦宪法规定，教科书中不得含有宣扬或倡导暴力、分裂、诋毁民主与平等及信仰自由的内容。各州也有自身的相关法律，例如，加州教育法规第 60044 条明确规定："教科书不得含有因种族、肤色、信仰、国籍、血统、性别、残疾等对人造成不利影响的内容，也不能含有与任何宗派或教派的教义或宣传与法律相抵触的内容。"[1] 事实上，早在 1976 年，美国出版商协会就发布了《关于无偏见的教科书的声明》，声明中明确而具体地阐释了关于编写"无偏见"、"公正"的教科书的基本准则，包括内容、语言、插图、语言等方面，至今仍在指导中小学教科书编写方面起着重要的作用。[2] 这体现

---

[1] California Department of Education, California Education Code, http：//www. leginfo. ca. gov/cgi – bin/calawquery？codesection = edc&codebody = &hits = 20/2010 – 11.

[2] 基础教育教材建设丛书编委会：《世界主要国家教科书管理制度》，人民教育出版社 2005 年版。

出联邦及州政府在中小学教科书编选中的主导权力，这一权力在诸权力的分配与平衡中是上位的，其他方面诸如利益集团、教育精英等的权力是在这一权力制约之下而行使的。

（2）课程标准。多元权力主体间利益制衡的主要依据是中小学课程标准。从 20 世纪 90 年代开始，美国就开始全面研制国家课程标准，以期对各州的课程标准制定、教科书编写提供依据和方向。国家课程标准的出台直接规定各州以及出版商在中小学教科书编写与出版过程中的"应为"与"可为"，这些是不以任何权力主体和利益集团的意志为转移的。各个州可根据自身的特点和需要，在国家课程标准的框架下制定自己的课程标准。出版商为了获得更多的经济利益，会竭力参照各州的课程标准去编写教科书，尤其对于像加州这样规模颇大的教科书市场，更是百倍地去迎合其特殊需求。

（3）对美国社会多元主义文化的遵循。美国中小学教科书内容的呈现要最大限度地遵循美国社会不同文化与不同宗教信仰群体的价值意愿，这一点对美国联邦政府及州教育行政部门在教科书编选中的权力产生有效的约束与影响。因为获得大多数公民的认可，具有"合法性"的中小学教科书的有效性才得以体现，统治阶级才不会面临统治危机。这就决定了作为多方权力协调者的各大出版社对于那些存在文化与信仰争议的教科书内容采取规避的策略，有时为平衡各方的权力与利益不得不以牺牲一些学术标准和科学知识为代价。

此外，课程标准是由美国社会的教育精英群体研制而成，因此，教育精英权力在此得以充分体现。课程标准的研制是受社会支配阶层的典型代表——政府决策层的委托而进行的，在研制课程标准过程中必须体现政府决策层的意愿，但作为"知识分子"与"文化主体"的教育精英是具有一定的独立人格与文化自主性的群体，未必会不加修饰地"说别人的话"，而是会寻机表达自身的文化，设法将自己的价值倾向体现到课程标准之中，进而在教科书的编选中彰显自身的权力。当然，这种权力的获取并非畅通无阻，常常在与政府决策层之间的较量之中实现。

2. 中小学教科书的审定

对中小学教科书的审定是多元权力主体作用于学校课程知识的具体体现。通过对中小学教科书的审定使社会主流阶层的价值观以"合法"的形式予以呈现，为社会所接受。依据美国的相关法律，联邦政府不具有直接审定教科书的权力，其是以法律形式间接对教科书进行制约的，对教科书的直接审定是由各州执行的。各州的情况不同，其审查的机构也不具有统一性。有的州由州一级的教育机构组织审定，有的州则由学区或学校自己来审定。目前，全美有 22 个州是由州一级的教育行政部门对本州的公立学校的教科书进行审定，并成立了"全国州立教科书管理者协会"。加州是该协会的成员之一。该州即采取州一级的教科书审定政策。因加州审定的教材对美国整个教科书市场起着举足轻重的作用，故以加州为例予以阐释。加州中小学教科书的审查首先由州课程委员会组织"课程开发和补充教材委员会"对教科书进行全面审查，审查合格后，报请州教育局，州教育局决定以后，再报请州政府，州政府再对已审查合格的教科书予以审定批准，然后将审查合格的教科书编制成中小学教科书目录予以公布。

以什么为标准审查中小学教科书关乎教科书的质量，为此，对标准即尺度的把握是教科书审查的重要问题。加州中小学教科书的审查同样是以加州中小学课程标准为主要标准和依据，通常包括如下三方面内容①：

（1）审查教科书内容的科学性。包括教科书中的知识是否科学、观点是否正确，是否符合学生身心发展的规律等。教科书内容与技术的指标及教育价值必须符合州的评估工具和课程框架的要求。

（2）审查教科书内容的社会性。包括对待种族与不同群体、宗教、性别角色、老年人及危险物品所持的态度等。美国尤其注重文化价值的多元性，美国人有着族裔、性别、年龄、宗教各异的背景，个人都对教科书有着自身的价值判断标准，教科书内容必须与各个不同社团的意愿一致。如有对于信仰上帝创造万物学说的宗教组织，他们对以生物进化论为指导编写的生物教科书予以坚决的反对。正如《美国社会中的教科书》一书中所指出的："课程与教学不是纯心理的，更是政治的、社会的，它体现了社会不同阶段、不同种族、不同团体、不同宗教、不同性别相互、斗争相互妥协的政治过程。"②

（3）最大限度地征求社会公众及相关群体的意见。加州共设有 30

①　SCFIRD, Instructional Materials in California, http：//www. cde. ca. gov/ci/cr/cf/documents/instrmatovrvwfindoc, 2009 - 10 - 03.

②　Phlip G. Altbach, Gail P. Kelly, Hugh G. Petrine, Weis, *Textbooks in American Society, Policy and Pedagy* [M]. New York：State University of New York Press, 1991.

个中小学教科书展示场所，社会公众及相关群体可以提出自身对供选中小学教科书的意见和建议。中小学教科书审查委员会将社会公众及相关群体提供的建议作为选择中小学教科书依据的一个重要组成部分。专家委员会对中小学教科书内容的科学性、社会性等方面进行审查并征询公众意见之后，课程委员会根据收集到的所有信息向州教育局推荐中小学教科书。州教育局在举行中小学教科书审查公众听证会后决定推荐哪些教科书。

（三）当代美国中小学教科书编选的合法性分析

美国学者施布瓦（Schwarb）曾指出："任何给定时期的科学知识都并非建立在一切事实的基础之上，而是建立在经过选择的事实基础之上。"① 美国中小学教科书的编选即是在一定意识形态与价值观念的支配下完成的。"把意识形态作为课程知识选择的标准，是因为该标准集中体现了社会主流阶层的统治本质，充斥着丰厚的权力蕴含和合法性问题。"② 作为课程知识的载体——教科书"合法性"的维持需要反映社会政治与经济发展的需要，需要以广泛的社会认同为基础。依据"合法性"理论，我们不难发现，美国中小学教科书的编选具有如下几方面的特点。

1. 中小学教科书编选的意识形态性特征

美国中小学教科书编选的意识形态性特征主要体现在：其一，意识形态性甄别与挑选。有权决定中小学教科书编选的权力主体，首先要在教科书内容的来源上进行严格甄别，只有有利于其进行思想控制、对其进行社会控制不会产生羁绊的知识才会被选择进入中小学教科书范畴。这种对知识的筛选带有浓厚的意识形态性，这些入选的知识自然是一种政治化了的、具有意识形态性特征的知识。其二，政治价值赋予。从广泛宏大的社会知识体系中挑选出来的，可进入中小学教科书的知识还要经过必要的价值赋予才能真正成为教科书的内容。所谓价值赋予，是指将一些思想、观念、意识等隐性的影响渗透于事物发展过程之中，从而使其具有预设的内在品质和特征。其三，权力性控制。美国中小学教科书的编选是美国社会多方权力主体与利益集团之间的政治取向与权力分配的综合较量，中小学教科书的编选一直在多元权力主体之间权力较量的天平上徘徊。中小学教

---

① Schwarb, J. J., from: Giraux H. A., Penna, A. N. & Pinar, W. F. 1981, 54.
② 郝明君：《课程中的知识与权力》，重庆大学出版社 2009 年版，第 110 页。

科书的编选过程是社会统治阶级权力的协调与平衡的结果。

2. 中小学教科书编选的市场化特征显著

具有多元文化背景的美国社会，在中小学教科书的编选过程中要不断彰显社会多元权力主体的价值取向与利益性诉求，形成了中小学教科书编选的市场化的运行方式。在多元权力主体的权力博弈与利益制衡中，中小学教科书的开发只有照顾各方面的利益才能进入学校的教学实践过程，只有满足"市场"的有效需求，中小学教科书编选的价值与实践链条才能维持可持续性。据此，美国中小学教科书的编选显现出了鲜明的市场性特征。同时，在中小学教科书的编选过程中，相关权力主体为迎合"市场"常常不得不以牺牲部分教科书的科学性为代价，致使一些中小学的教科书失去了本应有的科学性与全面性。此外，中小学教科书的编写与出版由专门出版商承担，也会出现一些教科书与中小学教育的实际相背离的情况，出版商对经济利益的盲目追逐，促使其在不违背社会主流意识形态原则下，对中小学教科书的编选做出适合自身利益的调整。总之，在美国中小学教科书的编选过程中体现着经济与教育的对立与统一，在一定程度上是对出版商法律与道德的考量。

3. 中小学教科书编选反映公众的多元诉求

美国中小学教科书的编选虽然总体上代表的是统治阶级或相关权力主体的意志，但是统治阶级已经清晰地认识到，只有基于大多数公众普遍认可和接受的基础上，中小学教科书的"合法性"才具备生效的实践性基础与控制性条件。因此，美国社会在中小学教科书的编选过程中十分重视公众的反映与诉求。这一点，从美国教科书选定委员会的成员构成中可见一斑，美国教科书选定委员会的成员由政府官员、学校教师、居民代表构成，这在一定程度上能够反映各个领域或层面社会公众的教育心声。政府官员代表了政治的倾向性，学校教师代表了学校教育的现实状况，而居民身份则是对美国社会公众教育需求的直接反映。据此，美国中小学教科书的编选具有了相对民主与广泛的社会性认同基础，中小学教科书编选的"合法性"维持具备了相应的条件。

但是，美国中小学教科书的编选在充分征集各方面意见的同时，也存在很大的弊病，即在充分关注社会现实与学校教育的同时，或许会忽视知识本身发展的内在规律或逻辑。课程知识的发展有其自身内在逻辑性，盲目迎合社会方方面面的需求，在一定程度上会形成对知识体系的割裂，也会形成课程改革的"钟摆效应"。例如，美国在 20 世纪 70 年代曾经一度兴起"新生活运动"，但现实状况是在提高学生生活技能的同时，却造成了学生基本知识水平的下滑。紧接着又开始了"恢复基础运动"，其中心议题是恢复学术教育在学校中的主体地位。这些改革造成美国中小学的课程知识在左右逢源的过程中饱受质疑。

第五章 当代美国影响中小学课程
知识合法性的因素

课程知识作为一种"政治文本"，其改革与变迁过程彰显着鲜明的社会性特征，其背后始终隐藏着各种力量之争、利益之争、权力之争与意识形态之争。只是在不同社会政治、经济和文化环境背景下，各种权利之间的博弈过程及其对课程知识施加影响的形式和机制具有很大差异性，这也决定了课程知识改革活动的复杂性。课程知识改革并非是一种简单的课程事件，而是一种受社会多元因素影响与制约，间接而又多角度反映社会现实的社会性实践。因此，我们在探寻不同时期课程知识的"合法性"问题时，需要将其置于社会政治、经济与文化的宏观背景中，只有在这样一个宏大与相互关联的研究视域里，课程理论家与教育实践者才可能形成有关课程知识合法性的清晰认识。当代美国中小学课程知识"合法性"特征的呈现即是美国中小学课程知识与世界政治、经济与文化环境变迁相契合的一种表现。探寻当代美国中小学课程知识合法性的影响因素，揭示隐匿于社会各项制度规范与价值习俗之中的权力意志对课程知识进行合法化控制的事实是本章的研究主旨所在。

第一节 世界政治、经济与文化环境的变迁

第二次世界大战结束以后，世界政治、经济与文化形态开始发生巨大的变化。以科学技术为核心的经济发展水平的较量逐渐取代军事竞争，成为新时期各国发展与相互竞争的首要目标。此外，多元文化主义、后现代主义文化思潮的兴起与迅速发展对世界各领域的发展理念产生了重大影响。"和平与民主"、"多元与包容"、"合作与竞争"等价值诉求成为人类社会发展的主旋律。《联合国千年首脑会议宣言》中指出：平等、相互

声援、容忍、重视自然、共同负责等基本价值观对于当代国际关系是必不可少的。在这样的时代背景下，美国中小学课程知识的"合法性"诉求必然要适应时代的需求。

一 世界政治与经济发展主题的转换

伴随着战争的结束，世界各国的人们普遍形成了一种渴望长久和平与稳定的自然主义生活倾向，人们极力呼吁能够建立一个平稳运作的社会。这种广泛的社会政治情绪逐渐形成一种强大的社会舆论力量，对社会权力控制者的权力行使与运用产生了巨大的制约与影响。为了获得合法性的统治基础，社会权力控制者权力运用的价值取向开始指向如何最大限度地满足公众所强烈诉求的社会常态化发展模式，致力于让公众能够适应当下及未来的新生活。据此，构成社会常态化发展的核心要素的经济活动成为世界发展的核心主题，尤其是以科学技术为核心的经济发展水平的较量逐渐取代军事竞争成为各国发展的首要目标。

20 世纪 70 年代以来，伴随着"冷战"的结束，各国间的"政治性斗争"以及综合实力较量已经从完全着眼于以军事为核心的"硬"实力的强大转向以更加多元的经济与社会发展综合水平的"软"实力提升上来，强大的经济基础、先进的社会生产力与生产关系已经成为当代国际社会国与国之间相互制衡的重要砝码，而强大的经济基础的构建，先进的社会生产力与生产关系的形成无不需要教育为之培养高水平人才。因此，世界政治与经济发展主题的时代转换与变迁必然会对教育以及关乎教育价值实现的课程知识改革提出新的价值性诉求。探寻当代美国中小学课程知识合法性转换的影响因素，必然不能绕开当代世界政治与经济发展主题的转换问题。第二次世界大战以后，世界政治与经济发展主题的转换以及对美国中小学课程知识改革的影响主要体现在如下几个方面：

（一）国际政治关系中的主要矛盾发生了显著转换，各国教育的政治性取向随之发生了显著变化

第二次世界大战结束以后，国际政治关系发生了实质性的改变，和平与发展成为时代的核心主题，不同国家间的政治性利益冲突逐渐演变成以经济利益调整和分配为外在表现形式的矛盾，国际政治关系发展总体趋于稳定。其中，大国关系、种族关系以及社会主义阵营与资本主义国家之间的关系等对国际社会的大环境起到关键性影响的几对主要国际关系都开始朝着"在共存中竞争，在竞争中共存"的方向发展。多极化与多元化、

创新性与合作性成为世界政治与经济发展的大趋势。

世界政治与经济环境的变迁，"一元化"意识形态的解构，大多数公众阶级意识的逐渐淡化并倾向于非政治化。特别是在信息技术快速发展、社会舆论及媒体影响力日益增强的时代背景下，经济以及相关的社会性问题开始成为民众关注的重心，公众对社会权力性规约不断提出新的要求，对自身职业化生存与生活权益的合理性诉求有了充分表达的空间环境。各国政党在社会阶级基础、思想理论纲领、内外政策主张以及组织结构、政治功能、运行机制等多方面都面临新的情况和问题。[①] 为了获得广泛的社会认同基础，实现其合法性权力控制，各国的统治阶级都开始调整自身的各项社会政策及实施社会控制的有效途径。例如，各国政党都在根据新的国际国内发展特点和需求调整自身的权力适应能力与应变能力，都在根据新形势、新任务，利用新的控制与宣传手段来扩大自身的社会性控制基础，不断提升自身的政治性影响力，塑造积极的社会权力"代言人"形象，以便在新的社会环境中实现对社会的权力性控制。

教育的政治性品性决定了其发展的理路以及实然价值取向必然要随着社会政潮的起伏而发生实质性的转变。作为一种特殊的、具有政治倾向性的社会实践活动，教育的价值取向以及呈现模式在一定程度上取决于其所依附的社会制度以及权力控制模式。随着教育在当代社会政治与经济生活中的重要性越来越被人们所认知，教育已经成为各国政治与社会宏观决策的一个重要组成部分。因此，社会政治与经济的转型通常会伴随着教育的改革与调试，教育改革已经构成当代社会进步与发展的一个重要砝码受到各国政府的高度重视。当代国际政治关系中主要矛盾的转换对世界教育的政治性取向产生了如下几方面的影响：

1. 教育的"民族主义"与"种族主义"情绪降温

长期以来，教育一直是一种价值负载的育人活动，教育常常被赋予特定国家、特定种族的某种特定精神，从而成为民族国家进行意识形态渗透与文化传播的有力工具。教育因此也经常被作为不同国家与种族群体间进行权力博弈与意识形态较量的隐性化工具。这种带有"民族主义"与"种族主义"情绪的教育在很多国家的学校课程知识与教材设置中都有所

---

① 张静、唐远华：《21世纪初期国际政治格局及其斗争的特点》，《兰州学刊》2003年第5期。

反映。

例如，著名学者马西拉斯（B. G. Massialas）等调查研究发现，学校课程，尤其是历史、社会（或公民）等学科的教科书提供了与现实不相符的观点。他们对 14 个国家政治教育调查研究结果表明，学校教材内容、教师的教学态度以及学校的教育气氛都违反了政治社会化的理想。教材注重灌输对国家爱和忠诚的感情，忽视了政府的运作、黑人、种族、社会阶级等问题；教科书往往回避国家的政治现实，提供给学生高度理想化的政治结构和过程。[①]

伴随世界政治、经济与文化环境的变迁，当代各国学校课程知识的"民族主义"与"种族主义"色彩开始逐步淡化，课程知识的价值取向已经由国家范畴的、狭隘的阶级与种族主义斗争的樊篱中渐渐解脱出来，虽然这是一个循序渐进的过程，但是已经成为一种发展趋势。世界教育的政治性诉求已经发展成为最大限度地为统治阶级的权力巩固与维持服务。

2. 教育的经济功能逐渐上位

伴随国际政治关系中主要矛盾的转换，政治性斗争趋于缓和并逐步转换为以经济基础为核心的国与国之间综合国力的较量。教育为社会经济发展服务的功能和价值被提高到空前高度。20 世纪 70 年代以来，伴随着"冷战"的结束，教育的经济功能更是得到了空前的肯定。各国相继进行了相关的教育改革，教育改革的核心价值取向都围绕着教育如何为社会经济发展服务，进而提升其在国际社会的核心竞争力来展开。

当前，世界各国每年用于教育事业的开支已超过 2000 亿美元，在国家公共经费的支出比例中位居第二位，仅次于军费。美国 1990 年的教育经费已占 GDP 的 6.8%，首次超过军费。各国在发展并壮大自身实力的过程中已经认识到，教育事业在经济发展过程中发挥着不可或缺的重要作用。联合国教科文组织的报告更是极力肯定了教育对于世界经济发展的贡献："教育在全世界的发展正倾向于先于经济发展。"

3. 教育被认为是促进社会进步最有效的工具

学校教育可以促成重大的社会变革和人类价值观的变更，美国人对这

---

① Massialas, H. , *Political Youth, Traditional Schools, National and International Perspectives.* Prentice‑Hall, Inc. , 1972, 转引自吴永军《课程社会学》，南京师范大学出版社 1999 年版，第 170 页。

一力量深信不疑，以致普遍认为教育是社会进步最有效的工具。当任何社会问题出现，从艾滋病到大规模的失业，他们都会显著地将视线转向教育。① 正如前美国哥伦比亚大学师范学院院长克雷明所言，在其他国家，每当有深刻的社会问题出现时就会有起义发生，而在美国，人们会重新组织一门课程加以应对。②

教育在社会问题解决过程中表现出来的巨大能量促使各国的社会统治阶级无不高度重视教育的现代性变革，以确保其在本国现代化建设以及国际化竞争中的功能发挥。这也进一步促进了世界范围内的教育改革的"合法性"要充分体现出合理性，作为学校教育的重要载体——课程知识的生成过程也由完全的意识形态性控制向多元化的价值取向发展。

在这样的时代背景下，美国的社会统治阶级也在对原有的社会统治理念以及社会控制模式进行适时的积极调整。美国的社会权力控制者们开始不断迎合社会公众的呼吁以及媒体的关注，对美国社会多重利益集团及群体的多元化社会诉求表现出积极的迎合姿态，以此作为其实现"合法化"统治的社会性根基。在中小学教育领域，中小学课程知识生成的市场化特征日益显著，社会公众的态度与需求开始得到应有的关注与重视。

（二）科学技术在当代社会具有了"统治"的"合法性"功能，教育在促进科学技术发展中的重要性凸显

20 世纪中期以来，科学技术在世界政治与经济发展过程中的重要性日益凸显，科学技术不仅在改变着人们的生活方式，也在改变着世界的政治格局与发展走向。科学技术已经渗透到社会生活的方方面面，使社会的生产关系和行政机构都取得了合理化的形式，政治让位于科学技术，政治不是以实现实践的目的为导向，而是以解决技术问题为导向。③ 因此，科学技术在当今社会具有了统治的"合法性"功能。

各国的社会统治阶级充分认识到科学技术在当代社会的重要功能与价值，因此，科学技术成为统治阶级对社会实施意识形态性与权力性控制的最佳的"合法化"渠道。意识形态开始随着科学技术的普遍运用而潜移

---

① 彭彩霞：《变幻的理念与稳定的实践——基于美国基础教育课程改革的省思》，《外国中小学教育》2009 年第 10 期。

② Cremin, L. , *The Genius of American Education*［M］. New York：Random House, 1965, 11.

③ 哈贝马斯：《作为"意识形态"的技术与科学》，李黎、郭官义译，学林出版社 1999 年版，第 60 页。

默化地融入各类生产过程之中，统治阶级获得了更强大的、合法化的支配人们思想意识以及行为观念的途径。哈贝马斯（Habermas）提出了"科学技术即意识形态"的论断，在哈贝马斯看来，科学技术为资本主义国家的合法性提供了意识形态论证，达到为资本主义国家政治统治辩护的目的。因此，科学技术成了意识形态。①

科学技术在当代社会具有了"统治"的"合法性"功能，并被各国的社会统治阶级视为新的合理性的意识形态传播渠道，这对与科学技术生产关系密切的学校教育产生了重要影响，主要体现在：

1. 学校教育的"合法性"价值诉求赋予新的意义

教育作为一种特殊的社会实践活动，长期以来，一直被社会的统治阶级视为其政治理念与意识形态传播的"合法化"阵地。作为与社会政治、经济与文化发展密切相关的学校教育，其功能的发挥与价值的实现并非是按照自身发展的应然逻辑和应然取向而进行的，即学校教育不是纯粹客观的外在于社会、政治以及权力的存在，它一方面受社会政治、经济与文化发展的影响；另一方面，教育的背后常常是社会权力的博弈与政治性选择。

20世纪以前，国家及社会统治阶级对学校教育的价值诉求往往直接表现为对自身合法化统治的维持，政治性与权利性诉求高于一切，学校教育通常被笼罩在阶级斗争、种族主义斗争甚至统治阶级内部权力博弈阴影下，学校教育不得不赤裸裸地成为社会政治性斗争的工具。然而，第二次世界大战结束以后，伴随着世界政治与经济发展主题的变化，学校教育的"合法性"价值诉求也被赋予新的意义，主要体现在：

（1）学校教育服务价值取向的多元化。尽管学校教育的政治性属性依然存在，但是20世纪中期以来的学校教育已经不仅仅是社会权力的"代言人"，其服务于社会经济与文化发展的价值取向日趋明朗。同时，学校教育对意义世界尤其是对个体生命意义价值的无限关注进一步淡化了教育单一的意识形态性特征。学校教育的权力控制图景开始"让位"于社会个体的生命意义建构，权威与权力之于学校教育的合法性等问题开始得到社会的关注。

---

① 靳玉军、张家军：《论课程知识的意识形态性质》，《课程·教材·教法》2008年第5期。

（2）意识形态对学校教育的控制形式趋于隐性化。伴随着科学技术的发展，公众的阶级意识逐渐淡化，公众渐渐趋于非政治化。统治阶级的意识形态相应地开始渗透于社会规范的、合法的、全体成员必须遵从的各项生产与生活性制度规约中而出现。学校教育基于社会生产与生活需要进行人才培养的过程便间接地成为统治阶级进行意识形态渗透的工具。

（3）以提高人才培养质量，从而为科学技术发展服务的教育改革诉求得到社会统治阶级的认同与大力推崇。

2. 学校教育的实施载体——课程知识的生成过程发生变革

从社会学角度看，课程知识的形成过程与其说是根据对学生、社会及学科的研究结果而对知识进行价值判断与类型划定的一种"技术过程"，不如说是根据政府决策层的价值取向而对知识进行价值判断与类型划定的一种"社会过程"。在整个过程中，都充满着权力的制约与价值的较量。①

伴随着世界政治、经济与文化发展理念的变迁，各国政府决策层的社会发展思路以及价值取向开始不断调整，作为"官方知识"的学校课程知识的价值取向也必然发生实质性的变化。社会统治阶层对科学技术的高度重视对学校课程知识的生成过程产生了较大影响：

（1）学校课程知识的"合法性"来源以及范围得到有效扩展。课程知识是一种社会选择与权力控制的过程，人类知识浩瀚而广博，然而并不是所有的知识都能够成为学校教育的"合法化"载体——课程知识。由知识到课程知识必须经过社会权力控制阶层的意识形态性过滤，只有符合社会统治阶级意识形态标准，有利于维护其社会统治基础的知识才能被贴上"合法性"的标签进入学校课程领域。

20 世纪中期以来，伴随着科学技术在当代社会具有了"统治"的"合法性"功能，社会统治阶级对学校课程知识的合法性控制取向发生了较大改变。在激烈的国际竞争过程中，各国的统治阶级都已经认识到提高科学知识教育的重要意义。同时，只有最大限度地将人类社会的科学知识积淀融入学校课程知识之中，"教育产品"对科学技术发展的贡献力才会不断增强。因此，当代世界各国学校课程知识的来源与范围不断突破传统的"合法性"标准而得到合理的丰富与拓展。

（2）学校课程知识对科学与理性的诉求达到了极致。科学技术成为

---

① 吴康宁：《学校课程标准的社会形成》，《教育科学》2003 年第 6 期。

第一生产力，社会统治阶层对科学技术发展的高度重视，使学校课程知识在追求科学理性以及知识自身生成与发展的客观规律道路上迈出了一大步。科学性诉求也毫无疑问地成为当代世界各国进行基础教育课程改革的核心理想与追求。

为此，20 世纪中后期以来，发达国家竞相采取一系列课程知识改革措施，以使自己的国民能够很好地适应这个日益依赖于科学和技术的社会。例如，英国早在 1988 年的教育改革法案中便将"小学科学"定为"核心科目"，并于 1989 年出台了 5—16 岁《国家科学课程标准》。在美国，虽然没有统一的国家科学课程，但在 1993 年美国科学促进会发表的《科学素养的基准》和 1996 年国家研究理事会公布的《国家科学教育标准》都已经明确列出了从幼儿园到高中各年级的科学教育目标和内容，构建了 K – 12 年级的科学课程。

（3）学校课程知识的权力主体走向多元化。为了更好地发挥学校课程知识对科学技术的传播与促进功能，世界各国的统治阶级都在千方百计地增强学校课程知识的科学性与有效性。因此，各国的社会统治阶级在对课程知识实施权力性控制的过程中开始适度"放权"，课程专家、教师群体开始成为学校课程知识的合法化权力主体，以此来提升学校课程知识选择与组织的科学性与有效性。

科学技术在当代社会的重要影响力自然会对美国社会统治阶级的教育管理与教育决策产生重要影响。率先完成工业革命，实现社会经济结构转型而成为世界超级强国的美国，对于捍卫其在世界政治与经济等领域霸主地位的诉求自然很强烈，社会统治阶级会将权力运用与发挥的重心毫无余力地用之于提高社会科学技术水平上来，学校教育与课程知识改革必然会成为社会统治阶级关注的核心与焦点，以至于美国在 20 世纪以来一直成为世界基础教育课程改革的"领跑者"。20 世纪中期以来，在科学主义思潮的影响下，美国基础教育课程改革在科学主义的道路上不断探索，尽管改革呈现出迂回曲折的"钟摆现象"，但其改革的价值取向与动力机制是代表着社会进步趋势的。

（三）文化扩张渐渐取代军事扩张，成为新时期各国发展与竞争的核心领域

哈佛大学国际与地区研究学院主任塞缪尔·亨廷顿（Huntington Samuel）于 1993 年发表了题为"安全环境的改变与美国国家利益"的研究报

告，提出了著名的"文明冲突论"观点，断言"冷战"以后的世界冲突将从意识形态领域的冲突转化为文明之间的冲突。美国学者劳伦斯·哈里森（Laurence Harrison）也持同样的观点，他直接提出文化是造成当代社会不同国家间发展差距的直接根源。20世纪中后期以来，和平与发展的时代主题不断凸显，文化对社会政治与经济发展的影响与制约作用不断显现。

亨廷顿在《文化的重要作用》一书中提到1990年他比较了60年代初非洲的加纳和亚洲的韩国的经济资料。发现这两个国家当时的条件惊人的相似。人均国民生产总值相同，原材料、制造业、服务业在经济中的结构相似。此外，两个国家得到的国际援助也大致相同。30年后，韩国成了工业巨人，经济居世界第14位。拥有汽车出口和电器产品的名牌跨国公司。人均收入大约与希腊持平，国内政治也日益民主化。加纳则恰恰相反，人均国民生产总值大约只是韩国的1/15。如何解释如此巨大的发展差距？亨廷顿认为，这里面固然有不少影响因素，但是文化是主要原因。文化导致了它们巨大的经济差别。①

文化对当代社会发展与进步的重要影响越来越受到各国政府的高度重视，并在很大程度开始成为社会统治阶级进行政策制定与社会决策的重要依据和影响因素。为此，国际关系理论中新自由主义学派的代表人物约瑟夫·奈（Joseph Nye）认为，在当代国际社会里，在众多与美国利益相关的问题上，单靠军事力量不能达到理想的效果。如果美国想保持强大，美国人也需要关心我们的软实力。这种力量能让其他人做你想让他们做的事。如果美国代表了其他人愿意仿效的价值观，那么我们可以不费气力地发挥领导作用……②

在当代美国，文化扩张已经渐渐取代军事扩张，成为新时期国家发展的核心战略之一。尤其是进入21世纪以来，美国政府更加重视运用文化的"软力量"来实现国家利益的文化战略的运用。在美国社会统治阶级看来，文化本身充分体现了他们的思想意识、自由民主观念与价值取向。运用文化力量获得全球"文化霸权"是美国向全世界施加影响的最具"合法性"与"合理性"的工具。

文化成为新时期世界各国间冲突与平衡的重要工具之一，对世界教育

① 陆扬：《文化与社会发展》，《社会科学》2006年第2期。
② 《美国文化特性与外交行为》，www.laomu.cn/ywtz/2009/200901/ywtz_132596，2012年2月17日。

的发展与改革带来了重要影响。原因在于，文化与教育是相互依存、相互制约的，文化对教育发展有着巨大的制约作用，同时，教育又是文化传播与交流的重要载体与媒介。当代世界文化环境的变迁以及文化成为政治的"附属品"对教育的影响主要表现在以下几个方面：

1. 学校教育目标的重新定位

学校教育目标的确立，除了取决于社会的政治、经济制度与生产力发展水平之外，还受社会文化的影响与制约。学校教育目标常常被定位为服务社会的政治、经济、文化以及个体的发展需要，传统意义上学校教育的政治、经济与文化性目标更多的是指向社会或国家内部层面的发展需要。例如，学校教育要致力于传播统治阶级的社会控制思想，要为国家社会经济的发展培养必要的劳动力，要成为统治阶级文化传播与沿承的有效工具等。当代世界文化环境的变迁以及文化与政治关系的变革促使各国学校教育的目标不断进行新的调整与定位，突出表现在：学校教育目标的外在性不断凸显。即学校教育被定位成国家对外政治关系维护与拓展、增强经济的全球化适应能力以及培养个体的对外竞争与参与能力。学校教育目标被赋予了国家对外战略实施的复杂意蕴，这意味着学校课程知识的"合法性"特征也具有了新的时代内涵。

2. 学校教育功能的隐性扩展

学校教育目标的重新定位必然带来学校教育功能的相应调整。运用教育的"软力量"来实现国家利益的教育战略正在成为世界各国教育改革的一项间接使命。学校教育的功能因此得到相应的拓展和延伸：学校教育不再是一个简单的社会服务性机构，学校教育被赋予一种与教会极其相似的功能，学校教育要设法保存、传承和灌输一个社会，既定的文化准则，并要通过这种文化性传播构建起一种"信仰体系"，使本国的乃至其他国家的公众都潜移默化地受到这种"信仰体系"的引领与制约。新时期，学校教育正在成为社会统治阶层对外扩张以及利益获得的一个重要途径。

3. 学校教育内容选择的时代变迁

伴随文化对社会政治与经济发展的影响与制约作用不断显现，学校教育内容对文化的筛选、整理、传递和保存功能也开始发生较大的变化。为了适应在多元化世界中的竞争与发展，各国的社会权力控制阶级将可以进入学校课程知识领域的"合法化知识"范围不断地予以扩大化，多元文化知识不断地涌入学校教育内容序列之中。包括一些在过去被禁止、排斥的文化知识类型也开始具有合法化传播的身份，其目的在于加强国家间以及具有不同文化背景的社会集团间的合作与竞争，最终实现自我利益的最大化。

文化扩张渐渐取代军事扩张，成为新时期各国发展与竞争的核心领域。在这样的时代背景下，美国社会的统治阶级也必然开始转变原有的社会控制策略，教育作为其实施合法化统治的重要载体必然要做出相关的调整与改革。改革的主旋律或核心价值取向即是，教育要承担起美国政府运用文化"软力量"来实现国家利益的重要责任。这意味着"文化"正在成为一个重要因素影响美国的教育改革，新时期美国社会的学校教育将迎来一场围绕文化战略实施的连续变革。

二　"全球化"浪潮的兴起

当代世界各国教育改革的一个重要影响因素便是"全球化"的发展，可以说"全球化"已经成为一股势不可当的潮流对世界的教育产生着重大影响，全球化也构成当代美国中小学课程知识"合法性"转向的一个重要动力和关键因素，尤其是20世纪90年代以来，"全球化"对美国基础教育的影响达到了极致。

"全球化"在现代意义上主要是指全球各地普遍发生的事情或过程，如果没有特殊干扰或拒斥，该过程对于世界上的各国各地将发生同样的或相近的带动作用。在这里，作为个体的人们之间的相互关系，以及各企业集团之间的关系等，均具有跨越国界、超越国家，从而不受"国家性"、"民族性"、"阶级性"严格制约的性质。[1]

"全球化"起源于经济领域，20世纪70年代以来，伴随着世界各国间政治、经济、文化等各个领域合作与交流的不断加强，全球一体化的经济发展模式正在悄然形成。从宏观层面的跨国公司、世界银行、国际货币基金组织、世界贸易组织等非国家行为体功能的日益膨胀，到民间经济合作组织的不断增加，以及全球性经济移民现象的呈现，都在向我们昭示着"全球化"经济时代已经来临。全球经济的一体化发展又在促进着世界范围内政治、文化的交流与合作。……你中有我，我中有你的全球政治、文化一体化发展模式逐渐形成。"全球化"意味着国家间、地区间、不同种

---

① 袁祖社：《"全球公民社会"的生成及文化意义》，《北京大学学报》（哲学社会科学版）2004年第4期。

族的社会个体间空间距离的缩小，沟通障碍以及发展过程中异质性的弱化，同质性的加强。"全球化"已经孕育出了以经济为纽带的全球市场和以全球价值共识为基础的世界新文化形态。

全球化正在推动着"世界交往"历史形态的形成。在这样一种宏观社会形态下，国家与国家间的界限在逐渐淡化，意识形态领域的差异也在逐渐缩小，"世界交往"历史形态下社会的关键特征在于社会的范围不再靠"在某地"来界定，也不局限于某地，这种特征使现代社会同前现代社会时代区别开来。它意味着地理的和社会的接近失去意义。人们不必为了共存而生活在某地，而生活在某地也绝不意味着共存①，这意味着人类已逐渐进入一种公共生活时代。

可以说"全球化"浪潮的兴起已迅速蔓延并对世界的政治、经济、文化以及教育产生了"颠覆性"的重要影响。"全球化"浪潮的兴起对世界教育改革的影响主要体现在如下几个方面：

（一）"全球化"加速了教育的意识形态性的"解构"

教育的意识形态性特征以及政治性品质并不会随着社会环境变迁而消退，但是其对教育的影响路径以及干预程度却会随着社会政治、经济与文化环境变迁而不断发生转化。

"全球化"增强了不同国家间的相互依赖性，"全球化"还滋生了以全球价值共识为基础的"全球公民社会"。在这样一个强调沟通、合作与协商的社会大环境中，意识形态领域的分歧与差异在逐渐缩小，原因在于伴随着人类社会"共存"、"共生"的生活场域的形成，生活于不同地域的人们都需要自觉遵守人类社会的富有"公共性"的价值追求与文化理念，人们只有相互理解、相互声援才能适应日益多元化的生活环境，才能共同面对全球化给人类社会生存带来的种种挑战。

这就使不同国家和地区的人们之间需要形成一种集体行动的逻辑，遵循共同的文化价值取向、公民精神与公民理想等具有公共性的文化价值理念。"全球化"向世界各国的人们提出了新的生存性理念和发展性诉求，这也迫切需要重新建构起适应全球化发展需求的世界新教育体系。

世界新教育体系构建的一个重要价值基础便是对"公共性"与"多元共存性"的遵循，教育要为人们的全球化生存提供必要支持，教育的

---

① 贝克·哈贝马斯：《全球化与政治》，中央编译出版社1992年版，第7页。

意识形态性诉求相应地开始呈现出不断弱化的趋势。

20世纪70年代以来，美国作为世界的头号强国率先感受到了来自"全球化"的挑战。"全球化"加速了美国政治、经济、文化与教育的变革，在教育领域，美国社会的统治阶级不断发起适应"全球化"发展需要的教育与课程改革。这使美国的教育越来越具有国际性、全球性以及多元文化性特征。时至今日，"全球化"浪潮依然是影响并引领美国基础教育课程改革的重要因素。对于美国社会的课程权力控制者而言，如何增进对不同国家的社会、心理和历史文化背景的理解，从而使彼此的思想和行动能够最大限度地趋于一致，这已经成为当代美国各个教育层级的课程规划者不容忽视的核心目标之一。

（二）"全球化"对学校教育形态与实践模式产生重要影响

"全球化"给世界教育带来的重要改变还体现在其对学校教育形态与实践模式的影响方面。

1. "全球化"促进学校教育利益主体的多元化

"全球化"时代的到来，教育的开放性与国际性不断增强，不同国家学校教育利益主体间的合作不断增强，国际化学校不断出现。这从根本上改变了以往学校教育的国家性与意识形态性界限，教育开始跳出社会意识形态的樊篱而走向多元融合。

在"全球化"浪潮作用下，从20世纪70年代开始，美国中小学的学校类型不断增加并超越了意识形态性的范畴。黑人学校、多种族融合型学校、专门为华人开办的学校以及更加开放的国际性学校相继出现。可以说，"全球化"对当代美国中小学教育的改革与创新、民主化与多元化产生了积极的重要影响。

2. "全球化"增强了学校课程知识的"同质性"与多元性

"全球化"浪潮的兴起不但缩小了不同国家与不同种族的社会个体间的交往距离，也在一定程度上加强了不同文化之间的融合与交流。作为社会文化的直接传播与再生产者——学校课程知识领域的"同质性"不断增强。"全球化"促使各个国家的学校教育都开始着手培养学生的国际视野以及适应"全球化"生存的必要知识和能力。作为对"全球化"的有效回应，各国教育领域先后掀起了"全球公民教育"的运动，围绕着培养合格的、负有责任意识的"国际型"公民的主题，各国学校的课程知识开始具有了相似性与公共性。

现任美国课程发展与管理协会主席 S. 勒纳（Schramm Lerner）指出：为培养 21 世纪的"世界公民"，必须不断设法帮助学生学会用他人的眼光、心理、心态来看待和处理事务，建立一种要求我们为地球上人们更好地生活负责的价值体系。① 这一教育理念已经成为当代很多国家学校课程知识改革所追求的核心价值取向之一。

3. "全球化"影响并改变了各国学校教育的价值取向

"全球化"时代的到来，人类社会组织形态的巨大变化促使很多国家对其原有的教育价值取向进行了重新调整与改革，改革的目的是要使与国家各项事业发展密切相关的教育能够很好地适应"全球化"的国际环境，培养能够适应"全球化"发展与生存的合格公民。各国教育领域围绕"全球化"而进行的教育价值取向调整主要体现在：教育对以民族、国家为基础的国际关系形态的淡化，逐渐形成以全球价值共识、全球公共利益以及整个人类权利和义务为特征的新教育形态，建立以平等互利、合作"双赢"、共生共存、可持续发展等全球价值共识为基础的新教育实践体系。

综上所述，"全球化"是影响当代世界各国教育改革的一大核心因素，也是当代美国中小学课程知识改革的主要动力和核心影响因素所在。透视 20 世纪中后期以来美国中小学课程知识领域的历次改革，从理念的确立到实施模式的选择无不折射出对"全球化"的强烈诉求。自 1983 年美国《国家在危急中：教育改革势在必行》的报告问世后，整个 80 年代美国有关教育改革的各种报告和著作层出不穷，其中讨论的一个焦点问题就是如何提高今日美国学校教育的质量，以最大限度地保障美国学生在当前及未来的"全球化"环境中的生存与发展需求。"提高教育质量，提升学生的国际竞争能力"已经成为 20 世纪 80 年代以来，美国所有教育改革措施提出的出发点和核心目标所在。

三 民主、公平与正义成为社会发展主旋律

伴随着第二次世界大战的结束，世界范围内关于"民主、公平与正义"的呼声不断高涨，"民主、公平与正义"也逐渐成为当代世界政治、经济、文化以及教育发展的核心诉求。在学校教育与课程知识改革领域，

---

① 张鸿燕、杜红琴：《美国公民教育的特点及其发展趋势》，http：//www. sdsyqq. blog. sohu. com/104257293. html － 35k，2008 － 11 － 13/2012 － 07 － 25。

教育公平成为影响世界课程改革的核心理念，也成为影响美国 20 世纪中期以来中小学课程知识改革的主要因素之一。

"民主"（democracy）是人类社会发展过程中所形成的一种价值理念，它集中表现为人们对社会权力分配方式的公平性与均衡性的诉求，因此，"民主"是体现自由与权力的一系列价值原则与实践逻辑体系。"民主"的实现要以相对公平的社会制度的建立为前提，同时要求社会公众的公民素养以及公民责任与权利意识的有效形成，这是社会"民主"实现的重要动力所在。所以，尽管美国自建国以来便一直宣扬"自由、民主与平等"的社会建设思想，但是民主的真正实现与发展也是 20 世纪以来的事情。进入 20 世纪以来，美国已经完成了由农业社会向工业社会的转型，伴随着美国社会结构的转型以及社会生产力水平的快速发展，公众的效益意识、竞争意识以及社会参与意识不断增强，社会统治阶层的"垄断式"权力也开始被不断分化，民主与法制开始成为促进社会发展的必要制度性基础并对美国学校教育与课程知识的发展带来了重要影响。

"公平"与"正义"（equity and justice）作为人类社会的一种道德理想和价值目标，已经成为人们评价当代社会制度是否合理的重要标准之一。20 世纪以来，人类社会对"公平"与"正义"的追求达到空前高度，在美国，公众对不平等以及社会政治偏见的拒斥已经转化为相应的社会运动挑战着统治阶层的"合法化"统治。美国的社会统治阶级其社会权力的行使开始不得不彰显"公平"与"正义"的诉求。正如有学者所言，权利永远不能超出社会的经济结构以及由经济结构所制约的社会文化的发展。①

美国哈佛大学哲学教授约翰罗尔斯（John Rawls）曾指出，20 世纪是人类社会真正走向"公平"与"正义"的时代，"公平"与"正义"比任何一个时候都更加受到社会统治阶级的重视，因为这已经关系到了他们的统治基础。民主、公平与正义成为社会发展的主旋律，这对当代美国中小学课程知识领域的变革产生了重要影响，主要体现为：

（1）社会弱势群体不断成为美国社会中小学课程知识的合法性权力主体并享有相对公平的课程选择权利。包括黑人、妇女以及外来移民人口

---

① 李清富：《平等还是公正？——试论罗尔斯的教育哲学观》，《外国教育研究》2006 年第 3 期。

在内的少数种族群体的教育权益开始得到重视。

（2）美国中小学课程知识的"官方知识"与"法定知识"特征开始弱化，中小学课程知识的生成过程已经成为一个多元权利主体共契，代表大多数社会群体的有效需求并遵循知识自身的内在生成逻辑的相对公平与客观的过程。

（3）"公平"与"正义"性原则已经成为约束统治阶层教育权力行使的重要标尺，同时也成为公众监督政府课程知识管理职能发挥的重要标准。

第二节　社会公共理性与技术理性的流行

公共领域的健全与市民社会的成熟是意识形态解构的重要方式。公共领域的形成既可以解构政治权力对于个人及社会生活的干预，又可以促成国家与社会、与个人之间的合理关系。公共领域是介于个人与国家之间的一个领域，是个体在自主性原则之下通过参与公共事务形成的知识性交往空间。在公共领域中，知识的生产、分配与文化秩序的正当性的解释，都是拥有理性能力的公民（自由平等的个人）自主地参与公共事务和社会合作的结果。通过理性讨论和辩论可以形成公共见解（public opinion），构成知识的"公共性原则"，这就意味着国家与政治意识形态不再拥有对知识及其解释的垄断权，意味着意识形态所设定的终极的知识与价值意义准则失去对个人的思想与行动的控制权。[①] 这样一来，学校课程知识的生成不再是一个完全地受制于意识形态控制的过程，而成为一个受社会公共理性与技术理性影响、多元利益主体间共同协商的过程。

一　公共理性的成熟

20 世纪以来，人类社会逐渐摆脱集权与专制的束缚，民主与理性开始成为社会权力行使的主流趋势。公共领域的健全使平等参与以及对公共法则、公共制度、公共空间、公共法律、公共舆论、公共权力的自觉关注与遵守成为公民职责与公民精神的主要内涵。从社会公共领域的功能来看，公共领域的健全为公民理性精神的发挥提供了必要平台。拥有理性精

---

① 金生鈜：《课程知识的合法性基础的解构》，《现代教育论丛》2001 年第 3 期。

神的公民完全可以在自主与平等的原则下自由地参与社会公共事务并充分地表达自我的相关见解。公众的辨识声音以及所达成的公共意见是社会公共权力行使与运用的必要构成条件，自由表达、积极参与和自主选择是社会权力运行的内在准则。

公共领域的形成并趋于成熟对当代社会的一个重要影响即是社会公共理性的形成并在社会政治、经济、文化以及教育的发展过程中发挥必要的功能。批判与质疑精神、思想资源的多元化与去权力化、价值表达的多维空间以及自由理性的充分展现，这些构成了公共理性的基本内涵与基本品格。在这样的社会空间环境与交往氛围中，社会统治阶层的"一元化权威"遭遇前所未有的挑战，社会统治阶级权力的运用过程越来越具有开放性，公共权力的运用要受到公众的监督与评价，这就意味着国家与政治意识形态不再拥有对社会管理与控制的绝对权力，社会统治阶层的利益性需求不再是社会公共权力行使的唯一价值取向，国家以及政治意识形态权力体系不断被分解。

社会公共理性的成熟使社会个体的自主选择和自由表达成为可能，并逐渐形成一种"文化自觉"精神融入公民的思想意识之中。知识的生产、分配与文化秩序的正当性解释都是理性公民自主选择的结果。"公共性原则"的贯彻，使不论何种一元文化意识形态都不再拥有最终的解释权，甚至没有任何直接取代其他思想资源的可能。正是公共领域所拥有的这种文化自主性，使它从文化上具备了拒斥一元化意识形态入侵的能力。在课程知识的供应上，如何选择知识、分配知识和解释知识，这些问题的任何一方面，就公共领域自身的见解而言，都需经过公民的充分交流与辨识，并允许不同见解的最终存在。[①] 可以说，公共领域的健全以及公共理性的成熟为解构社会"一元化"意识形态提供了重要的文化与组织性保障，也为学校教育以及学校课程知识生成的民主性与公平性维护提供了必要的前提条件。

此外，社会公共理性成熟的一个重要标志即是"市民社会"的形成并不断成熟。"市民社会"又叫公民社会，是指国家或政府之外的、以契约关系为纽带的经济活动和社会活动的私人领域以及由社会团体和组织所

---

① 郭晓明：《论中国课程知识供应制度的调整》，《华东师范大学学报》（教育科学版）2005 年第 2 期。

构成的民间公共领域。① "市民社会"的存在对社会统治阶层社会控制权力的行使形成诸多约束性条件，从而使社会多元权利主体之间的权力与利益性平衡有了坚实的社会性根基，多元共契的社会权力分配局面才得以实现。"市民社会"的形成并不断强大、不断促进社会利益主体的多样化以及社会价值取向的多元化。伴随着公民参与公共事务的知识与理性能力的不断增长，社会统治阶层权力行使的科学性、有效性乃至正义性都得到了很好监督。"市民社会"与社会统治阶层权力的分化使"国家"不再是社会权力行使的唯一主体，"社会"作为权力主体的合法性以及代表社会利益的合理性均得到很好体现。

在"市民社会"的公民生存空间里，民主参与、公民权运动、自治结社和舆论影响等公共性诉求与实践对社会统治阶层的权力运用构成了强大的限制性力量，也为社会多元性权力诉求，尤其是为社会普通公众的权力表达赢得了必要的空间。

社会公共理性的成熟，"市民社会"的形成与发展对当代世界各国，尤其是美国学校教育与课程知识改革的影响主要体现在：

（一）社会统治阶层以外的多元权力主体的课程需求表达空间得到扩展

在国家权力主导型的社会制度以及社会环境里，作为社会统治阶层社会控制思想的反映，学校课程知识作为一种"官方知识"和"法定知识"完全以社会统治阶层的价值取向为核心来进行课程知识的选择与组织，社会其他相关阶层及群体的多样性课程知识诉求根本无法得到有效关注和满足。"国家权力"主导型的课程知识供应制度一直主导着19世纪的美国学校课程知识生成过程。这种"国家权力"实际上是包括天主教会以及社会统治阶层在内的社会核心权力的拥有者。在历史维度中，美国社会的统治阶层们完全依据他们所设定的方向来控制着学校课程知识的生成过程。其中，宗教势力把课程知识限制在其教义指定的范畴内，反对哲学、科学知识的出现。古典文化也被按照社会权力控制者以及教会的特定的社会价值取向予以"合法化"后加以传播。科学、哲学以及与生活相关的课程知识类型尽管也出现在学校课程知识内容之中，但是这些被统治阶级

---

① 吴卫军、卢维良：《市民社会、法治与和谐社会构建》，《中共中央党校学报》2010年第2期。

认为是"反动"的知识只是迫于社会舆论的压力而形式化地被列在学校课程知识序列当中而已。

20世纪以来，公共领域的形成与"市民社会"的成熟使社会统治阶层以外的多元权力主体的课程需求表达空间得到扩展。尤其体现在黑人群体、移民群体以及社会中下阶层在美国学校课程知识生成过程中的利益性诉求被广泛关注。"社会统治阶级"权力的逐步"收缩"，为美国社会各类课程利益主体的权力诉求提供了"合法性"存在的空间。美国社会学校课程知识权力主体的多元共契及其课程需求表达空间的扩展主要体现在：

1. 多元权力主体的课程知识权力表达方式更加灵活并具有相对独立性

公共领域与"市民社会"孕育出公民的理性精神，以民主、自由、理性、秩序、正义、安全以及人权为价值内涵的公民理性精神对社会公共权力行使的影响不断加深，并逐渐渗透于社会各项制度与法律制定与运行过程中。这为学校课程知识权力主体的多元化以及多元权力主体的课程知识权力表达创设了有效的实现环境。学校课程知识的多元权力主体对课程知识的不同需求、评判、质疑乃至反对情绪都可以通过一定的途径表达出来，直至对社会统治阶层的权力运行带来影响。这一点在当代美国中小学课程知识改革过程中得到了很好的印证。联邦政府对社会公众政治情绪的极度迎合，导致中小学课程知识改革不断地在公众需求变换之间徘徊，中小学课程知识权力主体的多元化需求对联邦政府的教育决策直接产生了作用。

2. 多元权力主体课程知识参与权力的实效性不显现

学校课程知识的生成过程成为一个多元权力主体间的对话、协商与共契的过程，多元权力主体课程需求表达空间的扩展一方面扩大了社会统治阶层的统治基础，使其对学校课程知识的"合法性"维持更加持久，同时，多元权力主体的存在有效抑制了社会统治阶级的权力膨胀，使学校课程知识不再是一元化意识形态的产物而代表更多的社会公众利益。对于广大课程知识接受者而言，学校课程知识供应制度的调整，使课程知识接受者也成为课程知识生成的权力主体之一，其在学校课程知识生成过程中不再处于被动的"失语状态"，其对课程知识的有效诉求以及在学习过程中的精神自由得到了有效满足。这使课程知识的选择更切合其独特的社会背景和现实需求，因而使课程知识与学习者形成一种内在"亲和力"，更有利于激发其学习的需要，也更有利于学生建立课程知识与自己的个体精神世界的内在联系。因为在这样的课程知识供应制度下，课程知识的解释方式也必然不可能再是"独断的"，而可能是相对开放的、多元的，有可能适应不同学生的经济背景、社会背景乃至地域背景。①

（二）课程知识变革反映社会变革需要并形成追求正义价值的发展思路

"市民社会"的形成使"经济关系"、"民主政治关系"以及"个人利益关系"成为社会发展的几大核心关系，社会政治、经济、文化以及教育发展都自觉地以反映上述几大核心关系的相关需求为基本取向。上述社会环境的呈现使学校课程知识改革也成为一个反映社会变革需要的社会化过程。公共领域与"市民社会"的形成使学校课程知识的生成与变革不再完全以社会统治阶层的价值意愿为准则，而要综合兼顾"民主政治关系"中的多重权力主体的利益性诉求。学校课程知识生成过程的民主性与公平性不再是一种抽象的、口号式的空洞存在，而切实成为民主政治的产物。

20 世纪中后期以来，伴随着世界政治、经济与文化形态的变迁，"经济关系"开始成为主导社会进步与发展的核心，世界各国对扩大经济利益的诉求达到了极致，以至于从这一时期开始，教育与经济被牢牢地黏合在了一起。在某种程度上，教育的政治性诉求开始"让位"于教育的经济性诉求。各国学校课程知识的生成与变革开始紧紧围绕适应社会经济发展需要而展开。纵观 20 世纪以来的世界经济发展与变革的历程，经济变革与学校课程知识改革并驾齐驱。作为当代世界经济发展的头号强国——美国，学校课程知识改革更是被赋予了强大的经济性价值预期，经济性诉求已经成为影响当代美国学校课程知识变革的核心因素，当代美国中小学课程知识"合法性"特征的呈现也是社会经济利益关系全面协调的产物。

公共领域与"市民社会"的形成对当代学校课程知识变革的影响还表现在学校课程知识对个体人生命意义和生存价值的关注，"个人利益关系"成为影响学校课程知识改革的一大核心要素。当然，这里的"个人利益"并非指社会统治阶层的权力控制者及个人，而是指大多数普通社

---

① 郭晓明：《论中国课程知识供应制度的调整》，《华东师范大学学报》（教育科学版）2005 年第 2 期。

会个体。在以往"国家主导"的课程知识供应模式下，学生通常被作为"一致化"处理的对象，即便有所分化，也是阶级层面与政治层面上的分化。当学校课程知识成为"非垄断性"的"准公共知识"，不同社会阶层对学校课程知识需求的合理性才会得到承认。

当代世界各国学校课程知识的改革，"国家"已不再是唯一合法的课程知识权力主体，课程知识权力主体多元化使具有不同社会背景、处于不同社会阶层的社会个体的合理性课程需求都被视为是有效的，并能够对学校课程知识变革产生相关的影响。"以人为本"、"人本主义"的教育思潮开始真正成为世界课程知识领域变革的核心理念。

在美国，20 世纪中后期以来的中小学课程知识变革对"个体利益关系"的关照与重视程度更是达到极致。当代美国中小学课程知识变革已经成为一个在社会"经济关系"、"民主政治关系"以及"个人利益关系"之间进行综合权衡与选择的过程。

（三）课程知识"合法性"形成的客观性、制度性及公共性得到体现

公共领域与"市民社会"的形成有效抑制了社会统治阶级权力的膨胀，并提高了社会公共权力运行的效率。公共理性的存在使公民的公平与参与意识、责任与权力意识、批判与反思意识不断增强并对社会统治阶级权力的运用与行使产生了实质性的重要影响。以社会统治阶层在学校课程知识领域的权力性表达为例，20 世纪中后期以来，世界各地的民众争取并维护教育权的运动此起彼伏，这使统治阶级对教育的"合法性"统治基础岌岌可危，统治阶级不得不采取各种措施缓和与公众之间的矛盾，其中一项重要的举措即是不断增强学校课程知识的客观性与实效性。社会统治阶层通过不断"放权"减少对课程知识的意识形态性控制，使学校课程知识最大限度地反映当代社会知识发展与演进的基本样貌，课程知识开始发挥其对社会个体生存与发展的服务功能。

此外，公共领域与"市民社会"的形成使学校课程知识在"合法化"过程中所遵循的法则、制度性规约开始具有公共性与开放性，即学校课程知识的供应制度不再是社会权力阶层完全依据本集团的利益而构建起来的一套组织体系，而要体现多元权力主体的共同利益和需要。

制度是一个社会的"游戏规则"，学校课程知识供应制度的公共性与客观性无疑从根本上保障了课程知识生成过程的公平性与正义性。因此，具有公共性与客观性的学校课程知识供应制度的构建必然会对课程知识的

"合法化"过程产生重要影响。

课程知识供应制度变革也是影响 20 世纪以来美国中小学课程知识"合法性"的一个重要因素。"国家—地方—学校"三级管理的课程知识供应制度的形成与发展有效形成了课程知识权力主体之间的"权力—利益"制衡关系，使当代美国中小学课程知识的生成成为一个动态的不断进行创新的过程，各方利益得到了较为充分的体现。

二 技术理性的流行

技术理性是一种推崇科学技术与客观事实的价值理念，指科学技术成为一种衡量社会进步与价值实现的重要标尺，并形成一套文化心理系统，对社会公众的价值判断、价值选择与社会实践取向产生重要影响。

20 世纪中期以来，伴随着战争的结束，人类社会的生产力水平得到了空前迅速的发展，科学技术成为第一生产力决定着各个国家的综合实力。人们对科学技术的执着追求与推崇已经远远超过了对社会意识形态以及对政治的关注热情。知识经济与信息化时代的到来，更加强化了人们对科学技术的"信奉"，科学技术已经成为一种具有普遍价值和社会意义的公共理性和价值观念融入公众的思想意识体系之中。技术理性的广泛流行对人类社会的阶级统治理念与阶级统治模式产生了重要影响，社会权力控制者不再热衷于赤裸裸的、刚性化的权力性压迫，相反他们开始借助于科学技术的强大社会控制力，将自身的意识形态性诉求及社会控制思想融于各类科学技术生产过程之中，以更加隐性化与"合理性"的方式进行对公众的合法化统治。

为此，哈贝马斯提出了"科学技术即意识形态"的论断。在哈贝马斯看来，所谓意识形态是指社会意识中用来辩护、掩盖其真实状况从而使之合理化、合法化的信念。哈贝马斯认为，科学技术之所以能成为意识形态，主要有以下三种原因。其一，科学技术成为第一生产力，使科学技术已成为剩余价值的独立要素……这必然导致人们的阶级意识淡化，民众渐渐倾向于非政治化。其二，由于科学技术已渗透到社会生活的方方面面，使社会的生产关系和行政机构都取得了合理化的形式，政治让位于科学技术，"政治不是以实现实践的目的为导向，而是以解决技术问题为导向"，从而使科学技术在当今社会具有了统治的合法性功能。其三，科学技术的发展还起到了使公众舆论非政治化的作用……科学技术的发展使人们只关注技术问题，而不关心政治实践问题。①

在哈贝马斯看来，科学技术已经成为一种新的具有"合法化"身份的统治工具为当代社会各个国家统治阶层的权力行使提供有效辩护，科学技术与意识形态的耦合使社会统治阶层的权力行使更具有广泛的、能够被公众认可的合理性统治基础。

技术理性的流行以及科学技术成为社会意识形态的新的负载媒介对当代美国中小学教育与课程知识领域改革带来了重大影响，这种影响主要表现在：

（一）当代美国中小学教育与课程知识改革的价值取向的变迁

公众技术理性的形成直接决定了其对学校教育以及课程知识领域改革的"科学主义"的价值取向。即当公众充分地感知到了科学技术发展给其生活带来的诸多有益影响时，其便会对学校教育提出相应的发展诉求。一方面公众开始希望学校教育能够赋予其在高度发达的科学技术社会中进行工作与生存的知识和能力；另一方面公众开始关注教育的有效性与客观性表现，对于传统的"地位性知识"以及具有古典人文主义色彩的课程知识的拒斥心理不断显现。

美国公众对中小学教育与课程知识领域改革的"科学主义"诉求与科学技术成为意识形态并为统治阶级实施合法化统治服务的转变具有了内在统一性，当代美国中小学教育与课程知识改革的价值取向转换便成为一种必然趋势。

20世纪中后期以来，美国中小学课程知识领域的改革不断摒弃传统人文主义思想的束缚，在追求科学效率的道路上不断前进。尽管，此种课程知识改革的路线以及价值取向遭到了来自教育及课程研究领域的广泛质疑，但是以"科学主义"为核心价值取向的中小学课程知识改革直至今日依然在持续着。

（二）美国中小学教育与课程知识改革的功利主义色彩浓厚

技术理性的流行使美国公众过多关注中小学课程知识改革的实用性以及工具性价值，即美国公众常常跳过课程知识改革的过程，而片面地强调中小学课程知识改革的结果：中小学课程知识改革是否能够为学生提供现

---

① 转引自靳玉军、张家军《论课程知识的意识形态性质》，《课程·教材·教法》2008年第5期。

代化生存所必需的知识和技能，是否促进了学生的就业并提升了学生的就业质量，是否提高了学生在世界性竞争过程中的优势以及是否为学生将来的最优化发展奠定了有效的基础等。

技术理性的流行同样影响着美国中小学课程知识"合法性"的生成过程。美国著名学者马库塞（Marcuse）明确指出，科学技术成为意识形态，并没有使当代资本主义社会看起来更少意识形态性，相反，在特定的意义上，发达的工业文化较之它的前身是更为意识形态性的，因为今天的意识形态就包含在生产过程本身之中，而且以某种富有争议的形式，该命题揭示出现行技术合理性的政治成分。①

科学技术成为社会统治阶层进行合法化统治的间接工具进一步强化了美国中小学教育与课程知识改革的功利主义色彩。鉴于科学技术对统治阶层实施合法化统治的重要性不断凸显，美国社会统治阶层越来越关注课程知识对促进科学技术发展的功能发挥。因此，课程知识的工具性价值被不断扩大，功利主义色彩越来越浓厚。

三　"生存主义"文化的盛行

"生存主义"文化由西方社会的"存在主义"哲学衍生而来，并成为一股文化思潮对当代世界各国的教育产生着重要影响。"存在主义"（Existentialism）是一个哲学的非理性主义思潮，是现代西方哲学主要流派之一。最先提出"存在主义"的是尼采（Nietzsche）、克尔凯郭尔（Soren Kierkegaard）、叔本华（Schopenhauer）、雅斯贝尔斯（Jaspers）、马丁·海德格尔（Martin Heidegger）等。作为一种哲学思想流派，"存在主义"哲学形成于20世纪20年代的德国，第二次世界大战期间传到法国并成为影响最大的哲学流派之一，50年代在美国逐渐盛行。

"生存主义"文化以克尔凯郭尔和尼采的"存在主义"哲学为理论基础，主张哲学应该与社会个体的生活经验以及他们所处的内外环境紧密相关。"存在主义"对本质和生存的关系做出严格区分，理性主义哲学强调作为事物的抽象共同本性的本质。与之相反，"生存主义"则认为生存先于本质，并从个体的和特殊的生存那里开始其哲学工作。

"生存主义"文化作为一门生存哲学以对个体性以及个体生存价值的关注著称，"生存主义"文化的主要特征及核心内涵一方面强调社会个体

① 赫伯特·马尔库塞：《单向度的人》，刘继译，上海译文出版社1989年版，第12页。

生存与发展的自主性。被海德格尔称为"缘在"（Dasein）的人类存在，以反思自身和自由选择为特点，相信人类存在者的自由是生存主义最核心的主张之一。"生存主义"文化将人类自由作为其文化视域的基本主题，强调生存于人类社会当中的每一个个体都有自由选择并支配自我生存路径与价值信仰的自由，个体生存与发展的自主性不应受到外在的权力性规约。萨特提出，人在事物面前，如果不能按照个人意志做出"自由选择"，这种人就等于丢掉了个性，失去"自我"，不能算是真正的存在。萨特的存在主义哲学不仅是存在主义文化的思想核心，而且也成为后现代主义文学各流派的思想基础。同时，强调人类生命与生存价值高于一切。"生存主义"文化强调个体的生命与生存价值，认为社会公共权力应服务于个体生存与发展需要，而不应凌驾于个体的生命与生存价值之上。"存在主义"文化以人为中心、尊重人的个性和自由。

　　作为一种重要的文化现象，"存在主义"哲学在 20 世纪的西方世界广泛传播。在美国，"存在主义"哲学从 20 世纪 20 年代开始传入，到 50 年代逐渐成为美国资产阶级哲学的一个主要流派，经历一个较长发展过程。"存在主义"哲学对 20 世纪美国社会的影响主要体现在：原来早已在美国流行的其他唯心主义哲学流派（特别是各种神学唯心主义、实在论、实用主义等）的哲学家，越来越表现出把自己原来信奉的哲学同存在主义融合起来的倾向。特别值得指出的是，美国存在主义的许多著名代表都企图把存在主义作为宗教神学的补充或者用宗教神学来补充存在主义。这样既可以借助宗教神学所肯定的某种超越的力量来冲淡他们的主观唯心主义；又可借助存在主义所强调的主体的创造作用来冲淡宗教神学的宿命论倾向。美国的存在主义还渗透到文学、艺术、社会学、道德、教育等意识形态和社会生活的各个方面，影响美国的黑人运动、青年和学生运动甚至工人运动。[①]

　　"生存主义"文化的盛行对当代美国的教育发展产生了重要影响，中小学课程知识改革领域同样受到"生存主义"文化的影响，课程知识改革的价值取向、核心诉求都发生了深刻的变革，主要表现为如下几个方面：

---

　　① 唐合俭、边金魁：《存在主义的哲学观及其他——略评〈存在主义哲学〉》，《中国社会科学》1987 年第 4 期。

（一）美国中小学课程知识改革高度重视社会个体的个体性诉求

20 世纪 50 年代开始，"生存主义"文化开始在美国广泛传播，并影响着中小学课程知识领域的变革。"生存主义"文化与杜威为代表的实用主义教育理论成为这一时期美国中小学课程知识改革的核心指导思想。在"生存主义"文化的影响下，美国中小学课程知识的生成过程发生了如下转变：其一，中小学课程知识的价值取向由单一性的政治性与社会性诉求转变为强调为个体人的社会生活适应性养成服务，以生活中的现实问题为中心组织学校课程知识。其二，美国中小学课程知识改革开始适应不同儿童的兴趣和需要，开设多样化的课程，中小学课程知识的"合法性"特征随之发生改变。中小学课程知识的生成强调从儿童现有的经验和能力出发，按照儿童心理发展的顺序来组织，而不再完全依照社会核心权力阶层的特殊意志进行组织。其三，社会普通公众的课程知识选择权力不断扩大，社会个体的个性化课程知识需求开始得到重视。

（二）美国中小学课程知识改革的实用主义趋向越来越明显

学校教育可以促成重大的社会变革和人类价值观的变更，美国人对这一力量深信不疑，以至普遍认为教育是社会进步最有效的工具。当任何社会问题出现，从艾滋病到大规模失业，他们都会显著地将视线转向教育。①20 世纪 50 年代以来，"生存主义"文化盛行更加深了人们对于教育的实用主义价值的认识，以至于美国公众乃至美国社会的统治阶层都将学校教育视为美国社会问题解决的有效工具。中小学课程知识领域的改革，开始加强学校课程知识与学生生活实际的联系，注重训练学生的熟练技能等。

综上所述，"生存主义"文化的盛行对于 20 世纪 50 年代以来的美国中小学课程知识改革产生了一定的影响，在一定意义上，"生存主义"文化的盛行加速了当代美国中小学课程知识"合法性"赋予新的含义，"生存主义"文化的广泛流行是美国中小学课程知识由传统走向现代、由代表社会特殊阶层利益到代表社会普通公众利益诉求的"催化剂"。时至今日，"生存主义"文化依然对美国的基础教育课程改革产生着重要影响，"生存主义"与"人文主义"之间的博弈贯穿于当代美国中小学课程知识的改革过程之中。

---

① 彭彩霞：《变幻的理念与稳定的实践——基于美国基础教育课程改革的省思》，《外国中小学教育》2009 年第 10 期。

第三节　国家教育职能的现代性变革

国家教育职能，指国家在教育体系中所应承担的基本职责与应发挥的基本功能。国家教育职能的定位直接决定学校课程知识的"合法性"属性，即决定着学校课程知识是"谁的知识"、代表"谁的利益"等核心问题。在美国，联邦政府的教育职能问题一直是一个备受争议的教育与政治性议题。建国至今，伴随着世界范围内政治、经济与文化环境的变迁，美国联邦政府的教育职能也在不断发生着变化，呈现出几个较为清晰的演化阶段。

第二次世界大战结束以后，战争给美国联邦政府教育职能的扩张提供了有利契机，联邦政府与州之间的教育权力关系被重新定位，州权威被限制于国家权威之下。战争使人们逐渐意识到：真正的自由，需要国家来保证，联邦政府不再是对自由的威胁，而成为自由的监护人。① 至此，美国国家教育职能的内涵发生了实质性的改变：国家教育职能由维护"阶级利益"变为维护"国家安全"，由重视教育的政治性功能变为促进教育的经济价值实现，自由主义体制下的国家主义教育倾向不断增强。美国联邦政府教育职能的现代性变革是当代美国中小学课程知识"合法性"的重要影响因素之一。

一　国家追逐全球经济霸权的需要

20 世纪 50 年代以来，以科学技术为核心的经济发展水平的较量逐渐取代军事竞争，成为各国发展与相互竞争的首要目标。国际经济竞争的关键是教育的竞争，为了获得并长期维持全球经济霸权的地位，美国联邦政府对发展教育的价值取向进行了适时的调整，国家干预学校教育发展的目的由 19 世纪末 20 世纪初的"保障美国特殊阶层与集团利益"以及"保障公民的基本受教育权利"转向"保障国家在国际经济竞争中的绝对优势"。

美国长期以来的教育传统以及联邦政府在学校教育管理过程中的功能

---

① 陶青：《美国联邦教育职能的演化及其对我国的启示》，《外国中小学教育》2008 年第 3 期。

"弱化"，美国学校教育质量一直饱受公众质疑，各州教育质量不高而且各州之间的教育"鸿沟"不断拉大。学校教育质量低下直接造成学校人才培养质量的低下，已经远远不能满足新时期美国经济发展的需要，为了提高学校教育质量、保障美国全球经济霸权的地位，联邦政府教育职能的转化与提升已势在必行。

在此种背景下，20 世纪 50 年代以来，历任美国总统都高度重视教育的经济功能发挥。例如，1989 年上台的乔治·布什（G. H. W. Bush）总统审时度势，主张"温和的共和党人"策略，强化了联邦政府对经济和社会事务的干预力度，扩大了联邦教育职能的范围。1991 年 4 月，签署《美国 2000：教育战略》，制定了六项国家教育目标。国家教育目标的出现，不仅超越了联邦干预教育的传统范围，也违反了美国自建国以来，由学区管理学校具体教学事务的传统。该文献明确指出："联邦政府在这一战略中的作用，一如既往，明智地说来，是有限的。但要发挥的作用将是强有力的。"①

为了满足国家追逐全球经济霸权的需要，美国联邦政府不断调整自身的教育职能，联邦政府教育职能的转化对中小学课程知识的生成过程及其"合法性"呈现产生重要影响。20 世纪 50 年代以来，美国联邦政府教育职能的变革主要表现在如下几个方面：

（一）由维护"阶级利益"变为维护"国家经济安全"

第二次世界大战结束以后，资本主义国家的教育职能逐渐由以往的实现对内的"阶级性统治"转变成为经济社会发展服务。英国政治学家理查德·罗斯（Richard Ross）在其 1984 年出版的著作中指出："在 20 世纪的发展进程中，政府的活动在规模、范围和形式上都有所扩大。政府已经远远超出了守夜人国家的最小概念界定，成为混合经济的福利国家的核心机构。"20 世纪 50 年代以来，美国社会统治阶级对社会生活干预的增多以及国家经济社会职能的加强决定了政府教育职能由维护"阶级利益"向维护"国家经济安全"的转换。这就意味着，美国的学校教育将进行一场自上而下的变革，变革的主题即是教育如何为社会经济发展服务，中小学课程知识领域也必然会掀起一系列的改革。从 20 世纪中期以来美国

---

① 国家教育发展研究中心：《发达国家教育改革的动向和趋势》第 4 集，人民教育出版社 1992 年版，第 542 页。

历次中小学课程知识改革的实践来看，无论是中小学课程知识生成的价值取向，还是课程知识内容的改革都与美国的社会经济发展需求有着千丝万缕的联系。

（二）由重视教育的政治性功能变为促进教育的经济价值实现

伴随世界经济的快速发展以及经济发展水平对各国国际地位获得的重要性的不断凸显，美国政府对教育的经济价值诉求达到前所未有的高度。相应的，国家教育职能也由重视教育的政治性功能变为促进教育的经济价值实现。1982 年的盖洛普（George Gallup）民意调查报告显示，当问及"什么是未来强大美国的最好的保证"时，"强大的教育制度"以最多的选票位列第一。"强大的工业制度"与"强大的军事"票数居然低于教育，位居第二、第三。[1] 因为教育的经济价值以及由此给公众生活带来的积极影响已经被大多数美国公众认可，统治阶层自然也认识到了这一点，在中小学课程知识改革领域，如何增强中小学课程知识与社会经济发展之间的适切性已经成为当代美国中小学课程知识改革的一项核心目标之一。

（三）自由主义体制下的国家主义教育倾向不断增强

地方分权制是美国教育管理体制的突出特点，然而，第二次世界大战以来，美国联邦政府对教育的"集权化"管理趋势不断显现，美国教育目的迅速向"国家本位"倾斜的主要社会原因是"苏联卫星事件"、"冷战"和福利国家政策。进步主义教育的黯然退场、以科南特（J. B. Conant）和里科弗（H. G. Rickover）等为代表的要素主义教育哲学兴起，标志着在美国国家主义已压过个人主义。教育承担了要协助政府使美国在各个方面都要胜过苏联的使命，尤其是教育承担着维护美国世界经济霸权地位的职责。

美国教育学家梅逊曾写道："1950 年以后，人们越来越根据教育对于国家的需要和国家的政策所做的贡献来评价学校教育。原先着重关心个人，现在则代之以关心国家。"[2]

面对国际竞争压力，美国社会的统治阶级不断地加强对学校教育的引导与干预，阶级利益让位于国家整体利益，以保障学校教育推进美国社会发展的绝对优势。20 世纪随着社会生产与生活的日益科技化，随着教育

---

[1]　瞿葆奎：《教育学文集·美国教育改革》，人民教育出版社 1990 年版，第 619 页。

[2]　［美］梅逊：《西方当代教育理论》，山东教育出版社 1995 年版，第 349—350 页。

的日益大众化，美国民众也越来越相信教育促进社会与国家发展的功能。克雷明在80年代初写道："关于教育是通向大多数重要政治理想的关键的说法不断发展——教育促进种族融合、社会平等和经济产出。实际上这已不再是典型的进步主义的观念而逐步变成了典型的美国人的观念。"①

二　国家对教育卓越的强烈诉求

20世纪中期以来，人类社会的发展进入了一个崭新的历史阶段，科学技术在社会发展以及国家综合实力提升中的作用日益显著，世界各国都将科技创新，提高本国的科学技术水平作为参与国际竞争并获得核心优势的重要途径。知识的生产与传播对人类社会进步的贡献力为各国的社会统治阶级所认可。

科技的创新和发展需要人才，人才培养要靠教育，谁忽视了教育，谁就将冒着丧失未来的危险，谁忽视了课程，谁就将冒着丧失教育的危险。因此，课程改革，特别是基础教育课程改革就成为各国教育改革的重要内容之一。②世界政治、经济、文化发展的新趋势及新的变革性需求对各国的教育提出了新的发展性需要，各国必须对自身的教育系统做出适时的改革，尤其是要对学校课程知识体系做出相应的改革以适应社会发展的需求。可以说，当代国际社会竞争的根本是教育与人才的竞争。

作为世界政治与经济的"领跑者"，美国为了维护在世界政治与经济体系中的霸主地位，对教育卓越的诉求比以往任何一个历史时期表现得都更为强烈。然而，理想与现实之间，20世纪以来的美国社会不得不正视学校教育质量低下的现实，尤其是基础教育阶段的教育质量问题不容乐观。这一教育事实更加剧了社会统治阶级改革中小学教育与课程知识，提高教育质量和效益的决心，美国社会对教育卓越的诉求达到了空前的高度。

为了达到提高教育质量，实现教育卓越的目的，美国自20世纪50年代以来相继颁布了一系列教育法案：《国防教育法》、《国家在危急中》、《2061计划》、《美国2000年教育战略》，等等。每一项教育法案都直面美国所面临的教育危机。一方面，"我们在商业、工业、科学和技术创新方

① ［美］克雷明：《美国教育史（3）：城市化时期的历程》（1876—1980），朱旭东等译，北京师范大学出版社2002年版，第173页。
② 申超：《中美基础教育课程改革的政策比较——以〈基础教育课程改革纲要（试行）〉和〈不让一个孩子掉队法〉的比较为切入点》，《教育学报》2008年第4期。

面不受挑战的领先地位，正在被全世界的竞争者赶上"；另一方面，学生学术素养亟待提高的证据比比皆是，这可以"从委员会所收到的证言中足以得到证明"。[①]

其中，《国家在危急中：教育改革势在必行》详细阐明了国家对"教育卓越"的理解与诉求：它是指几件相互联系的事情。就学习者个人来说，是指在学校和工作场所，应在个人能力的限度内完成工作，以检验这种能力，并推向极限。优异是这样一所学校或学院的特征，这种学校或学院向全体学习者提出了高的期望和目标，然后力求以任何可能的方式帮助学生达到这些期望和目标。优异是这样一个社会的特征，这个社会已经采取这些政策，因为它要通过它的人民的教育和技能来做好准备以对迅速变化中的世界挑战做出反应。[②]

美国联邦政府对"教育卓越"的强烈追求显示出其在当代国际政治、经济、科技的竞争与挑战之下致力于基础教育课程改革的努力。同时，以"教育卓越"作为基础教育课程知识改革的最终目标，反映了当代美国对课程改革的高质量教育观。当代美国社会的统治阶级对"教育卓越"的理解，使"教育卓越"已经成为一个富有"战略性"意义的概念，并演化成一种积极的教育发展理念对美国 20 世纪 80 年代以后直至 21 世纪初的中小学课程知识改革产生着重要影响，主要体现在：

（一）单一的意识形态性知识的消解成为可能

国家对"教育卓越"的理想追求使发展教育成为国家各项事业的重中之重，为了达到"教育卓越"的目的，美国社会的权力控制者必须适当地放权，给学校教育尤其是学校课程知识的变革提供必要的自由空间，从而使其能够沿着知识生成的客观逻辑与应然规律发展，只有这样才能从根本上提升学校课程知识的生成效率及其对美国社会经济发展的贡献力。因此，国家对学校课程知识的意识形态性垄断会逐渐减弱，课程知识的"合法化"过程更接近知识生成的自然形态，成为一个理性选择的过程。

① The Commission on Excellence in Education, A nation at Risk: The Imperative For Educational Reform, http://www. goalline. org/Goal%20Line/NatAtRisk. html, 2005 - 05 - 08.

② 转引自杨燕燕《当代美国中小学课程改革趋势解读——从〈国家在危急中〉到〈不让一个儿童落后〉》，《教育发展研究》2006 年第 5 期。

（二）中小学课程知识改革成为一个连续、动态、系统化社会工程

美国社会统治者对"教育卓越"的追求使中小学课程知识始终处于一种灵活应变的姿态，随时进行改革与调试以适应复杂多变的社会发展需求。纵观 20 世纪以来美国中小学课程知识领域的变迁，课程知识改革的频率不断加快，课程知识改革的核心理念不断更迭，然而，课程知识改革的效率却并不尽如人意。过于"急功近利"式的改革给美国中小学教育带来了沉重负荷，这些都与美国社会对"教育卓越"的强烈诉求有着不可分割的关联性。

（三）中小学课程知识生成过程去"特权化"、彰显科学理性成为一种必然趋势

代表社会少数集团和特殊阶层的特殊利益往往以遮蔽课程知识的科学性与客观性为代价，美国社会统治者对"教育卓越"的强烈诉求必然要削弱社会特殊利益集团对课程知识的垄断性控制权力，中小学课程知识的生成过程逐渐恢复其应然的公平与正义状态。

第四节　美国传统中小学课程知识的合法性危机

"合法性"危机最早是由哈贝马斯提出来的。他认为，从大的方面来看，任何一种政治体系在社会变迁过程中大多会不同程度地面临合法性危机。这种危机如果不能得到很好解决，则容易导致社会的动荡、政治体系的瓦解。从微观的角度来看，一项具体的国家政策或制度都有可能在实施过程中出现合法性危机。合法性危机如果不能得到合理有效的解决，也会导致社会公众对这项制度的抵制。[1] 马丁·西蒙·李普塞特（Lipset Seymour Martin）则认为："合法性的危机是变革的危机。"合法性危机产生的原因主要有以下两个：一是现代社会群体的利益分化严重，不同群体对那些以往被认为是唯一可以接受的价值观念产生了分歧；二是信息占有的不均衡，导致了人们对政策的认识不同。此外，政策制定过程的科学性、

---

[1]　哈贝马斯：《合法性危机》，刘北成、曹卫东译，上海人民出版社 2004 年版，第 45—67 页。

民主性、参与性、透明化程度不高等因素也会引发合法性危机。① 就合法性危机的主要内容而言，派伊（Lucian W. Pye）认为，合法性危机与以下五个方面是紧密相连的。这五个方面是：认同危机、参与危机、贯彻危机、分配危机及整合危机。②

学校课程知识改革作为一项国家公共政策，同样也存在"合法性"危机的问题。社会政治、经济、文化、公众的思维方式、教育价值观念、教育习惯以及利益分配上的冲突等都会引发公众对现有课程知识的抵制态度，进而对课程知识的合法性产生影响。当代美国中小学课程知识改革的一个重要动力和影响因素即是传统中小学课程知识的合法性危机存在并愈演愈烈，在一定程度上已经对统治阶级的"合法化"统治产生了威胁。美国传统中小学课程知识的合法性危机主要表现在以下两个方面：

一　中小学课程知识的合法性"权威"失落

课程知识的合法性"权威"，是指课程知识的权力主体是通过强制性或树立威信方式建立起来的，被公众认为是切实可行并具有实效性的课程知识印象与态度。由此可见，课程知识的合法性"权威"包括三方面的含义：其一，课程知识权力主体的威信与权威；其二，课程知识自身的有效性与合理性；其三，课程知识的接受者对课程知识的认同与自愿接受程度。

20世纪以来，美国中小学课程知识的合法性权威不断遭受质疑与挑战，包括课程知识权力主体的威信以及课程知识自身的有效性与合理性在内都不断地受到社会及公众的质疑，伴随着当代美国社会不同阶层间利益分化的严重以及公众社会权利意识的增强，不同群体对那些以往被认为是唯一可以接受的课程知识价值观念产生了分歧。美国传统中小学课程知识的合法性"权威"失落主要表现在如下几个方面：

（一）课程知识权力主体的威信与权威性下降

20世纪初期，美国中小学课程知识的生成过程仍然沿承着19世纪中后期的传统模式，即仍然是一种典型的国家和社会特权阶级"主宰"的课程生成模式，课程知识反映的是社会特权阶级的意志。代表社会少数群

---

① 李普塞特：《政治人：政治的社会基础》，张绍宗译，上海人民出版社1997年版，第54—56页。

② 胡伟：《在经验与规范之间：合法性理论的二元取向及意义》，《学术月刊》1999年第12期。

体和特殊集团利益的社会特权阶级作为中小学课程知识的最高权力主体操控着课程知识的生产与传播过程，并控制着学校课程知识的价值取向。国家及社会特权阶级成为中小学课程知识的"独霸性权力主体"，导致社会大多数群体在中小学课程知识的生成过程中完全处于"失语状态"，社会大多数群体的课程知识诉求也根本无法得到关注。伴随着社会政治、经济与文化的发展，社会公共领域与公共理性的成熟，美国公众的社会权力意识不断增强，中小学课程知识权力主体的"合法性"权威开始面临严峻挑战。

原因在于，政府权力的获得是以政府承担的责任为前提的，如果责任不到位，随着人们对教育政策不信任程度的提升，教育政策权威就面临失落的危机。当权威开始诉诸威胁、环境力量、习俗和纯粹的习惯等补充因素来维护政策的稳定，事实上，政策的稳定性也就面临合法性危机，因为合法性所代表的规范有效性是以人们在自愿基础上形成的规范为标志的。正因为如此，合法性危机也就是大众对国家政府的认同危机，这也就是政府权威的贬值。[①] 权威只有建立在公众认可并自愿遵守的基础上才具有切实的威信。[②]

美国传统中小学课程知识权力主体的权力行使是以维护自身的利益最大化为目的的，并未很好地承担起为公众提供有效教育服务的责任，课程知识权力主体的权威性是以权力的强制性以及威胁、环境力量、习俗和纯粹的习惯等外在因素来进行维护的。因此，传统中小学课程知识的权力主体缺乏牢固的合法性社会根基。课程知识与大多数公众的有效教育需求背离，与公众的教育价值预期背离必然会引发公众对现有课程知识的抵制态度，进而，课程知识权力主体的威信与权威便会不断下降。

（二）课程知识生成的有效性与合理性缺失

有效性与合理性是课程知识"合法性"维持的必要前提，同时也构成课程知识"合法性"的内在张力。19 世纪中后期以来，美国中小学课程知识的有效性缺失问题不断显现。主要表现在：中小学课程知识没有很好发挥为学生未来的就业与社会化生存服务的功能；中小学课程知识在美国社会问题解决过程中表现乏力。为此，20 世纪伊始，美国社会的统治

① 赵爽：《教育政策合法性研究》，博士学位论文，东北师范大学，2005 年。
② ［美］J. 科尔曼：《社会理论的基础》，社会科学文献出版社 1999 年版，第 545 页。

阶级便开始了持续不断的基础教育课程改革活动。尽管如此，美国中小学课程知识的有效性与合理性问题仍然存在着，并成为当代美国中小学课程知识改革与"合法性"转换的重要动力所在。

一项测试表明，美国中小学生平均学业水平至少比欧洲、日本学生要低两个年级，以致"一些高中毕业生，手持毕业文凭，可是根本没有阅读能力，写不出一个完整的句子，也不会做算术"。[①] 面对这样的教育困境，美国社会的统治阶层不得不重新反思中小学课程知识的合法化过程，以提升中小学课程知识有效性与合理性为核心取向的课程知识改革便应运而生。

（三）课程知识生成程序的公平性与正义性不足

课程政策制定过程的民主性、参与性、透明化程度不高等因素也会引发合法性危机。由"谁"来选择课程知识、课程知识代表"谁的利益"以及遵循怎样的价值逻辑进行组织等关于课程知识生成程序的公平性与透明化程度是引发中小学课程知识合法性危机的根源所在。

20世纪中期以前，美国中小学课程知识的生成基本是一个社会统治阶级以及社会核心利益集团"主宰"的，充满了阶级性与不平等性的过程，由于这种自由主义体制下的课程知识的"压迫性"具有很大的隐蔽性，相当长一段时期内并不为社会公众所认知。但是，第二次世界大战以后，伴随着社会民主化进程的加快以及公众公民权利与责任意识的觉醒，人们对教育的民主性与公平性诉求不断高涨，原有的中小学课程知识生成模式不再具有稳定的社会认同根基，中小学课程知识生成程序的公平性与正义性不断遭到来自社会弱势群体（黑人、妇女、少数民族、移民群体）以及社会中下阶层民众的质疑与挑战。美国社会的阶级矛盾与种族矛盾因此也开始激化。

在这样的社会背景下，美国社会的统治阶级为了更好地维护其统治基础，在一定程度上会扩大社会中下阶层民众的课程知识参与权力，同时会采取相应措施调整课程改革政策的来源和制定程序的合法性，以期获得更多的社会支持或认同，新的时代背景下的中小学课程知识的"合法性"问题也必将提上意识日程。

---

① Gray, P., "Debating Standards". *Time*（April, 1996），p. 40.

二 中小学课程知识改革的社会认同危机

美国是一个重视变革与创新的国家，尤其重视教育在社会问题解决过程中功能的发挥，因此，教育与课程改革成为美国的一项经常性社会事件，也是公众普遍关心的核心社会议题之一。

19 世纪中期以来，美国中小学课程知识领域的变革便从未间断过，尽管不同阶段的课程知识改革方案与价值取向不同，但是中小学课程知识改革的结果却都是在社会公众的较大质疑与批判声中告一段落，频繁的课程知识改革并未获得社会的广泛认可。即使是近 50 年来的中小学课程知识改革，无论是课程政策还是课程改革的实施效果也都未能实现让民众满意的价值预期。以《不让一个孩子掉队》为例，有研究者认为，该法案旨在通过降低学校之间存在的教学质量的不平等性和各类背景不同的学生在学习成绩上的差距来保证每个学生都合格，并以此来达到提高整体的教育质量的目的。这一看似较为现实的教育发展目标，却存在着目标所要求的管理体制与现行体制之间的矛盾、目标所要求的测评技术与现有测评技术之间的矛盾。[①] 与这一法案相关的课程知识改革也在公众的一片批判声中落幕。

20 世纪 80 年代以来，美国公立中小学教育的质量问题再次引起了全国性的关注。学生学习成绩的持续下降招致家长、雇主和高校的不满。当时发表的一系列调查报告，包括著名的《国家在危险之中》，都纷纷提出警告，认为学生学习的失败将导致经济危机并成为涉及国家安全的大事，中小学课程知识改革势在必行。不过，反对教育改革的声音依然存在。有人担心，一种倾向会掩盖另一种倾向，过分集中往往会统得过死，扼杀美国教育注重培养个性和创造能力的优良传统，重视教育质量往往会造成"智育第一"，使学生两极分化，使人人平等、人人享有受教育的权利受到伤害，拉大社会贫富差距。[②] 中小学课程知识改革的社会认同危机不断升级。

课程知识"合法性"的取得需要以社会公众普遍认同为基础，然而，美国公众对中小学课程知识改革的历史与现状似乎都持抱怨、质疑、担忧的态度。据美国盖洛普民意测验的统计数字显示，美国公众对中小学教育

---

① 张煜：《教育发展目标的超前性与可行性之间的矛盾——对美国〈不让一个学生掉队法〉所面临的问题分析》，《教育研究》2008 年第 5 期。

② 衡孝军：《美国的基础教育改革》，《教育研究》2001 年第 6 期。

的满意度不高，甚至对中小学课程知识的效率存在较多担心。

中小学课程知识改革的社会认同危机使美国自 19 世纪中期以来的课程知识改革陷入了"危机—变革—危机"的反复循环与矛盾之中，中小学课程知识改革呈现出从一个极端走向另一极端的"钟摆效应"。

为了摆脱中小学课程知识改革的这种不良循环态势，美国社会统治阶级不断扩大中小学课程知识权力主体的参与范围，赋予社会中下阶层民众以更多的课程知识表达权力，同时，不断扩大课程专家的课程参与权限以提升中小学课程知识生成过程的有效性与合理性，最终提升其"合法性"的社会认同程度。奥巴马提出，"给孩子们提供优质教育是我们国家最基础、最重要的责任，我们是否履行这项职责不仅反映了美国人的态度，而且它更是关乎我们的未来。现在再延续老一套做法显然不能为孩子、国家，甚至我们的未来做出有效改变，所以在我执政之初就要求教育部长推行教育改革"。① 由此可见，当代美国社会统治阶层对改革中小学课程知识、提升其有效性、扩大其"合法性"基础的愿望和决心。

综上所述，课程知识作为一种"政治文本"，其改革与变迁过程彰显着鲜明的社会性特征，其背后始终隐藏着各种力量之争、利益之争、权力之争与意识形态之争。只是在不同的社会政治、经济和文化环境背景下，各种权利之间的博弈过程及其对课程知识施加影响的形式和机制具有很大的差异性，这也决定了课程知识改革活动的复杂性。课程知识改革并非是一种简单的课程事件，而是一种受社会多元因素影响与制约的，间接而又多角度反映社会现实的社会性实践。社会政治、经济、文化的变迁是当代美国中小学课程知识"合法性"转换的重要动力与影响因素所在。这也启发我们，社会统治阶级只有将中小学课程知识改革置于宏大的社会政治、经济与文化环境空间中进行多角度与全方位的综合考量，在充分尊重社会普通民众基本教育诉求的基础之上才会取得事半功倍的理想效果。

---

① Obama, Remarks by the President on Race to the Top atGraham Road Elementary School, http：//www. whitehouse. gov/the - press - office/remarks - president - race - top - graham - road - elementary - school, 2010 - 01 - 19.

第六章　关于美国中小学课程知识合法性的反思

　　自 19 世纪中期美国中小学课程知识领域的静态格局被打破以来，美国中小学课程知识领域变革便成为一个连续而持久的过程，美国社会各阶层以及不同利益集团遵循各自的价值观念与利益性原则在中小学课程知识领域的权力性博弈一直延续到今天。选择"什么知识"、选择"谁的知识"以及代表"谁的利益"等关于中小学课程知识的"合法性"问题构成美国中小学课程知识改革的一条核心主线，社会政治、经济与文化环境的变迁则成为美国中小学课程知识"合法性"的主要影响因素。

　　纵观美国一个世纪之久的中小学课程知识领域的变革轨迹，我们不难发现美国社会的统治阶层虽然一直致力于提升中小学课程知识的社会适应性并寻求其更好地为本阶级实施社会控制服务的"合法性"路径，然而，理想与现实之间，美国中小学课程知识的改革历程并非是一个事半功倍的过程，中小学课程知识改革的有效性与合理性一直受到社会各界的广泛质疑与批判。作为世界政治、经济与文化"领跑者"，美国中小学课程知识领域的变革为何屡屡遭遇挫折与危机，课程知识"合法性"的获得与维持需要怎样的内、外环境与条件，课程知识改革到底应该遵循怎样的发展思路才能获得广泛的社会认同基础……美国中小学课程知识的"合法性"问题唤起了我们对于上述问题的思考与反思，同时也给我国正在进行着的基础教育课程改革提供了诸多借鉴与启示，为我们正确认识课程知识的意识形态性质以及探索课程知识改革的有效路径提供了必要的参考。

第一节　关于中小学课程知识合法性基础的重新审视

课程知识作为一种"法定知识"，其"合法化"的途径和方式是多样的，有强制性的政策、法令，也有政治意识形态和技术性意识形态的渗透，更有韦伯所说的"信仰体系"的潜在作用。然而，课程知识"合法性"的维持却是一个复杂而困难的过程。从美国中小学课程知识的"合法性"来看，课程知识"合法性"的维持必须建立在有效性与合理性的基础之上，同时，课程知识"合法性"的生成与维持还要与社会政治、经济与文化的发展需求相适应。只有这样，课程知识才能为社会个体的生存与发展提供有效服务，进而为社会的整体发展服务，课程知识的"合法性"才能获得持久的社会认同基础。

一　合法性需要建构在有效性的基础之上

课程改革的有效性是指课程改革满足教师、学生及教育行政管理者等直接利益者与间接利益者需要和利益的程度。具体而言，课程改革的有效性是指其能在多大程度上满足教师的经济、精神、社会地位等方面的需要；满足学生全面发展、素质提高的需要；满足社会上不同用人单位对人才的需要。有效性虽然不等同于合法性，但它是合法性获得的最基本前提。二者存在正相关的关系：没有有效性支撑就不可能产生合法性，有效性越高则合法性越高；反之，则越低。如果课程改革政策不能有效地满足利益者多方面的需要，那么改革的合法性就值得重新审视。对于课程改革而言，国家应尽量满足不同群体的当前利益需要与长远利益需要、群体利益需要与个体利益需要，并有效地整合和化解不同群体的利益冲突，避免损害直接利益者的利益和个体利益，从而提高其有效性。[①]

综观美国 19 世纪中期中小学课程知识改革，中小学课程知识的权力主体是社会的特权阶级，该群体对中小学课程知识的价值取向与利益性诉求决定着中小学课程知识的生成过程，社会特权阶级追求的是课程知识对维护自身统治地位的价值，而非课程知识对社会公众生存、发展的有效

---

① 曾东平：《课程改革的合法性分析》，《中国教育学刊》2007 年第 4 期。

性。因此，中小学课程知识对社会统治阶级的合法化统治而言是"有效"的，而对于大多数社会公众的生存与发展而言则是一种具有"压迫性"与"强制性"的消极知识。尤其是对于一些社会"边缘群体"（社会底层民众、黑人、妇女、移民、少数民族）而言，学校所提供的这些所谓的"合法性"知识更是与他们的生活与生存需求"关系疏远"，甚至有些是毫无价值关涉的。在这样的中小学课程知识生成制度与生成模式下，19世纪中期至20世纪初期，美国中小学课程知识的有效性缺失已经成为制约社会经济发展以及社会阶级矛盾激化的主要因素之一。这一时期美国缺少大量的支撑经济发展的合格劳动力，黑人争取教育权的运动与斗争此起彼伏，可以说统治阶级的统治面临着重重危机，作为统治阶级实施合法化统治一部分的中小学课程知识的"合法性"也必然缺少牢固的社会性根基而处于矛盾和斗争之中。

20世纪以来，美国中小学教育虽在由少数人垄断的特权教育向为人民所共享的民主教育，由范围狭隘而内容贫乏的古典人文主义教育向水平高深而内容丰富的科学主义教育转变，但是受多种社会因素的制约和影响，美国中小学课程知识的有效性问题仍然存在并困扰着社会的统治阶层。中小学课程知识有效性的缺失，使中小学课程知识一直处于动荡的变革之中，公众对中小学课程知识现状的不满情绪长期存在，美国中小学课程知识的"合法性"危机也必将长期存在并威胁着社会统治阶层及社会核心利益集团的统治权益。

美国学者李普塞特认为，合法性就是政治系统使人们产生和坚持现存政治制度是社会最适宜制度信仰的能力。当代民主政治系统的合法性主要取决于解决造成社会历史性分裂的关键问题的途径。[1] 哈贝马斯提出，"合法性意味着某种政治秩序被认可的价值"。[2] 合法性的本质特征主要体现在"认同"上，政府的决策必须基于被民众认可的基础上，要大多数公民视为合理的、符合道义的才算是合法的。[3] 显然，课程知识的"合法性"维持也要以使公众产生和坚持现存课程知识是最适宜他们和社会发

---

① 孙龙、邓敏：《从韦伯到哈贝马斯：合法性问题在社会学视野上的变迁》，《社会》2002年第2期。

② 哈贝马斯：《交往与社会进化》，重庆出版社1989年版。

③ 孙玉文、邹婷：《论权力渗透下的课程知识选择》，《当代教育理论与实践》2010年第1期。

展的信念和态度为前提，即课程知识的"合法性"需要建构在合理性与有效性的基础之上。反思美国中小学课程知识的"合法性"历程，我们认为课程知识的"合法性"与"有效性"是互为基础与前提的关系，社会统治阶级在设计中小学课程知识生成制度以及确立中小学课程知识价值取向的过程中应处理好"合法性"与"有效性"的关系，包括：

（一）全面兼顾多重利益群体的课程知识需求

作为中小学课程知识的权力主体社会统治阶级以及各利益集团不应千方百计地将对自己有利的知识或自己最希望获得的知识纳入学校课程，而应从社会政治、经济、文化及教育发展的综合视角出发，全面兼顾多重利益群体的课程知识需求来进行课程知识的制度安排与价值取向设计。只有这样，课程知识的有效性才能最大限度地得到体现，社会公众也才能最大限度地去认同并支持统治阶级所实施的合法化统治。

学校的课程空间是一种"有限资源"，不可能无限膨胀与扩张，而教育在现代社会又是人们实现社会化生存的必要工具。因此，社会公众高度期望对自己职业生存和发展有利的知识或自己最希望获得的知识能够被纳入学校课程知识体系。如果课程知识权力主体只将那些符合"强势集团"利益和价值需求的知识纳入学校课程，大多数社会公众的有效课程知识需求得不到很好的满足，该群体必然会形成对国家"合法化"统治的敌对情绪，课程知识的"合法性"也必将失去生存基础。因此，作为中小学课程知识的权力主体——社会统治阶级以及各利益集团必须跳出传统学校课程知识控制的思维框架，全面兼顾多重利益群体的课程知识需求来进行课程知识的制度安排与价值取向设计。

（二）保障中小学课程知识生成的有效性与合理性

国家应建立灵活、开放与民主的中小学课程知识供应制度，保障中小学课程知识生成的有效性与合理性。不同类型的知识供应制度造就不同的知识学习环境，好的课程知识供应制度在保证社会的合理知识要求的同时，能为学生的个体生活及精神自由开辟尽可能大的空间；僵化的课程知识供应制度则往往将学习者挤压在某种政治意识形态的狭小框框里。[①] 制度是一个社会的"游戏规则"，在一定意义上，课程制度的性质与价值定位决定了课程知识的选择、编制与"合法性"的生成过程。因此，课程

---

① 郭晓明：《知识供应制度与个体精神自由》，《教育研究与实验》2003 年第 4 期。

制度的设计对中小学课程知识的有效性有着重要影响。只有建立起灵活、开放、民主的中小学课程知识供应制度，中小学课程知识的生成才能够真正成为一个具有客观性、科学性与公平性的过程，其对社会发展以及对个体发展的正向功能才能得到有效发挥，即中小学课程知识生成的有效性才得以实现。反思美国中小学课程知识的发展史，笔者认为，美国中小学课程知识的"合法性"危机是其有效性缺失的直接后果，而中小学课程知识供应制度的混乱是造成课程知识有效性不足的直接原因所在。

（三）权力主体应坚持"有所为"与"有所不为"的原则

中小学课程知识"合法性"的形成要将促进其有效性发挥作为基本目标之一，在中小学课程知识生成过程中，社会权力主体应坚持"有所为"与"有所不为"的原则。课程知识并不是一种一般的知识，而是一种"法定知识"，即"合法化"的知识，经验告诉我们，并不是人类所有知识都能成为"课程知识"，而只有那些经过社会认定的、"适合"进入学校的知识才能成为"课程知识"，在这里，"适合"与否的标准不只是个技术标准，也不只是从儿童身心发展的规律中得出的，它往往是一个"价值标准"和"利益标准"。① 这就意味着课程知识的"合法性"并非总是建立在客观、理性的基础上，其有效性的达成需要社会权力主体的权力性"特殊关照"。

为了获得课程知识的"合法性"基础及有效性，课程知识的核心权力主体必须坚持"有所为"与"有所不为"原则：中小学课程知识生成的价值取向要从宏观上有效协调与兼顾社会不同利益群体的不同需求，力求满足以企业为主导的产业界对人才的需求，满足国家发展社会经济的宏观需求，满足个人充分就业与可持续发展的需求。课程知识的编选要具有多维性、层次性，以协调不同利益群体间的利益需求；课程知识设置的基本原则应具有永恒性，不应以权力重心为转移，不应以社会权力主体间的权力"博弈"结果为转移。中小学课程知识改革应遵循教育的发展规律以及育人性原则等。这些基本原则是任何一项课程知识改革所不能超越的。社会权力主体不能为实现自身的利益而抛开教育的基本规律及教育的教育性、育人性本质；中小学课程知识改革还要力除"钟摆效应"，即从一个极端走向另一个极端，避免大起大落的路线调整，要循序渐进，不能一蹴而就。

---

① 郭晓明:《知识供应制度与个体精神自由》,《教育研究与实验》2003 年第 4 期。

从美国中小学课程知识改革发展历程看，美国中小学课程知识的改革恰恰是一个充满了反复性与矛盾性的过程，中小学课程知识改革常常从一个极端走向另一个极端。连续的、低效的甚至是产生了负向效应的中小学课程知识变革在社会公众的心路历程中累积起了对课程变革的消极态度，中小学课程知识的"合法性"维持必然会困难重重，这一点需要社会的权力控制者以及课程知识改革者进行深深的反思。

二　合法性的维持需要与社会的动态需求合拍

课程知识是一种"法定知识"，"合法性"是课程知识的基本属性之一，然而，课程知识"合法性"特征的呈现却并非是一成不变的。不同历史时期，不同时代背景下，社会统治阶级对课程知识的"合法性"诉求是不同的。因此，课程知识的合法性特征呈现也相应地具有时代性。

从美国中小学课程知识"合法性"的发展历程来看，中小学课程知识的"合法性"常随美国政治制度的变迁以及社会政潮的起伏而发生改变。同时，社会经济与文化环境的变迁也构成中小学课程知识"合法性"内涵赋予新的意义的必要推动力。当中小学课程知识的改革与美国社会的政治、经济文化发展同步并具有较好的相互适应性时，中小学课程知识领域就会进入短暂的、相对稳定的发展时期。例如，第二次世界大战即将告终时，美国人有一种渴望"常态"的自然倾向。目睹战争引致的破坏和混乱，人们呼吁一个平稳运作的社会，在有效的社会秩序中能安心地各司其职。社会政治情绪指向如何达到此种社会常态及社会效率，由此产生如生活调整教育的课程思想，致力于让美国公民适应即将来临的生活。几年后的"冷战"，冲突再起，生活调整教育不再流行。新的社会政治情绪是与苏维特的激烈竞争，尤其是在科学和技术领域，强调基础知识和紧张的心理活动。由此课程强调多种学科的结构，课程时尚从着眼于学习生活中的日常任务作为愉快调整的"软"教育，转向强调学术的严格性是应对外来威胁的方式。[①]

相反，当中小学课程知识的改革与美国社会的政治、经济、文化以及公众的生存与发展需要相背离时，中小学课程知识领域就会进入持续的躁动与变革阶段，相应地，社会的统治阶级也将面临风起云涌的社会教育运

---

① 彭彩霞：《变幻的理念与稳定的实践——基于美国基础教育课程改革的省思》，《外国中小学教育》2009 年第 10 期。

动以及阶级斗争的挑战。例如，19 世纪末 20 世纪初期，美国的中小学课程知识仍旧沿承着古典人文主义的传统，礼仪、文法等关于社会习俗与文化的知识大量充斥着中小学的课程知识，中小学课程知识的实用性与有效性都面临着严重考验。这一时期正值美国工业化的完成时期，美国社会的政治、经济与文化都正在发生着翻天覆地的变化，公众的职业与生存环境也面临着前所未有的挑战。学校课程知识的有效性缺失引起了社会的普遍不满，包括工人、企业主、教育者以及课程专家在内的各类社会群体不断发起针对课程知识的社会运动，中小学课程知识领域的变革变得纷繁复杂起来。

反思美国中小学课程知识"合法性"发展历程，经验与教训并存，中小学课程知识"合法性"的维持需要与社会的动态需求合拍，只有在不断变化的社会政治、经济、文化环境中寻求有效的适应路径，中小学课程知识的"合法性"才具有与时俱进的活力。中小学课程知识的"合法性"在适应社会政治、经济、文化以及个体教育需求变化的过程中应注意以下几方面的问题：

（一）协调好传统与现代的关系

中小学课程知识的权力控制者要有效协调课程知识"合法性"进程中传统与现代的关系，从而使课程知识的"合法性"以人们能够普遍接受的方式实现变革。一个社会总要在传统与现代之间进行取舍。课程改革政策的选择与确定不仅要受到传统的影响，也要考虑未来国家发展和人民生活的需要。长期的文化、思想、理论、行为等的积淀，使利益者具有某种相对稳定的思维和行为方式。然而，社会的发展、个人的全面发展却存在破除传统束缚并力求以未来发展利益作为自身前进目标的要求；同时社会的发展强烈希望破除传统思维与行为方式的束缚，积极革新，以推进改革的发展。这种传统思维、传统行为方式、传统价值、传统目标与社会发展所需要的现代思维、现代行为方式、现代目标等并存的局面会在一项新政策制定与施行的过程中被打破，并产生激烈的矛盾和冲突。这种冲突往往会影响到改革的成败。因此，政府在提出一项具体的公共政策或政治制度时，总会出现传统与现代之间无法跨越的矛盾。如果一项政策不能有效协调人们惯有的传统思维、传统行为方式、传统目标与现代思维、现代行为方式、现代目标之间的关系，则政策的合法性会受到大众的质疑。如果过于超越传统，一下子脱离人们的传统思维，往往会引发强烈的社会波动甚至是社会动荡，进而引发人们对现行政策合法性的考察并导致公众对现行政策的抵制。①

（二）处理好"国家利益"与"个人利益"之间的关系

中小学课程知识的权力控制者要有效处理课程知识"合法性"中"国家利益"与"个人利益"之间的关系。反思美国中小学课程知识"合法性"的历程，当国家层面的课程知识权力主体片面地强调"国家"的课程知识诉求以及利益性原则，社会个体的课程知识需求遭遇冷落时，社会的权力控制者就会面临课程知识的"合法性"危机，只有在课程知识的生成过程中有效平衡了"国家利益"与"个人利益"之间的关系，中小学课程知识的"合法性"才能获得稳定的社会认同基础。

中小学课程知识"合法性"发展历程中传统与现代，"国家利益"与"个人利益"之间的关系如图6－1所示。

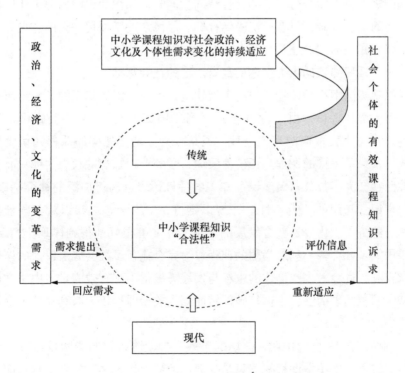

图6－1　中小学课程知识"合法性"中的多种关系

---

① 曾东平：《课程改革的合法性分析》，《中国教育学刊》2007年第4期。

第二节　关于中小学课程知识权力主体问题的理性认识

由"谁"来选择课程知识是关于课程知识"合法性"的关键问题，作为一种"法定文化"或"官方知识"，学校课程知识必然是社会主流阶级权力意识形态以及价值观念的体现，可以说学校课程知识是国家政治权力合法化的思想基础。然而，美国中小学课程知识的"合法性"历程告诉我们，课程知识的生成过程只有打破一元化的国家权力控制模式，实现多元权力主体共契，课程知识的"合法性"才能建立在有效性与合理性的基础之上，进而获得广泛的社会认同。同时，课程知识的权力主体应具有广泛的社会基础，只有广泛吸纳社会底层民众关于课程知识的意见和建议，课程知识的"合法性"维持才能更加持久。

一　课程知识的权力主体应具有广泛的社会基础

纵观美国中小学课程知识的发展轨迹，中小学课程知识的生成经历了一个由传统到现代、由"自由主义"到"国家主义"、由"贵族化"取向到"民主化"取向的发展过程，但是，无论基于怎样的课程知识生成模式以及秉承怎样的课程知识价值取向，学校课程知识的权力主体只有充分关照社会大多数公众关于课程知识的理性诉求，赢得广泛的社会基础，中小学课程知识的"合法性"才得以维持，中小学课程知识对美国社会政治、经济、文化以及教育发展的贡献力才能够很好地得到体现。相反，如果国家及社会核心利益集团的课程权力完全掩盖了社会底层民众的课程诉求权利，社会大多数群体的生存与发展需求得不到有效满足，中小学课程知识领域的平衡性就会被打破，转而陷入关于课程权力与利益的争夺过程之中。

例如，在 19 世纪中期，美国的宗教、特权阶级控制着学校课程知识的生成过程，中小学课程知识只是少数人的特权，大多数社会公众只能是学校课程知识的被动接受者、执行者与消费者。这一时期，美国中小学课程知识具有鲜明的"贵族化"特征，中小学课程知识的贵族性决定了课程知识选择、组织与编制的权力主体只有国家与社会权力支配阶层，而不包括地方、学校以及普通公众。国家作为最高的权力阶层操控着中小学课程知识的生产、传播、传递，控制着中小学课程知识的价值取向，成为中小学课程知识的唯一权力主体。由于中小学课程知识的生成缺乏社会中下阶层以及大多数底层民众的参与，大多数社会群体的合理性课程知识表达空间被剥夺，中小学课程知识的合法化过程成为一个脱离群众、脱离基层社会的孤立的过程，中小学课程知识的有效性达成以及"合法性"的维持都变得困难重重，以至于关于中小学课程知识的变革成为一个循环反复、低效与危机四伏的过程。

　　按照哈贝马斯观点，合法性包括两个层次，一是事实性，也就是知识生产的过程、程序、步骤的公正性、合理性；二是有效性，即行为结果的自由性、合情性。事实性是有效性的前提基础，只有过程的合理公正，才能达到行为结果的合情合理；有效性是事实性的最终目标，事实性与有效性构成了合法性的内在张力。① 美国中小学课程知识合法性的演进历程告诉我们，学校课程知识的权力主体具有广泛的社会基础是保障课程知识的事实性并获得有效性的基本前提。为此，中小学课程知识的权力主体在制定中小学课程政策以及课程权力的运用过程中应注意以下问题：

　　（一）课程知识价值取向的确立应坚持"自下而上"的原则

　　学校课程知识的权力主体在制定中小学课程知识政策、确立课程知识价值取向过程中应坚持"自下而上"的原则，即中小学课程知识"合法性"的形成要以社会中下阶层民众的广泛参与为基础，而非社会统治阶级的"一意孤行"。中小学课程知识的变革也应是一个满足社会大多数群体适应新社会经济与文化环境需求的过程，课程知识变革应是一项具有公共性与公益性的社会事件。

　　20世纪70年代，尤其是进入新世纪以来，美国中小学课程知识领域的变革正是沿着这样的价值逻辑而进行的，虽然美国中小学课程知识的变革仍然充满着诸多问题和矛盾，但是不能否认其正在朝着一个相对公平、民主与自由的方向发展，中小学课程知识的有效性也在不断提高。社会中下阶层民众的广泛参与已经成为当代世界大多数国家课程知识领域变革的一个主流趋势。

　　（二）课程知识价值取向的确立应充分关照社会"弱势群体"

　　学校课程知识权力主体在制定中小学课程知识政策、确立课程知识价

---

　　① 王金娜：《论课程知识与权力主体的关系——基于合法性的视角》，《四川教育学院学报》2006年第5期。

值取向的过程中应充分关照社会"弱势群体"的特殊教育需求，在课程知识"合法性"的生成过程中渗透人文关怀性。

反思美国中小学课程知识"合法性"历程，包括黑人、妇女、少数民族以及移民群体在内的社会"弱势群体"常常成为美国社会争取教育权运动的主体，原因在于，在相当长的一段历史时期内，上述群体的教育性需求根本无法得到有效满足，该群体对学校课程知识的不满情绪长期存在严重威胁着美国社会统治阶层的"合法化"统治。实践证明，在中小学课程知识"合法性"的生成过程中渗透人文关怀性，不仅可以体现社会统治阶级社会管理实践的"公平性"与"正义性"，还可以有效缓解社会阶级矛盾，对于扩大统治阶层的社会控制基础有重要意义。

（三）学校课程知识的权力主体应坚持需求导向的原则

学校课程知识的权力主体在制定中小学课程知识政策、确立课程知识价值取向以及选择课程知识内容的过程中应坚持需求导向的原则，以社会大多数公众的生存性与发展性诉求作为中小学课程知识"合法性"形成的根本出发点。

课程知识是社会选择的结果，具有选择性传统。正如雷蒙德·威廉姆斯（Raymond Williams）所说，"从过去和现在的整个可能领域里进行选择，某些意义和实践被当作重点选出，而另外某些意义和实践则被忽略和排除。更加至关重要的是，这些意义被进行了解释、淡化或改变形式，以支持有效主流文化的另外一些要素或至少与之不相冲突"。① 美国中小学课程知识"合法性"的演进历程便是对课程知识选择性传统的一次很好的诠释。同时，美国中小学课程知识"合法性"的发展史也向人们证实了只有坚持需求导向原则，以社会大多数公众的生存性与发展性诉求作为中小学课程知识选择及其"合法性"形成的根本出发点，课程知识的"合法性"才能获得广泛的社会认同基础，才具有持久的生命力。

二　应构建多元权力主体共契的课程知识生成模式

如果依照课程知识生成的权力主体的特点，可以将 19 世纪中期以来美国中小学课程知识的发展历程划分为两个阶段：19 世纪中期至第二次世界大战期间的，以社会统治阶级及核心利益集团为主导的一元化权力主

---

① 迈克尔·W. 阿普尔：《意识形态与课程》，黄忠敬译，华东师范大学出版社 2001 年版，第 5、6、53 页。

体时期；第二次世界大战以来直至今日的社会多元权力主体共契阶段。比较美国中小学课程知识发展的两个不同历史时期，我们发现，第二次世界大战以来美国中小学课程知识领域的变革虽然成就与问题并存，但是，中小学课程知识领域的变革逐渐成为一个民主化与公平化的过程，中小学课程知识的有效性及其对社会发展的贡献力也在逐渐提升。虽然，这是多重社会因素共同作用的结果，是社会发展与进步的必然趋势，但是，笔者认为当代美国中小学课程知识有效性的提升与中小学课程知识权力主体走向多元化有着密不可分的关系。

社会统治阶级及核心利益集团控制的中小学课程知识供应制度过分强调社会特殊权力阶层的课程权益，课程知识的生成成为一个权利"垄断"与扩张过程。由于课程知识权力的过于集中化和特权化，社会其他阶层和相关利益群体课程知识需求的合理性得不到应有的满足，中小学课程知识的发展很难处于一种良性的平衡状态。教育产品是"非垄断性"的"准公共物品"，[①] 应允许不同利益群体在一定范围内的利益竞争。因而，不同社会阶层的课程知识需求的合理性应当得到承认。合理的课程知识需求的多元化，实际上意味着课程知识权力主体的多元化……具体地说，就是不能再把"国家"作为唯一合法的课程知识权力主体，让其代行所有社会成员在课程知识上的权力。正确的选择是促进课程知识供应权力的分化，主动将"国家"以外的课程知识权力主体纳入到课程知识供应的制度框架中来。课程知识供应制度作这样的调整后，课程知识权力主体之间必将出现"权力的博弈"……正是在这种"博弈"中，"社会"才能制约"政府"，而"社会"也才能够考虑"国家"的正当课程知识诉求；"社会"中不同课程知识权力主体之间也是如此。唯一需强调的是，"博弈"不能成为"你死我活"的战斗，这要求所有课程知识的权力主体都秉持理性的精神和相互尊重、相互承认的态度。只要做到这一点，课程知识供应制度中的权力主体就不仅是多元的，而且最终能达成"共契"。[②]

中小学课程知识生成权力主体的变化构成探究美国中小学课程知识"合法性"问题的一条核心主线，也为我们反思并不断提升当代学校课程知识生成的合理性提供了有益思路。

---

① 吴永军：《课程社会学》，南京师范大学出版社 1999 年版。

② 郭晓明：《论中国课程知识供应制度的调整》，《华东师范大学学报》（教育科学版）2005 年第 2 期。

　　在社会公共领域不断健全、社会公共理性不断成熟的当代社会，社会权力控制者必须正视学校课程知识需求日益多元化的事实，并实现学校课程知识权力主体的多极化。包括课程专家、教师、学生和家长等在内的社会各利益相关群体在中小学课程知识的生成过程中不能仅仅作为一个"抽象"的存在，而应成为"名副其实"的权力拥有者。构建多元权力主体共契的中小学课程知识生成模式，需要社会的统治阶级在中小学课程知识的改革过程中不断扩大课程决策与课程政策的参与面与开放度，具体措施包括国家及社会核心利益集团应允许更多的社会相关群体参与到中小学课程知识的生成过程中来，应形成国家、专家、教师、家长及各相关利益群体之间相互制衡与影响的课程知识权力分配格局。国家"意识"具有先在的、不容置疑的权威性，它实质上无处不在地决定着学校课程知识选择的标准、要求。由于"国家"是以制度、权力为中心操作规则的，这种制度和权力必须借助于以科学、知识为中心操作规则的"专家们"的论证与认同，才能具备"科学合法性"。①

　　因此，提高学校课程知识生成过程的有效性与合理性，必须将课程专家有效纳入学校课程知识的权力主体行列，并要为其"合法化"角色的发挥创造必要条件。同时，包括教师、家长及各相关利益群体在内的各方声音、意见与课程诉求等都应被尽可能地纳入课程决策体系中来，从而保证学校课程知识能够真正满足社会不同阶层与不同群体的多样化需求，能够被社会公众所真正接受。

　　"国家"层面的放权，课程专家、教师、家长及社会各相关利益群体逐渐从课程知识的后台走向前台，成为中小学课程知识的"合法性"权力主体，必将使中小学课程知识的"合法性"发生实质性的改变。社会统治阶级的权力行使具有了公共性环境及社会性基础，社会统治阶级课程权力空间逐渐缩小，权力行使的公开性不断增强，中小学课程知识将不纯粹是传递社会统治阶级意识形态，进行阶级关系再生产及实施合法化统治的工具。课程内容中除了统治阶级意识形态外，"科学合法性"受到关注，"专家"与"国家"在角色、地位上既有磨合又有争夺，从而也改变了课程知识合法性的过程。课程由社会单方"控制"的中介变为多方

---

　　①　高永红：《课程知识的合法性问题——对〈基础教育课程改革纲要（试行）〉的社会学分析》，《学科教育》2002 年第 8 期。

"认同"、"妥协"的产物。①

第三节　关于中小学课程知识的正义性辩护

　　课程是合法性的，但合法性的课程并不意味着为主流意识形态所渗透、权力所控制的课程必然是公平的、合理的。如果没有公平、没有合理，那么又何谈课程正义呢？② 从美国中小学课程知识"合法性"的演进历程来看，不论是 19 世纪中期社会特权阶层所控制的中小学课程知识还是 20 世纪以来日益走向多元权力主体的中小学课程知识生成模式，中小学课程知识的合法性本质并未发生动摇，即中小学课程知识始终不是毫无价值关涉的，中小学课程知识与美国国家意识形态性诉求之间始终存在复杂的解释关系，中小学课程知识的正义性维护也始终面临着严峻的考验。反思美国中小学课程知识"合法性"所存在的诟病，笔者认为，学校课程知识的发展应最大限度地沿承其自身的内在逻辑性，并应充分彰显其对个体人的生命与生存意义的关照，而不应完全陷于社会权力性与利益性博弈的旋涡之中。

一　课程知识发展应沿承自身内在逻辑性

　　纵观美国中小学课程知识"合法性"的历程，课程知识并不是一种一般的知识，而是一种"法定知识"，即"合法化"的知识，经验告诉我们，并不是人类所有知识都能成为"课程知识"，而只有那些经过社会认定的、"适合"进入学校的知识才能成为"课程知识"，在这里，"适合"与否的标准不只是个技术标准，也不只是从儿童身心发展的规律中得出的，它往往是一个"价值标准"和"利益标准"。③ 不只是美国中小学课程知识的发展史如此，人类社会自学校教育诞生以来，课程知识的生成与发展便被寄予了不同程度的价值性需求与意识形态性理想，学校课程知识的生成过程因此也就具有先在的"合法性"特征，学校课程知识不是纯

---

　　① 高永红：《课程知识的合法性问题——对〈基础教育课程改革纲要（试行）〉的社会学分析》，《学科教育》2002 年第 8 期。

　　② 郝明君：《课程中的知识与权力》，重庆大学出版社 2009 年版，第 1、163 页。

　　③ 郭晓明：《论中国课程知识供应制度的调整》，《华东师范大学学报》（教育科学版）2005 年第 2 期。

粹的人类经验或理性的产物，亦不是完全沿承知识生成的客观规律或课程知识发展的，应然的内在逻辑性而生成的。

以美国为例，美国中小学课程知识的发展深受社会制度以及社会经济、文化环境变迁影响，中小学课程知识承担着为社会统治阶级的道德观、价值理想以及社会控制思想传播服务的责任。中小学课程知识生成的"科学性"要让位于统治阶层的"合法性"诉求，在很多时候，美国中小学课程知识的"合法性"形成及维持是以破坏课程知识自身发展内在逻辑性以及牺牲课程知识的客观合理性为代价的，中小学课程知识自身的内在逻辑性常常被课程知识的权力主体所忽视。例如，19世纪中后期，美国工农业生产技术都实现了跨越式的发展，学校课程知识迫切需要融入新的与职业教育及工业教育相关的内容。然而，当时的社会特权阶层，为了维护自身的阶级利益及对内的社会控制权益，全然不顾社会的发展需要以及学校课程知识自身发展的规律性，仍然坚持传统的古典人文主义的教育理念，重文轻实，缺乏效益意识，由于学校课程知识不能按照自身发展的自然序列进行生成并形成与社会现实生活和生产之间的契合性，学校课程知识开始面临巨大的社会挑战。1898年美国制造商联合会主席赛奇（Theodore Search）指出：旧学校紧紧不丢古典的和文化的学科是好的。这些学科在各种学校体制中是有其地位的；但它们对于工商业现实需要所呈现的物质利益未予重视，就不公正了。①

社会统治阶级"筛选"知识使之成为学校课程知识的"价值标准"和"利益标准"，对课程知识发展的内在逻辑性的阻隔常常使学校教育的本源价值发生异化。这种对学校课程知识的权力性干涉已经形成了一种惯性，即使是20世纪中期直至今天仍然在各国的课程知识领域持续着。正如当代法国著名哲学家、后现代思潮理论家让·弗朗索瓦·利奥塔（Jean Francois Lyotard）指出的，20世纪60年代以后，支持科学家和研究人员研究行为的已经不再是18世纪的启蒙理想，而是国家和企业的知识与技术需求。科学家或知识分子已经不再是或主要不是为着知识的兴趣或人类的利益而从事研究，而是为着市场的知识购买力而从事研究。以前那种知识的获取与精神甚至与个人本身的形成（教育）密不可分的原则已经过

---

① S. Alexander Rippa, Education in a Free Society, p. 156. 转引自滕大春《美国教育史》，人民教育出版社2001年版，第325页。

时，而且将更加过时。知识的供应者和使用者与知识的这种关系，越来越具有商品的生产者和消费者与商品的关系所具有的形式，即价值形式。不论现在还是将来，知识为了出售而被生产，为了在新的生产过程中增值而被消费：它在这两种情形中，都是为了交换。它不再以自身为目的，失去了自己的使用价值。①

反思美国中小学课程知识的"合法性"，我们认为，学校课程知识与权力相伴而生，是同一过程的两个方面，学校课程知识与权力糅合的矛盾运动过程启发我们：学校课程知识具有先在的"合法性"特征，但是学校课程知识的"合法性"生成并不必然以牺牲课程知识自身发展的内在逻辑性以及合理性为代价。相反，学校课程知识只有最大限度遵循自身发展的内在逻辑性，并坚持对客观性与合理性的追求，学校课程知识才能真正成为社会权力控制者的最有效的社会控制工具。

关于课程知识发展与社会权力及意识形态性干涉问题的研究近年来不断呈现，综合国内外学者的已有研究成果和观点，笔者认为，学校课程知识发展要遵循自身的内在逻辑性，必须具备以下几方面的主客观条件：

（一）有效制度的存在

制度是一个社会的游戏规则，是为决定人们的相互关系而人为设定的一些制约。② 美国制度经济学派的创始人凡勃伦（Thorsten Veblen）认为，制度有着淘汰旧思想与观念，从而促使人们转变习惯性思维的作用。制度是一系列正式约束和非正式约束组成的规则网络，它约束着人们的行为，减少专业化和分工带来的交易费用的增加，解决人类所面临的合作问题，创造有效组织运行的条件。③

国家应建立完善的学校课程知识供应制度体系，学校课程知识的权力分配应避免过于集中化，主要内容包括国家应建立"以人为本"的学校课程知识生成制度。广义上的人文主义指欧洲始于古希腊的一种文化传统，是关心人，尤其是关心人的精神生活，尊重人的价值，尤其是尊重人作为精神存在的价值。社会权力阶层或者通过自身的决策以体现满足民众

---

① 让·弗朗索瓦·利奥塔：《后现代状态：关于知识的报告》，车槿山译，生活·读书·新知三联书店1997年版，第2—3页。

② 诺斯：《制度、制度变迁与经济绩效》，上海三联书店1994年版，第3页。

③ 费菊瑛：《改善义务教育投融资体制研究》，中山大学出版社2007年版，第12、77页。

的意愿，或者其决策遵循长期以来民众习以为常的社会永恒价值的沿袭；社会应具备有效的权力监督机制。统治阶级课程权力的行使应具有透明性，接受社会监督，只有用制度才能有效规约权力的膨胀与"寻租"行为，进而提升权力行使的效率。

制度通过制定相应的规则、要求和标准对课程权力主体的行为选择及其行为的价值取向产生实质性影响，制度会促使课程权力主体按照一定的规则与标准控制课程知识的生成过程，制度的强制规约功能会迫使课程权力主体放弃不符合社会发展需求的价值取向，学校课程知识发展对自身内在逻辑性的遵循才能够成为可能。

（二）学校、课程专家及教师应在课程知识生成过程中扮演重要角色

实现学校课程知识发展对自身内在逻辑性的遵循首先就要打破社会权力阶层对课程知识的一元化统治格局，从而形成多元权力主体之间相互制衡、相互影响的课程知识权力分配方式。这是学校课程知识跳出社会权力性樊篱，按照自身的、应然的发展序列生成的必要前提条件之一。同时，课程知识对自身发展的内在逻辑性的遵循需要必要的科学性的价值引导，学校、课程专家及教师群体应成为课程知识沿着科学、客观、公正的道路发展的重要促进者与引导者。课程专家及教师以科学理论、教育实践、教学经验为中心操作规则，其被赋予"合法性"的课程知识权力主体身份是学校课程知识生成的客观性、科学性、有效性的重要保障。

（三）社会生活领域中公众素养的提升

课程知识"合法性"的维持不能离开社会统治阶级制度设计中所体现的"人"的原则，也不能离开社会生活中非政治领域公众的政治倾向性，即公众对社会政治与意识形态所表现出的关心、参与及其能力。正如戴维·伊斯顿政治系统分析理论中所强调的"输入—要求—输出"理论，民众的要求程度越高，参政能力越强，对政治系统的要求就越高，政治系统为维护其合法性，在满足公众意愿等政治权力上会更加完善自身的执政能力，其有效性越高，合法性的维持就可能越长久。①

社会生活领域中公众素养的提升意味着公民的权力意识、责任意识、社会参与意识都会不断增强，相应地对学校课程知识权力主体的权力运用

---

① 戴维·伊斯顿：《政治生活的系统分析》，华夏出版社 1999 年版，第 1 页。

过程便具有了更强的监督与观察能力，这对于学校课程知识生成过程的科学性与客观性维护具有重要的意义。

二　课程知识应充分彰显对个体人生存意义的关照

个人主义与国家主义之间的矛盾始终贯穿美国中小学课程知识改革的始末，个人利益与国家利益之间此消彼长的转化过程也使美国中小学课程知识改革的价值取向呈现出左右逢源的"钟摆效应"。但是，从美国中小学课程知识"合法性"的历程来看，中小学课程知识对社会统治阶级的统治性诉求的回应与关照要远远多于对个体人的生命与生存意义的关照，甚至在一定历史时期内，一部分社会群体的生命与生存意义在课程知识的生成过程中常常被"边缘化"，这在19世纪中期至20世纪初期美国学校课程知识的生成模式中表现得尤为突出。

这一历史时期，美国中小学课程知识的生成基本以维护美国统治阶级对内的"合法化"统治以及延续社会特权阶层的阶级地位和阶级利益为核心价值取向，学校课程知识关照的是贵族及统治阶级内部个体的"生命与生存"意义。例如，课程知识以古典人文主义、宗教礼仪以及权贵习俗内容为主，重文轻实，学校为学生所提供的这些"地位性知识"是为社会贵族及统治阶级内部个体的生存与发展服务的，而与大多数社会中下阶层民众的生产与生活需求关系很小。此外，一些社会弱势群体的特殊性生存与发展需求更无法得到有效关注。

进入20世纪以来，虽然世界范围内中小学课程知识发展的一个基本走向是对意义世界尤其是对个体生命意义价值的关注。学校课程知识的权力控制图景与大多数社会个体的生存与生命意义建构不断靠拢，权威与权力之于学校课程知识的"合法性"开始趋于公平化与正义化，但是美国中小学课程知识对个体人的生存意义的关照程度、如何关照等问题仍然是学校课程知识领域变革的主要矛盾与核心议题所在。

美国中小学课程知识对大多数社会个体的现实生存与发展需要的回避，提供给学生高度理想化与意识形态化的"法定知识"，这样做的直接后果是学校课程知识的正义性与公平性问题不断显现，并对社会生产力的发展产生消极作用，统治阶级的"合法化"统治权威也不断弱化。

反思19世纪中期以来美国中小学课程知识的"合法性"，笔者认为，"谁"来选择学校课程知识、"怎样"选择学校课程知识以及代表"谁"的利益等关于中小学课程知识"合法性"的认识不能回避课程知识与个体人的发展需求之间的关系问题。美国中小学课程知识的发展历程已经向我们证明，学校课程知识只有充分彰显对大多数社会个体的生存与生命意义的关照，有效协调好课程知识的"国家"（社会权力控制者、核心利益集团）性诉求与个体性诉求之间的关系，其"合法性"生成才具有持久的生命力，学校课程知识才能朝着公平与正义的方向不断发展。学校课程知识生成对个体人的生命与生存意义的关照应主要体现在如下几个方面：

（一）课程知识的生成应为社会个体提供充分的自由空间

学校课程知识的生成制度以及"合法性"设计应为社会个体的课程知识选择与学习提供充分的自由空间。在学校课程知识选择、组织与应用过程中，课程知识接受者不应处于被动的"失语状态"，而应具有相应的课程知识表达权力，学校课程知识的生成过程应成为一个与课程知识学习者密切相关、互动共生的过程。学校课程知识供应制度之所以要与课程知识学习者的个体精神自由紧密相连，根本原因就在于，它是课程知识"合法"化的内在机制和操作体系。什么知识能进入学校课程进而成为学生学习的对象，学生可否自主地理解课程知识，这都取决于课程知识供应制度的性质。好的课程知识供应制度在保证各社会群体正当的"合法化"要求的同时，能为学生的个体生活及精神自由开辟尽可能大的空间；而僵化的课程知识供应制度往往将学习者挤压在政治意识形态这个狭小的框框里。课程知识供应制度实际上构成了学习者个体精神自由的一个重要"掌控者"。①

为社会个体的课程知识选择与学习提供充分的自由空间已经成为当代世界各国基础教育课程改革的一项核心主题，也是各国提升中小学课程知识的公平性与正义性水平所采取的主要措施之一。"几乎所有的国家都在增加课程的灵活性，为学生提供日益增多的选择的机会"。②

（二）课程知识多样化应成为学校课程知识选择的基本思路

学校课程知识对社会个体多样化诉求的有效回应与关照，需要建构起多样化的课程知识体系。长期以来，受认识论课程知识观的限制，课程知识被认为是价值中立的，课程知识的意识形态性特征被忽视，在课程知识

---

① 郭晓明：《知识供应制度与个体精神自由》，《教育研究与实验》2003 年第 4 期。

② ［英］麦克·扬：《未来的课程》，谢维和、王晓阳等译，华东师范大学出版社 2003 年版，第 151 页。

的选择上，代表统治阶级利益的"官方知识"享有绝对的统治地位，其他"边缘性知识"的合法性大都被排斥在学校课程知识体系之外。20 世纪中后期以来，伴随着课程知识的单一的、意识形态性特征的逐渐消解，统治型课程知识在学校课程知识中的比例逐渐下降，这为课程知识生成的多样性提供了重要前提。

多样化课程开发突破单一的制度性知识（或官方知识）垄断局面，内在要求多样性知识的合法介入，即一些原本被边缘化的知识（如地方知识、情境知识、个体知识等）被赋予合法的身份并进入课程，成为课程知识选择的重要来源，继而回应了多元化时代主题的召唤。[①]

（三）应确立需求导向的课程知识服务理念

课程知识生成对个体人生存意义的关照应体现在对个体人不同生存性需求的满足上。"人是为了生存、生活才去索取知识的，生活才是第一位的，知识只是生活的工具"。[②] 因此，学校课程知识的选择与组织应以社会个体的生存与生活需要为导向，关注社会个体职业性生存所需要的基本知识和技能。此外，不同历史时期，不同社会发展背景下，社会个体对学校课程知识的需求会呈现出不断变化的特点，正如社会心理学家马斯洛（Maslow）所言，人的需要是一个由低级向高级不断演进的过程，在不同的社会背景与社会环境下，人的需要的性质和内容也存在一定的区别。因此，学校课程知识生成对个体人的生存意义的关照还应体现在课程知识应是一个动态生成的过程，应始终处于一种灵活应变的姿态，只有不断地进行改革与调整，才能与社会个体的生存需求之间保持动态的同步性，学校课程知识的有效性才能得以实现。

学校课程知识生成还应积极关照学习者的精神意义，强调知识的价值不仅仅在于提高认识、发展能力，更应使学习者感受到生命的充实性和意义性，能够对个体有意义的生活给予滋养、护持。[③]

---

① 吴支奎、周兴国：《多样化：课程知识选择的理性路向》，《教育科学》2011 年第 1 期。
② 鲁洁：《一个值得反思的教育信条：塑造知识人》，《教育研究》2004 年第 6 期。
③ 李召存：《课程知识的生存论透视》，《教育理论与实践》2006 年第 8 期。

第四节　美国中小学课程知识的合法性对我国的启示

美国社会关于中小学课程知识问题的改革与探索历时之长、范围之大、影响之深，不仅在美国社会产生了深远影响，对于世界各国的基础教育课程改革都产生了较大影响。因此，美国中小学的课程知识的改革实践已经成为各国教育界研究与学习的焦点。各国的研究者们都试图从美国中小学课程知识的改革实践中汲取有益的经验，从而为本国的基础教育课程改革提供有益的理论与实践支持。

当前，我国中小学课程知识领域的改革也正在如火如荼地进行着，关于中小学课程知识变革的诸多深层次理论与实践问题尚未得到很好的解决，关于中小学课程知识的权力主体、价值取向、生成制度以及价值赋予的权力性渗透等关于课程知识的"合法性"问题同样存在许多问题并面临诸多挑战。可以说，美国中小学课程知识的"合法性"问题，为我国中小学课程知识的改革提供了许多有益思考和启发。他山之石，可以攻玉，我们需要在新一轮基础教育课程改革的过程中，广泛汲取国外改革的经验，只有在不断地反思、创新与调适的基础上，我们的中小学课程知识变革才能赢得广泛的社会认同，取得良好的改革效果。

一　正确认识课程知识的意识形态性质

学校课程知识不是价值中立的，而是与社会意识形态密切相关的，正如福柯（Foucault）所指出的，"一切知识、言谈（话语）都处于权力网络之中，并在一定条件下转化为权力，没有纯乎其纯、不计功利的话语，存在的只是权力笼罩下的话语"。[①] 美国中小学课程知识的变革历程很好地反映了课程知识与社会权力控制之间黏合与博弈的过程，也为我们在课程改革的过程中正确认识课程知识的意识形态性质提供了有益启示。

我国中小学课程知识生成同样具有很强的"意识形态"性色彩。其实，教育与政治意识形态的结合，学校课程知识生成以社会政治意识形态

---

① 米歇尔·福柯：《规训与惩罚：监狱的诞生》，刘北成译，生活·读书·新知三联书店2003年版，第29页。

为基础，一直以来都是我国各级各类学校课程知识的主要特征所在。

回顾我国学校课程知识的"合法性"历程，社会政治意识形态在学校课程知识的生成与发展过程中始终扮演着重要角色。新中国成立以后，在激烈的国内、国际斗争的背景下，我国的政治意识形态与教育体制、课程体系和课程知识的具体内容形成一种相互支持的合法化机制，政治意识形态作为课程知识合法化原则的优先性从未受到根本性质疑。这种情况在1958 年和"文化大革命"期间发展到极致，政治意识形态成为解释和衡量社会生活和个人的唯一准则，课程不仅在内容的选择和解释上是政治化的，就连课程的设置也完全以政治的需要为唯一准则。①

改革开放以来，尤其是进入新世纪以来，政治意识形态在我国中小学课程知识生成过程中的干预形式正在由显性的、直接的渗透向更加隐性化的、间接的方式转换。尽管一些极具意识形态色彩的课程知识话语已经很少出现在中小学课程知识的内容序列中，然而，社会政治意识形态对中小学课程知识生成和发展的价值赋予功能并未从此而消退，政治意识形态对中小学课程知识的渗透作用以及间接影响仍然存在。

20 世纪 80 年代以来，中国社会在不断地接受市场经济的洗礼，社会结构与社会发展理念不断转型。消费主义、经济至上、科技理性在全社会流行开来。无论在整个社会还是在个人的日常生活中，科学技术被视为毋庸置疑的权威。经济效益上的考虑被赋予与政治相同的优先性。这使课程知识供应制度在面临政治意识形态压力的同时，又遭遇"技术—经济意识形态"的挤压。这两种意识形态结合在一起，对课程知识的供应形成强有力控制。②

透视美国中小学课程知识的"合法性"，我们已经认识到学校课程知识的"合法性"具有先在的、发展性的特征，课程知识的"合法性"只有建构在有效性与合理性基础上才能获得持久的生命力。反思我国学校课程知识的政治意识形态性特点。笔者认为，我们需要正确认识课程知识的意识形态性特征，既不能将其完全视为"洪水猛兽"，也不能片面夸大其功能。关于学校课程知识的"合法性"生成，尤其是中小学课程知识的意识形态性问题，需要建立起一些客观的评价标准，应以最大限度地促进

---

① 郭晓明：《论中国课程知识供应制度的调整》，《华东师范大学学报》（教育科学版）2005 年第 2 期。

② 同上。

我国中小学课程知识的科学发展为认识前提，为此，应该树立以下几方面的核心理念：

（一）正确认识国家意识形态对学校课程知识发展的正向促进功能

综观美国乃至我国中小学课程知识的"合法性"，人们在提及课程知识的政治性品格时，常常附以一种批判的目光，常将国家权力与政治性意识形态视为一道密不透风的、阻隔知识的真理性与客观性的潜在屏障。在这一解释框架下，国家权力与政治意识形态对学校课程知识的控制总是被冠以负面的形象。

国家权力难道总是以方式一致、功能统一的身份出现在学校课程知识的生成过程之中，并对其产生制约作用的吗？福柯曾提醒我们"今天的国家可能比它在历史上任何一个时刻都不再拥有这种统一性、这种个性、这种严格的功能性，或者坦率地说，这种重要性。"这就意味着，国家以及国家的政治性权力在一定意义上也会以一种积极建设者的身份出现在学校课程知识的构建过程中。

在社会变革的过程中，教育者借助国家的控制性与强制性力量，实现对学校课程知识的重新建构与变革创新已经成为学校课程知识变革的一种必要的生成路径。基于此，我们应转变对社会政治意识形态的原有认识，积极探索并发掘国家权力及其政治性控制对学校课程知识发展的正向促进功能是必要，而且是十分重要的。

美国中小学课程知识的发展历程也为我们提供了同样的启示：第二次世界大战以来，美国中小学课程知识发展的一个主流趋势即是国家对课程知识的集权化管理倾向日益增强。原因在于，极端"分权主义"、"个人主义"和"自由主义"的课程发展理念以及课程知识管理模式对美国中小学课程知识发展的消极影响不断凸显，学生学业质量低下、各个州教育质量参差不齐、教育公平面临巨大威胁和挑战……在这样的教育发展背景下，美国社会的统治阶级以及核心权力阶层不断加强对中小学课程知识的权力性控制，使其朝着有效性与合理性方向发展，虽然在这一过程中存在这样或那样的一些问题，但是，此时社会统治阶级的权力行使对中小学课程知识的影响与渗透功能是积极的，具有进步意义。这也启示我们，正确认识国家意识形态对学校课程知识发展的正向促进功能，具有重要的现实意义。

我们不能片面看待学校课程知识的意识形态性特征，而应予以客观、理性的审视，反思美国中小学课程知识的"合法性"，我们认为，国家意识形态以及政治统治权力对学校课程知识生成与发展的积极正向功能主要体现在如下几个方面：

（1）国家意识形态以及政治统治权力的制度性规约，对于学校课程知识生成的有效性具有保障作用。课程知识具有选择性传统，由"谁"来选择，选择"谁"的知识，代表"谁"的利益等课程知识的生成问题需要权威的权力机构予以协调和平衡，并做出最后的价值判断与取舍。否则，课程知识的生成过程将陷入无序的、无休止的斗争与权力博弈的混乱状态。国家意识形态以及政治统治权力恰是学校课程知识生成的有序性的必要保障。当然，学校课程知识生成的有效性的维护还需要国家意识形态及政治统治权力秉持客观、公正、全面的原则来将知识合法化为学校课程知识。

此外，课程主体是一定社会和文化环境中的人，不同课程主体在确定和选择课程知识的时候，就不可避免地会从自己赖以生存的人文背景出发，其选择的课程知识内容则烙上他们所秉持的社会文化价值的印痕。[①] 这就需要一个权威的课程知识权力主体，站在宏观调控的高度，综合各方利益与诉求来决定课程知识的生成过程。这种维护课程知识生成的客观性的责任同样需要国家政治统治权力来承担，尽管理想与现实，应然与实然之间总是存在一定的距离，但是我们不能就此放弃对应然状态的追求。

（2）国家意识形态以及政治统治权力对于学校课程知识变革的积极促进作用。学校课程知识生成与发展的历史证明，学校课程知识的呈现不是一劳永逸的，而是随着人类社会文化与知识积淀的增加、变化而经历着不断的变迁。学校课程知识的变革过程不是自发完成的，需要一种外在的"催化"与干预力量，国家政治统治权力常常扮演促成学校课程知识变革的重要角色。从美国中小学课程知识的发展历程来看，尽管美国学校教育的发展基调是"自由主义"、"分权主义"，但是纵观19世纪中期以来美国中小学课程知识领域的历次变革，课程知识的变革无一例外的都是由国家即社会统治阶级发起、组织并实施的。从这一意义上说，国家意识形态以及政治统治权力对于学校课程知识变革有着积极的促进作用。

我国的学校课程知识生成模式是"国家主导"型的，在新一轮的基

---

① 肖川、曹广祥：《课程知识的特征与生成过程》，《教育发展研究》2007年第3期。

础教育课程改革过程中，不断出现主张"放权"的声音。一时间，传统与现代、集权与放权、民主与专制之间的争论与商榷此起彼伏，对于此，我们应持客观、理性的态度，既要认识国家控制权力对于学校课程知识变革的积极促进功能，也要理性地认识国家意识形态对学校课程知识生成的一些影响，不能产生思想认识方面的极端主义倾向。

（3）国家意识形态以及政治统治权力对于平衡社会各方利益诉求矛盾、达成课程知识生成的、有效的一致性的关键作用。学校课程知识具有先在的"合法性"特征，课程知识的生成必然是社会各种权力与利益集团之间的多重博弈的过程、国家政治统治权力在平衡社会各方利益诉求矛盾，达成课程知识生成的、有效的一致性过程中发挥着重要作用。由于国家政治统治权力是社会上最具权威性、统一性和强制性的权力机构。因此必然成为学校课程知识生成的最高权力主体，履行平衡、协调各方课程诉求和利益的职责。

（二）理性规避国家意识形态以及政治统治权力对学校课程知识的消极影响

国家意识形态以及政治统治权力对学校课程知识的发展并非总是发挥积极的正向促进功能，国家意识形态以及政治统治权力缺少有效的社会监督与制衡，就存在权力膨胀与权力"寻租"的可能性，从而将学校课程知识变为实现统治阶级利益获得的有力工具，学校课程知识的客观性、合理性诉求被遮蔽起来。

19世纪中期，美国中小学课程知识的发展就处于一种客观性、合理性、科学性以及公众生存性诉求被遮蔽的状态，社会贵族阶层、守旧的奴隶主阶级控制学校课程知识的生成与发展，并且这种控制充满了专制性与独断性。此时，国家意识形态以及政治统治权力对学校课程知识的影响就是消极的、负面的。

我国学校课程知识的发展历史同样存在诸多这样的现象，从古代的"焚书坑儒"到当代的"文化大革命"对学校课程知识的专制性控制，国家政治统治权力对学校课程知识都产生了极大的消极影响。

反思美国中小学课程知识的"合法性"以及我国中小学课程知识的意识形态性问题，我们需要辩证地看待并理性地规避国家意识形态以及社会政治统治权力对学校课程知识的消极影响，需要积极构建社会公共领域，发展多元化的课程知识权力体系，形成多极的、与"国家"权力主体相互制衡的课程知识权力体系，发挥国家意识形态及政治统治权力对学校课程知识生成与发展的积极正向功能。

近20年来，中国社会朝向全球化的现代化改革不仅使经济向开放的市场化迈进，而且使普通民众的公共生活与日常生活发生深刻的变化。政治意识形态在经济生活、道德生活、日常行为、文化生活等方面逐渐退场。在社会各种知识形态中，尽管宏大叙事在努力争取合法化，但在现代化的过程中，科技知识、制度知识与教化知识的自由创造、多元分化，使各种知识多元并存，为公共生活和私人生活、不同群体和不同个体提供多元的意义解释。意识形态的大全性、超世性的意义解释体系已经不具有吸引力。这种在现代社会理性化过程中，表现出来的对意识形态的疏远，给教育与课程消解意识形态化的知识提供了现实的可能性和必要性。①

二　关于我国中小学课程知识供应制度的反思

学校课程知识"合法性"的形成需要依据一定法则和程序来进行，社会统治阶层也总是试图将自身的既得课程利益能够以某种稳定的、规范的方式固定下来，这就涉及了学校课程知识的供应制度问题。"制度"是一个社会的"游戏规则"，任何一个社会都需要一套制度体系来保障其发展的秩序性。学校课程知识的生成与变革同样需要有效的制度体系来保障。在一定意义上，学校课程知识供应制度的性质决定着课程知识"合法性"特点，课程知识的供应制度是其"合法性"生成的必要条件。

反观美国中小学课程知识的"合法性"，它较为全面地展示了美国中小学课程知识供应制度与国家意识形态以及中小学课程知识"合法性"形成之间的复杂关系。美国中小学课程知识的发展历程也启发我们：中小学课程知识的供应制度只有基于公平、正义与民主的理念才能对课程知识有效性的发挥产生积极的促进作用。课程知识供应制度只有打破垄断性与专制性，克服一元化的课程知识及其解释方式，中小学课程知识生成的客观性、合理性以及对知识生成的客观逻辑性的自觉遵循才能够成为可能，中小学课程知识对社会发展的贡献力才能够得到彰显。

中国的课程知识供应制度自古就具有专制主义的传统。这种专制主义突出表现在知识的选择、分配和解释上。它规定学校功能从而划定课程知识的边界；规定学校教学科目、课程内容甚至教科书；建立课程知识与职

---

① 金生鈜：《课程知识的合法性基础的解构》，《现代教育论丛》2001年第3期。

业前途之间的对应关系；促进科举考试知识与课程知识的一致性，使国家通过控制科举考试而强有力地控制课程知识的演变；规定进入等级学校的相应社会身份（主要是家庭官阶和门荫地位），从而控制课程知识的分配；控制对课程知识的理解，使课程知识的解释定于一尊。①

当前，我国中小学课程知识的供应制度是"国家主导型"的，中小学课程知识改革也是一种"自上而下"的，具有很强的意识形态性色彩的变革过程。然而，中国社会正经历着前所未有的结构转型，课程知识需求的多元化和知识供应主体间的竞争已成不可遏制之势，教育民主化和对教育重新定位的呼声日益增强，知识传播途径正趋于多元化，知识控制的可能性不断减少。这一切，都对当前相对僵化的课程知识供应制度提出了严峻挑战。这种挑战既体现在课程知识合法化的各个环节，包括课程知识各种载体——课程计划、课程标准和教材合理性的质疑，更体现在对国家及意识形态的权威以及教师权威的解构。②

反思美国中小学课程知识改革的经验，基于我国社会政治、经济、文化及教育发展的新趋势和新需求，笔者认为，我们应从如下几方面重新思考并重新定位我国中小学课程知识的供应制度：

（一）实现课程知识的多元权力主体共契

我国中小学课程知识的供应制度是"国家主导"型的，国家在中小学课程知识的生成过程中享有绝对的控制权力。我国新一轮的基础教育课程改革，强调国家、地方、学校三级的课程知识管理模式，强调国家在中小学课程知识生成过程中的放权，但是由于受我国传统的"官本位"文化影响以及传统学校教育文化的强大惯性，我国中小学课程知识的"国家主导"状况并未发生实质性转变，地方及学校层面对中小学课程知识生成的影响微乎其微，教师、家长及学生的"课程权力主体"身份只能流于"形式化"和"口号化"。

美国中小学课程知识"合法性"的博弈过程表明，学校课程知识只有在多元权力主体共契的生成框架下，课程知识生成的客观性与合理性才能得到有效保障。同时，国家需要对多元权力主体共契的课程知识生成过程予以必要的宏观调控与价值引导，发挥国家政治统治权力的强制性、统

　　① 郭晓明：《论中国课程知识供应制度的调整》，《华东师范大学学报》（教育科学版）2005 年第 2 期。

　　② 同上。

一性及合法性的正向促进功能。

此外，政治哲学领域关于学校课程知识"合法性"的研究也启发我们，课程知识供应的制度安排，应从"社会"中寻求力量，以改变课程知识供应中的权力格局。这种改变大致有两条途径：一条途径是通过课程知识权力主体的多元化以及他们的利益共契；另一条途径是通过"公共领域"的平等协商以达成并充分表达公众的课程知识诉求，这是阻止来自政治和经济领域的两种意识形态强行干预课程知识供应的有效途径。[①]

充分发挥国家政治统治权力的宏观调控功能，同时又要把国家的政治统治权力限定在一个理性的范围和空间内，这是学校课程知识发展的一个理性的选择，也是当代世界各国基础教育课程改革的共同经验。我国的中小学课程知识改革也应打破国家主导的权力分配格局，实现课程知识的多元权力主体共契，具体措施包括：

（1）国家应逐渐建立起"自下而上"的中小学课程知识生成制度。所谓"自下而上"的中小学课程知识生成制度，是指中小学课程知识的生成应给社会底层民众以充分的表达空间，该群体对学校课程知识的合理性需求应得到国家统治阶层的有效关注。学校课程知识应是代表社会大多数公众生存利益的"公共知识"。

（2）应建立起"课程专家—教师"共同参与的课程知识生成制度。学校课程知识的生成应以实践、经验以及科学理性为中心操作规则，课程知识的"合法性"建立也应以专业性、科学性以及实践性为核心原则。这就需要学校课程知识的生成具有专业的教育及课程知识研究背景的课程专家的参与，并要树立该群体在学校课程知识生成过程中的合法性权威，以此来保障学校课程知识生成的科学性与专业性。此外，课程专家还要与一线教师积极合作，专家们的专业理论要与教师们的丰富教学实践经验相互补充，增强学校课程知识生成的有效性与合理性。

（3）应建立起开放、民主、多元、协商的课程知识生成制度。我国中小学课程知识的生成要真正走出国家权力"主导"的模式，给地方、学校、教师、家长及学生以充分的课程权力表达空间，使课程知识的合法化过程真正成为一个"以需求为导向"、"以民主为基调"、"以实践为依托"的合理化过程。

---

① 郭晓明：《课程知识与个体精神自由》，教育科学出版社 2005 年版，第 6 页。

（二）课程知识供应制度应为课程知识的生成与发展提供客观、公正的环境

课程知识的社会选择性特征决定学校课程知识的生成是一个受多重社会因素影响与制约的过程，其中既包括课程知识权力主体的主观能动性，也包括社会多重利益群体之间的权力性博弈状况。当我们揭去知识的真理性、客观性面纱之后，知识的情景性、个体性、建构性的一面使得课程不再是叙述性的对客观实体的描述，而变成了由社会群体或专业组织对人类的文化积淀剪裁、建构而成的经验之途和实践指南。对于文化的剪裁，在某种程度上看就是对知识的价值的一种赋予、认可的过程。① 学校课程知识的发展历程表明，学校课程知识生成的客观性与公正性需要必要的制度体系保障，只有在有效的规约框架内，个人的价值偏好以及利益倾向性才会被限制在有限空间内，社会各利益集团之间的权力性博弈对课程知识的消极影响才会得到有效抑制。

我国中小学课程知识供应制度的建立同样应为学校课程知识生成的客观性与公正性"保驾护航"。我国中小学课程知识供应制度应克服政治意识形态性的束缚，为中小学课程知识的生成提供客观、公正的环境。通过有效制度的建立，使中小学课程知识能够在有序、理性的氛围下，按照知识生成与发展的应然逻辑和规律性发展与演进。

我国中小学课程知识供应制度应从如下几方面着手为中小学课程知识的生成提供客观、公正的环境：

（1）中小学课程知识供应制度应发挥维护课程知识科学性与合理性的功能。课程知识供应制度制约着课程实施的质量与效益、方向与速度，因此，在课程的生成与运作过程中，课程知识供应制度要发挥指导我们在科学、审慎的态度下分析矛盾、梳理沉疴，做出正确决策的引导性功能。要为学校课程知识的生成与应用扫清障碍、指正道路。课程制度作为课程组织与管理的规则系统，它通过法律、规章、条例以及既定的"习惯"、价值观念影响和干预课程权力分配，为课程运作设定基本的运行框架，搭建配套的支撑平台。②

（2）中小学课程知识供应制度应促进个人发展与国家意志之间保持

---

① 肖川、曹广祥：《课程知识的特征与生成过程》，《教育发展研究》2007 年第 3 期。

② 代建军：《课程制度创新》，人教网，www. pep. com. cn/kcs/kcyj/ztyj/xsyt/201008/，2012 年 7 月 14 日。

合理的张力。学校课程知识变革的根本目的是促进人的发展，同时要为国家的政治理念传播与发展服务。个人发展与国家意志之间的张力大小以及适度合理性影响着学校课程知识生成的效率与公正。我国中小学课程知识供应制度应在国家课程意志的框架下最大限度地为个体人的发展提供自由、宽松的环境和条件。

（3）中小学课程知识供应制度应控制课程知识生成过程中的"钟摆现象"，避免学校课程知识生成的价值取向从一个极端走向另一个极端，避免课程知识系统的观念、目标、结构、功能、内容等朝令夕改，从而打破学校课程知识生成的客观公正环境，使课程知识生成的效率大大降低。

（三）课程知识供应制度的设计应秉持"以人为本"的原则

美国中小学课程知识"合法性"的历程表明，只有当学校课程知识的生成充分关照了社会不同个体的生存性与发展性需求，国家政治统治权力对学校课程知识的合法化控制才具有稳固的社会性根基，学校课程知识对社会政治、经济、文化发展的积极促进功能才能得到有效彰显。

进入21世纪以来，几乎每个国家的教育改革以及课程改革都在标榜"以人为本"的理念，"以人为本"已经成为当代世界教育发展的一个核心主旋律。然而，在教育发展与改革过程中，怎样真正贯彻"以人为本"的理念，怎样消除权力性博弈对人的发展构成的潜在屏障，学校课程知识到底由"谁"选择，为"谁"选择，课程知识合法性主体是"谁"，课程知识合法性的"主体"角色在课程改革中是如何变化的，课程知识又是如何以合法化的身份来要求受教育者的……上述一系列关于课程知识生成与变革过程中与"人"有关的问题始终构成学校课程知识变革的一个核心主线，也是关于课程知识"合法性"研究的一个核心主题。

我国20余年的基础教育课程改革也一直都在倡导"以人为本"的理念，我们的基础教育课程改革也正在朝着人性化、民主化与科学化的方向发展。但是，在改革实践过程中，仍然存在一些观念性与体制性障碍，在传统制度化教育思维惯性的束缚下，诸多课程改革的理念在付诸实践的过程中常常流于形式化和口号化。

反思美国中小学课程知识的变革历程以及我国基础教育课程知识领域的改革实践，笔者认为，在学校课程知识的生成与变革过程中，应该树立"以人为本"的理念，应该把人的发展需要切实作为课程知识改革的首要目标，在这一过程中，课程制度的设计与运用至关重要。课程知识供应制度的设计应秉持"以人为本"原则，具体措施包括：

（1）我国学校课程知识供应制度的形成应以维护受教育者的学习与发展权益为根本出发点，应以促进个体的学习自由与教育幸福为主要目标。学校课程知识供应制度应打破一元化意识形态对学校课程知识生成的权力性干预，促使学校课程知识的生成具有足够的自由空间，使受教育者的课程知识表达权力有"合法化"的表达渠道，课程知识供应制度通过制度性规约从根本上改变受教育者在学校教育过程中的"失语状态"，从而由课程知识的被动接受者转化为合法化的课程知识权力主体，有效表达自身的课程知识需求，实现学习自由与教育幸福的目的。

（2）我国学校课程知识供应制度的形成应充分关照社会"弱势群体"的特殊需求，彰显"以人为本"的精神。由于学校的课程空间是一种"有限资源"，社会各利益集团都千方百计地希望将对自己有利的知识纳入学校课程，在这场关于课程知识的争夺之战中，通常只有那些符合"强势集团"利益和价值需求的知识才被"认定"适合纳入学校课程。我国学校课程知识供应制度应打破以权力性博弈为导向的课程知识生成模式，通过制度性设计有效维护社会"弱势群体"的课程知识权力，这一点应是当代学校课程知识供应制度走向人本化的一个重要标志。

（3）我国学校课程知识供应制度作为课程知识"合法"化的内在机制和操作体系应发挥合理筛选知识的功能。什么知识能进入学校课程进而成为学生学习的对象，学生可否自主地理解课程知识，这都取决于课程知识供应制度的性质。好的课程知识供应制度在保证各社会群体正当的"合法化"要求的同时，能为学生的个体生活及精神自由开辟尽可能大的空间；而僵化的课程知识供应制度往往将学习者挤压在狭小的框框里。[①]我国学校课程知识供应制度应为学生接受多元化社会知识提供保障，为学生全面、客观地认知人类社会创造条件。

---

① 郭晓明：《课程知识供应制度与个体精神自由》，《教育研究与实验》2003 年第 4 期。

结　语

学校课程知识具有先在的"合法性"特征，即作为一种教育知识——学校课程知识的选择与组织并非是一个毫无价值关涉的，自然生成的过程，而是一个充满了权力性与利益性博弈的复杂过程，学校课程知识因此也被一些学者称为"法定知识"或"官方知识"。学校课程知识的"合法化"过程关系到学校教育的公平性、正义性以及人类社会知识传递的有效性。然而，人们对于学校课程知识"合法性"特征的认识却起步较晚，仅仅始于20世纪中后期，教育研究领域关于学校课程知识"合法性"问题的研究与探讨历程也相对较短，而课程知识作为学校教育过程的一个重要环节，对于学校教育价值的实现有着重要影响。因此，探究学校课程知识的"合法性"问题显得尤为必要和重要。

进入21世纪以来，世界范围内的基础教育课程改革此起彼伏。选择"什么知识"，选择"谁的知识"，体现"怎样的价值诉求"等关于中小学课程知识的"合法性"问题成为人们关注的焦点，也构成当代大多数国家中小学课程知识改革所面临的主要矛盾之一。在这场跨世纪的课程改革大潮中，美国中小学课程知识领域的变革尤为引人注目，笔者关注并致力于研究美国中小学课程知识的"合法性"问题也正是要从其"合法性"的转换历程中，探寻学校课程知识变革的深刻历史动因，探究学校课程知识变革的一般规律和趋势，从而让人们更加清晰地认识课程知识的"合法化"过程，最大限度地发挥国家政治意识形态对学校课程知识变革的正向促进功能，维护学校课程知识生成的正义性环境。

学校课程知识生成过程的"复杂性"及其"合法性"特征的动态生成性和多因素性都决定了关于此项问题的研究将是一个长期的、艰巨的过程。本书虽然在一定意义上丰富并拓展了该领域的研究成果，但受研究者本人研究能力、研究条件以及研究时间方面的局限，研究尚存在很多不完善和需要改进的地方，关于此项研究也尚有许多研究理想和研究目标有待实现。本书的不完善之处以及未来关于此问题的研究设想如下：

（1）本书在研究资料尤其是在外文资料的研究方面尚存在一定的不足之处。由于国内外关于课程知识合法性问题的研究还比较稀少，因此，关于此方面的文献资料相对有限，尤其是在获得第一手外文文献方面存在一定的困难。由于研究时间与研究条件的有限性，笔者对于美国中小学课程知识合法性问题的研究与理解不可避免地存在一些瑕疵，在后续研究过程中，笔者将投入更多的时间和精力去收集更为丰富的文献资料，不断完善和丰富现有的研究成果。

（2）本书在研究视域方面尚存在一定的局限性。受研究时间和研究条件所限，笔者只是以时间为线索，从纵向上较为全面地探究了美国中小学课程知识"合法性"的演进历程，缺乏对同一历史时期不同国家间关于中小学课程知识"合法性"特征的横向比较。关于美国中小学课程知识"合法性"问题的研究需要从广阔的时代背景与纵横交错的历史环境中获取客观性依据。因此，需要基于比较的视角对其展开研究。探究同一历史时期不同国家间学校课程知识"合法性"特征的差异性，能够为深入理解和研究学校课程知识变革的历史动因及相关影响因素提供更为客观和全面的理论与实践依据。因此，对同一历史时期不同国家中小学课程知识"合法性"特征的横向比较研究将构成研究者后续研究的一个主要目标和方向。

（3）本书虽然对美国中小学课程知识的"合法性"演进历程进行了较为全面和系统的研究，并提出国家权力与政治意识形态对学校课程知识控制功能的解释路径问题。但是，关于国家统治权力与政治意识形态如何发挥对学校课程知识实施控制与价值引领的正向促进功能，国家以及国家的政治性权力怎样以一种积极建设者的身份出现在学校课程知识的构建过程中等问题的研究和探讨还远远不够深入。因此，积极探索并挖掘国家权力及其政治性控制对学校课程知识的正向促进功能也成为研究者后续研究的一个努力方向。

综上所述，关于学校课程知识"合法性"问题的研究是一项有着重要理论与实践意义的综合性研究。在基础教育课程改革已经成为当代世界各国发展教育的一个重要举措的背景下，正确认识学校课程知识的意识形态性特征，努力为学校课程知识的变革提供相对公平与客观的环境，从而从根本上促进教育的公平发展，发扬和谐、正义和以人为本的教育精神是一个十分重要的研究议题，同时也是一项艰巨的研究任务和研究使命。笔者尝试通过自我的研究唤起同行对该问题的重视，期待更多的研究者加入到对学校课程知识合法性问题的研究过程中来，为世界范围内新一轮的基础教育课程改革提供更加丰富与有效的理论与实践支持。

参考文献

[1]［美］迈克尔·阿普尔：《意识形态与课程》，黄忠敬译，华东师范大学出版社 2001 年版。

[2] 俞吾金：《意识形态论》，上海人民出版社 1992 年版。

[3]［美］乔治·A. 比彻姆：《课程理论》，黄明皖译，人民教育出版社 1989 年版。

[4]［英］丹尼斯·劳顿等：《课程研究的理论与实践》，张谓城等译，人民教育出版社 1985 年版。

[5] 吴永军：《课程社会学》，南京师范大学出版社 1999 年版。

[6] 李子建、黄显华：《课程：范式、取向和设计》，香港中文大学出版社 1994 年版。

[7]［英］麦克·扬：《未来的课程》，谢维和等译，华东师范大学出版社 2003 年版。

[8]［英］麦克·扬：《知识与控制》，谢维和等译，华东师范大学出版社 2002 年版。

[9]［美］阿普尔：《意识形态与课程》，黄忠敬译，华东师范大学出版社 2001 年版。

[10]［美］阿普尔：《官方知识》，曲囡囡、刘明堂译，华东师范大学出版社 2004 年版。

[11] 吴刚：《知识演化与社会控制》，教育科学出版社 2002 年版。

[12]［德］马克斯·舍勒：《知识社会学问题》，艾彦译，华夏出版社 1999 年版。

[13]［德］卡尔·曼海姆：《意识形态与乌托邦》，黎鸣、李书崇译，商务印书馆 2000 年版。

[14]［英］布鲁尔：《知识和社会意象》，艾彦译，东方出版社 2001 年版。

［15］郭强:《现代知识社会学》,中国社会科学出版社2000年版。

［16］伯恩斯坦:《社会阶级、语言与社会化》,载张人杰主编《国外教育社会学基本书选》,华东师范大学出版社1989年版。

［17］海姆伦:《西方认识论简史》,夏甄陶译,中国人民大学出版社1987年版。

［18］［加］马克斯·范梅南:《生活体验研究:人文科学视野中的教育学》,宋广文等译,教育科学出版社2003年版。

［19］［美］阿尔温·托夫勒、海蒂·托夫勒:《创造一个新的文明》,陈峰译,生活·读书·新知三联书店1996年版。

［20］［美］华勒斯坦等:《学科·知识·权力》,刘建芝等译,生活·读书·新知三联书店1999年版。

［21］［美］史蒂文·塞德曼:《有争议的知识:后现代时代的社会理论》,刘北成译,中国人民大学出版社2002年版。

［22］夸克:《合法性与政治》,佟心平、王远飞译,中央编译出版社2002年版。

［23］［英］麦克·F. D. 扬:《知识与控制:教育社会学新探》,谢维和译,华东师范大学出版社2002年版。

［24］郭晓明:《课程知识与个体精神自由:课程知识问题的哲学审思》,教育科学出版社2005年版。

［25］江山野编译:《简明国际教育百科全书》,教育科学出版社1991年版。

［26］石中英:《知识转型与教育改革》,教育科学出版社2001年版。

［27］王天一、夏之莲、朱美玉:《外国教育史》,北京师范大学出版社1993年版。

［28］张华:《经验课程论》,上海教育出版社2000年版。

［29］邹诗鹏:《生存论研究》,上海人民出版社2005年版。

［30］林恩·艾利克森:《概念为本的课程与教学》,兰英译,中国轻工业出版社2003年版。

［31］张华、石伟平、马庆发:《课程流派研究》,山东教育出版社2000年版。

［32］汪霞:《国外中小学课程演进》,山东教育出版社2000年版。

［33］孙彩平:《教育的伦理精神》,山西教育出版社2004年版。

［34］孙孔懿：《教育失误论》，江苏教育出版社 1997 年版。

［35］马健生：《教育改革动力研究：新制度主义的视角》，吉林人民出版社 2001 年版。

［36］王策三、孙喜亭等：《基础教育改革论》，知识产权出版社 2005 年版。

［37］吴康宁：《教育社会学》，人民教育出版社 1997 年版。

［38］哥尔哈德·帕普克：《知识、自由与秩序》，黄冰原译，中国社会科学出版社 2001 年版。

［39］［美］丹尼尔·科顿姆：《教育为何是无用的》，江苏人民出版社 2005 年版。

［40］陈侠：《课程论》，人民教育出版社 1989 年版。

［41］吴永军：《课程社会学》，南京师范大学出版社 1999 年版。

［42］苏国勋、刘小枫：《社会理论的政治分化》，上海三联书店 2005 年版。

［43］郝明君：《课程中的知识与权力》，重庆大学出版社 2009 年版。

［44］［法］让·弗朗索瓦·利奥塔尔：《后现代状态：关于知识的报告》，车槿山译，生活·读书·新知三联书店 1997 年版。

［45］［德］卡尔·曼海姆：《意识形态与乌托邦》，黎鸣等译，商务印书馆 2000 年版。

［46］孙立平：《转型与断裂》，清华大学出版社 2004 年版。

［47］［法］福柯：《权力的眼睛》，严锋译，上海人民出版社 1997 年版。

［48］［德］马克斯·韦伯：《社会科学方法论》，杨富斌译，华夏出版社 1999 年版。

［49］滕大春：《美国教育史》，人民教育出版社 2001 年版。

［50］梁茂信：《美国移民政策研究》，东北师范大学出版社 1996 年版。

［51］克雷明：《美国教育史》第 3 卷，北京师范大学出版社 2002 年版。

［52］［法］皮埃尔·布尔迪约、帕斯隆：《继承人》，邢克超译，商务印书馆 2002 年版。

［53］［美］埃里克·方纳：《美国自由的故事》，王希译，商务印书

馆 2002 年版。

　　[54] 王英杰：《比较教育》，广东高等教育出版社 1999 年版。

　　[55] 王英杰：《美国教育》，顾明远、梁忠义：《世界教育大系》，吉林教育出版社 2000 年版。

　　[56] 吉纳·E. 霍尔、雪莱·E. 霍德：《实施变革、原则与困境》，浙江教育出版社 2004 年版。

　　[57] 罗若群：《国外教育情况专题》，科普教育出版社 1992 年版。

　　[58] 哈贝马斯：《合法化危机》，刘北成、曹卫东译，上海人民出版社 2000 年版。

　　[59] 尼采：《权力意志：重估一切价值的尝试》，商务印书馆 1991 年版。

　　[60] 哈贝马斯：《作为"意识形态"的技术与科学》，李黎、郭官义译，学林出版社 1999 年版。

　　[61] 哈贝马斯：《交往与社会进化》，重庆出版社 1989 年版。

　　[62] 国家教育发展研究中心：《发达国家教育改革的动向和趋势》第 4 集，人民教育出版社 1992 年版。

　　[63] [美] 霍奇金森：《教育中哪些依然是正确的》，赵中建译，瞿葆奎：《教育学文集·美国教育改革》，人民教育出版社 1990 年版。

　　[64] [美] 梅逊：《西方当代教育理论》，载扈中平、刘朝晖《挑战与应答——20 世纪的教育目的观》，山东教育出版社 1995 年版。

　　[65] [美] 克雷明：《美国教育史（3）：城市化时期的历程（1876—1980）》，朱旭东等译，北京师范大学出版社 2002 年版。

　　[66] 戴维·伊斯顿：《政治生活的系统分析》，华夏出版社 1999 年版。

　　[67] 李普塞特：《政治人：政治的社会基础》，张绍宗译，上海人民出版社 1997 年版。

　　[68] [美] J. 科尔曼：《社会理论的基础》，社会科学文献出版社 1999 年版。

　　[69] [美] 威廉·多尔：《寻找精神：对西方课程思想的反思》，《全球教育展望》2004 年第 1 期。

　　[70] 黄忠敬：《意识形态与课程：论阿普尔的课程文化观》，《外国教育研究》2003 年第 5 期。

［71］夏正宝、葛春:《课程知识与意识形态——兼论社会学视野下的课程改革》,《江苏社会科学》2009 年第 4 期。

［72］李召存:《走向意义关照的课程知识观》,《全球教育展望》2005 年第 5 期。

［73］刘铁芳:《教育:开放的阐释》,《河北师范大学学报》（教育科学版）2002 年第 1 期。

［74］洪成文:《美国中小学阅读和数学课的历史发展及趋势》,《比较教育研究》2001 年第 10 期。

［75］衡孝军:《美国的基础教育改革》,《教育研究》2001 年第 6 期。

［76］娄立志、孙亚军:《当代美国课程政策的代价分析》,《教育理论与实践》2006 年第 12 期。

［77］丹尼斯·劳顿:《课程设置的两大类理论》,吴棠译,《国外教育资料》1982 年第 4 期。

［78］金生鈜:《课程知识的合法性基础的解构》,《现代教育论丛》2001 年第 3 期。

［79］李召存:《课程知识的意义性研究》,博士学位论文,华东师范大学,2007 年第 3 期。

［80］裴娣娜:《多元文化与基础教育课程文化建设的几点思考》,《教育发展研究》2002 年第 4 期。

［81］高水红:《"法定知识"变革中的行动者视野——课程社会学的一种研究路向》,《南京师大学报》（社会科学版）2007 年第 5 期。

［82］彭彩霞:《变化的政治:美国课程决策集权取向的演进及影响》,《外国教育研究》2009 年第 11 期。

［83］李申申:《20 世纪美国基础教育课程改革的得失与启示》,《课程·教材·教法》2002 年第 5 期。

［84］汪霞:《美国课程的三种思潮》,《外国教育资料》1996 年第 5 期。

［85］孙伟国、王立仁:《政治社会化取向的美国公民教育》,《外国教育研究》2007 年第 3 期。

［86］赵中建:《美国基础教育课程改革的动向与启示》,《全球教育展望》2001 年第 4 期。

［87］王金娜、冯建军：《课程知识的合法性与合法性权力主体——一个社会学的视角》，《教育科学论坛》2006 年第 3 期。

［88］吕林海、汪霞：《当前世界发达国家课程改革的推进特征及其启示：课程政策设计的视角》，《比较教育研究》2009 年第 7 期。

［89］郑旺全：《美国加强基础教育质量的改革尝试——提高学术标准，改善评估体系》，《课程·教材·教法》2006 年第 1 期。

［90］黄忠敬：《美国政府是如何解决教育公平问题的——教育政策工具的视角》，《教育发展研究》2008 年第 21 期。

［91］邓志伟：《当代美国核心知识课程述析》，《外国教育研究》2006 年第 2 期。

［92］郑旺全：《关国中小学教科书概况》，《课程·教材·教法》2004 年第 3 期。

［93］吴康宁：《知识的控制与分等：课程结构的社会学释义》，《教育理论与实践》2000 年第 11 期。

［94］陈月茹：《美国教科书选用制度的弊端及成因》，《全球教育展望》2004 年第 4 期。

［95］康长运：《美国教科书选用制度》，《教育部北京师范大学教科书与课程资源研究室·教科书选用资料汇编》，教育部北京师范大学课程研究中心 2003 年版。

［96］靳玉军、张家军：《论课程知识的意识形态性质》，《课程·教材·教法》2008 年第 5 期。

［97］吴康宁：《学校课程标准的社会形成》，《教育科学》2003 年第 6 期。

［98］郭晓明：《论中国课程知识供应制度的调整》，《华东师范大学学报》（教育科学版）2005 年第 2 期。

［99］唐合俭、边金魁：《存在主义的哲学观及其他——略评〈存在主义哲学〉》，《中国社会科学》1987 年第 4 期。

［100］陶青：《美国联邦教育职能的演化及其对我国的启示》，《外国中小学教育》2008 年第 3 期。

［101］申超：《中美基础教育课程改革的政策比较——以〈基础教育课程改革纲要（试行）〉和〈不让一个孩子掉队法〉的比较为切入点》，《教育学报》2008 年第 4 期。

[102] 杨燕燕:《当代美国中小学课程改革趋势解读——从〈国家在危急中〉到〈不让一个儿童落后〉》,《教育发展研究》2006 年第 5 期。

[103] 胡伟:《在经验与规范之间:合法性理论的二元取向及意义》,《学术月刊》1999 年第 12 期。

[104] 赵爽:《教育政策合法性研究》,博士学位论文,东北师范大学,2005 年。

[105] 张煜:《教育发展目标的超前性与可行性之间的矛盾——对美国〈不让一个孩子掉队法〉所面临的问题分析》,《教育研究》2008 年第 5 期。

[106] 曾东平:《课程改革的合法性分析》,《中国教育学刊》2007 年第 4 期。

[107] 孙龙、邓敏:《从韦伯到哈贝马斯:合法性问题在社会学视野上的变迁》,《社会》2002 年第 2 期。

[108] 孙玉文、邹婷:《论权力渗透下的课程知识选择》,《当代教育理论与实践》2010 年第 1 期。

[109] 郭晓明:《知识供应制度与个体精神自由》,《教育研究与实验》2003 年第 4 期。

[110] 王金娜:《论课程知识与权力主体的关系——基于合法性的视角》,《四川教育学院学报》2006 年第 5 期。

[111] 高永红:《课程知识的合法性问题——对〈基础教育课程改革纲要（试行）〉的社会学分析》,《学科教育》2002 年第 8 期。

[112] 吴支奎、周兴国:《多样化:课程知识选择的理性路向》,《教育科学》2011 年第 1 期。

[113] 鲁洁:《一个值得反思的教育信条:塑造知识人》,《教育研究》2004 年第 6 期。

[114] 李召存:《课程知识的生存论透视》,《教育理论与实践》2006 年第 8 期。

[115] 肖川、曹广祥:《课程知识的特征与生成过程》,《教育发展研究》2007 年第 3 期。

[116] 穆岚:《中美基础教育课程改革政策的比较与分析》,《现代教育论丛》2004 年第 3 期。

[117] 靳玉乐、董小平:《课程知识的客观表征与主观建构——兼论课程与教学的内在整合》,《教育研究》2009 年第 11 期。

[118] Apple, Michael W. (1990) Ideology and Curriculum. London & New York: Rutledge & Kegan Paul Ltd. , 63 – 64.

[119] Apple, M. W. , *Ideology and Curriculum* (Third Edition), New York and London: Routledge Falmer, 2004, 2.

[120] Apple, M. W. (1990) *Ideology and Curriculum*, New York: Routledge, Chapman and Hall, Inc. , p. 48.

[121] A. Porter, J. Smithson, Defining, Developing, and Using Curriculum Indicators (CPRE Research Report Series No. RR – 048), 2001.

[122] Beane, James, *Curriculum Intergration: Designing the Core of Democratic Education* [M]. New York: Teachers College Press, 1997.

[123] Boyd, W. L. , The Changing Politics of Curriculumpolicy – making for American Schools [J]. *Review of Educational Research*, 1978, 48 (4) .

[124] Brophy, J. , The de Facto National Curriculum in Elementary Social Studies: Critique of a Representative Example, *Journal of Curriculum Studies*, 1992.

[125] Bernstein, B. , On the Classification and Framing of Educational Knowledge, in Bernstein, B. Class, Codes and Control, 1997.

[126] Cremin, L. , The Genius of American Education [M]. New York: Random House, 1965, 11.

[127] Charles A. Beard, *The Rise of American Civilization*, pp. 252 – 253.

[128] California Department of Education. California Education Code. http: //www. leginfo. ca. gov/cgi – bin/calawquery? codesection = edc & codebody = & hits = 20/2010 – 11, 2010 – 11 – 20.

[129] Center for Civic Education. National Standards for Civics and Government, 1994.

[130] Cremin, L. , *The Genius of American Education* [M]. New York: Random House, 1965, 11.

[131] Cuban, L. , *Determinants of Curriculum Change and Stability*, 1870 – 1970 [M]. In J. Schaffarzick and G. Sykes (eds.), Value Conflicts and Curriculum Issues. CA: McCutchan Publishing Corporation, 1979, 142.

[132] Diane Rvitch, *National Standards in American Education: A Citizen's Guide*. Washington D. C. : Brookings Institution Press, 1995, p. 37.

［133］David Warrren Saxe, Framing a Theory for Social Studies Foundations. *The Review of Education*, 1992.

［134］Daves, S. and Guppy, N. , Globalization and Educational Reform in Anglo – American Democracies ［J］. *Comparative Education Review*, 1997, 41 (4).

［135］Decker F. Walker, Fundamentals of Curriculum: Passion and Professionalism, 2003.

［136］Department of Edueation, Washington D. C. America 2000: An Education Strategy, 1991, pp. 15 – 16.

［137］Edwin Fenton, Teaching the New Social Studies in Secondary Schools, 1966.

［138］Forrest W. Parkey, Glan Hass, Curriculum Planning—A Contemporary Approach. Allyn and Bacon. A Person Education Company, 2000, p. 49.

［139］Governors, Business Leaders Pledge Swift Action, American Educator (Spring, 1996), pp. 13 – 15.

［140］Gray, P. , "Debating Standards", *Time* (April, 1996), p. 40.

［141］Goals (2000): Education American Act. http: //www. ed. gov/ legislation/GOALS 2000/The Act/sec102. html.

［142］Gandal,Matthew, Not All Standards Are Created Equal. *Educational Leadership*, 1995.

［143］Joseph J. Schwab, The Practical 3: Translationin to Curriculum. The School Review, 1973.

［144］Joseph J. Schwab, The Practical: Something for Curriculum to Do. Curriculum Inquiry, 1983.

［145］Klein, The Politics of Curriculum Decision – making: Issues in Centralizing the Curriculum ［M］. New York: State University of New York Press, 1991, 111.

［146］Kliebard, H. M. Fads, *Fashions, and Rituals: The Instability of Curriculum Change* ［M］. *In Critical Issues in Curriculum. Eighty – Seventh* Yearbook of the National Society for the Study of Education. University of Chicago Press, 1988, pp. 16, 21.

[147] Linda S. Behar (1994) *The Kowledge Base of Curriculum: An Empirical Analysis.* London: Universtiy Press of America, p. 5.

[148] L. S. Shulman, *Knowlege and Teaching: Foundations of the New Reform.* Harvard Education Letter, 1987.

[149] M. Poole, *Beliefs and Values in Science Education*, 1995.

[150] M. Weber, *Economy and Society.* ed. , Guenther Roth and C. Wittich, Berkeley: University of California Press, 1968, p. 214.

[151] National Council for the Social Studies, Curriculum Standards for Social Studies: Expectations of Excellence. *Maryland, Fourth Printing*, 2000, pp. 28 - 30.

[152] Norman L. Webb, *Alignment of Science and Maths Standards and Assessments in Four States*, 1999.

[153] Phlip G. Altbach, Gail P. Kelly, Hugh G. Petrine, *Textbooks in American Society, Policy and Pedagy* [M]. New York: State University of New York Press, 1991.

[154] Robert J. Marzano (1998) . Models of Standards Implementation: Implications for the Classroom. Midcontinent Regional Educational Laboratory.

[155] Robert Grafstein, The Failure of Weber's Concept of Legitimacy [J] . *Journal of Politics*, 1981.

[156] R. Lowenthal, "Political Legitimacy and Cultural Change in West and East", Social Research, Vol. 46 No. 3 (1979), p. 402.

[157] SCFIRD, Instructional Materials in California [EB/OL] http: // www. cde. ca. gov/ci/cr/cf/documents/instrmatovrvwfindoc, 2009 - 10 - 03.

[158] The Commission on Excellence in Education. A nation at Risk: The Imperative for Educational Reform [EB/OL]. http: //www. goalline. org/ Goal%20Line/Nat At Risk. html, 2005 - 05 - 08.

[159] Van Geel, T. , Authority to Control the School Program. Lexington, Mass: D. C. Heath, 1976, p. 173.

[160] What is Core Knowledge? [EB/OL]. http: //www. coreknowl - edge. org/CK/about/index. htm, 2002 - 10 - 12/2012 - 07 - 29.

[161] Young, M. F. D. , Knowledge and Control: New Direction for the Sociology of Education, pp. 31, 197.

后　记

　　本书是在我的博士学位论文基础上修改而成的。回想在东北师范大学攻读博士学位时，进入不惑之年的我充斥着渴望、追求、羞涩等复杂的心情来到恩师孙启林老师的门下。恩师的博学、诚挚、严谨、和蔼、关切深深地感染着我、召唤着我、激励着我，国际与比较教育研究所浑厚的学术氛围及所内各位老师执着的学术风尚再度鞭策着我。在求索中体会到了诸多东西，收获颇多。

　　一个成果的形成总要受到一些人的恩泽。在本书即将出版之际，我要对该书形成给予关照的师友表示感谢。

　　首先要感谢我的导师孙启林教授。是孙老师引导我进入学术研究领域，从研究题目的确立到写作过程的悉心指导，倾注了先生的诸多心血。先生督促的话语时时在耳畔回响，先生的指导点明了我苦思不得其解的感悟。先生的为人与严谨博学让我受用终身。

　　同时还要感谢卢丽华博士、孔锴博士、任永泽博士给予的无私帮助；感谢耿悦女士、苑海燕老师、张丽娜老师在该书的形成中给予翻阅资料的支持。

　　需要感谢的人还有许多，一则后记，难以尽意，但情在心中。

　　本书的成稿，虽经历几次修改，然学识所限，其中疏漏在所难免，真诚希望读者谅解，并提出宝贵意见。

姜俊和

2015 年 5 月